한국 벼락 명상학

우인 박장용

박영story

머리말

산책 길에 보기 드문 까만 청설모를 봤다. 팔, 다리를 양옆으로 길게 뻗어 좌, 우로 나무의 몸통을 타면서 힘 있게 움직인다. 아직 차가운 바람이 불지만 봄은 청설모의 분주한 움직임에서 벌써 왔음을 알 수 있다. 지난 몇 년간은 시간이 더 빨리 지나간 것 같다. 여러 가지 많은 일들이 있었지만 큰일은 단연 코로나다. 그렇지만 오늘 아침은 우크라이나에서 들려오는 포성소리에 가까운 동생에게 일찍부터 전화가 와서 인플레이션에 생필품을 더 많이 사놔야겠다고 한다. 걱정 하나가 더 생기는 아침이다. 사람의 욕망과 두려움은 실체가 없지만 우리가 사는 세상을 실제로 움직이게 하고 지배하고 이끌어간다. 아이는 싸우며 성장한다고 하지만 어른이나 나라도 싸우면서 성장할 수 있을까. 아마도 그렇지는 않은 것 같다. 수많은 커다란 싸움을 통해서도 성숙하게 변화된 게 별로 없으니 말이다. 좋은 학문, 사상 등을 공부하고, 오랜 세월 진리의 가르침으로도 사람 본연의 변화는 작게 일어난 것을 이러한 전쟁을 통해 알게 된다. 사람의 외면과 내면이 건강하고 평화로우면서 조화롭게 먼저 변화해야 한다. 내 안에서부터 참본성의 자각이 실제로 일어나서 깨달음으로 나와야 한다. 그때 진짜 변화가 일어나 자신의 삶을 통해 나로부터 주변 사람과 만물을 널리 이롭게 하는 밝은 사람으로 변화하게 된다. 지금 내가 알고 있는 내 몸과 마음의 정보를 넘어서 본래의 모습 없는 속사람을 깨우쳐야 참된 성장이 나온다.

소소한 삶의 모든 순간에 단 한 번의 눈 깜박임과 숨 쉼에도 커다란 감동으로 감사로 다가와야 한다. 아니 감동과 감사로도 부족하다. 우리는 수많은 좋은 글과 강의를 읽고 들으며 깨우침과 감동을 충분하게 받았음에도 돌아서 잠시 후면 잊어버린다. 요즘은 메타버스 얘기를 많이들 한다. 가상세계를 의미하는 메타버스(metaverse)는 가상, 초월을 뜻하는 메타(meta), 우주를 뜻하는 유니버스(universe)를 합한 용어로 코로나 이후 온라인의 사용이 폭발적으로 증가하면서 우리에게 이미 다가와 있다. 그 가상공간 속에서 앞으로 더 많은 경제 활동이 일어남을 얘기하고 있다. 그런 가운데 가상우주가 아니라 내면의 참우주도 알게 됐으면 한다. 내면의 무한한 진짜우주는 참(true)으로 본래부터 실제로 내 안과 밖 어디에나 있었기 때문에 참, "한"과 "본성의 자리"라고 했으며 내 안에 내가 태어나기 이전부터 있어 왔다. 삶 속에서 감동과 감사의 순간이 올 때에 벼락이 함께 내리친다면, 내 안에 더욱 깊은 각성이 일어나 깨우치게 되고, 진정한 변화도 이를 통해 일어나게 된다. 삶의 수많은 일 속에서도 작고 미미한 벼락을 통해 지금의 나는 바르게 성장한다. 그래야 현재의 모습 있는 내가 삶의 모든 과정 속에서 작은 감동과 감사로 순간순간 진정으로 조금 더 성숙해질 수 있게 된다. 사람은 죽었다 깨어나기 전에는 절대로 변화하지 않는다고 한다. 내면의 참벼락인 한 줄기 빛 "인진"을 통한 깨우침으로 지금의 내가 참밝음으로의 변화를 시작하게 된다. 즐겁고 행복하고 또 고통스럽고 힘에 겨운 삶의 모든 순간에 벼락은 또 다른 새로운 시작이 되어 내 안에 참빛으로 참물이 되어 흘러 내려온다. 이 한 줄기 참빛의 물이 나를 변화시키는 여러 가지 중에서 찾은 한 가지 길임을 책을 통해 한국벼락명상법으로 전하고자 한다. 아무쪼록 책을 읽는 사람들의 가슴속에 한 줄기 빛으로 벼락으로 사랑으로 남아 반딧불이가 되어, 나로부터 비롯해 조금이라도 밝고 건강한 화평인의 기운이 살아 숨을 쉬었으면 한다. 단 한 번뿐인 소중하고 귀한 각 사람의 일생에서 내 안과 밖으로의 진정한 깨달음이 일어나, 한국벼락명상법을 전해 받아 숨 쉬고, 하늘, 땅, 사람과 함께 어울려 행복하고 건강하게 생활하며, 자신만의 평범하지만 특별한 삶의 여정을 통해 모습 없는 하늘과 같은 참된 성숙으로 이어지길 바랄 뿐이다.

한인힐링아트센터에서 해뜨는 아침에

우인 지음

차례

01 들어가며 ◌ 5

02 복식호흡과 여러 가지 명상들 ◌ 13

03 숨 잘 쉬는 법 ◌ 23

04 살아있을 때 고향으로 돌아가자 ◌ 37

05 명상과 해의 도장 ◌ 47

06 생명의 전율을 살리자 ◌ 61

07 새로운 시작 내 안의 한의 경계 ◌ 77

08 알과 생명창조의 힘 ◌ 101

09 밝고 귀한 존재 '한알' 전사 ◌ 125

10 살아있는 검은 구름과 황금번개 ◌ 155

11 "인진(人震)" 속사람에 내리는 참벼락 ◌ 173

12 세 번째 벼락이 치면 ◌ 191

13 벼락 맞은 약손 ◌ 207

14 영운(靈雲) ◌ 223

15 맑고 투명한 빛의 이슬과 기름이 내 안에 흘러내리면… ◌ 239

부록 1 자세호흡과 벼락약손 만들기 ◌ 270

부록 2 한알명상도 ◌ 288

01

들어가며

코로나 전염병이 시작된 후 우리는 불편하게 살고 있다.

나를 가둬야 하고 남과는 거리를 두며 모르는 누군가와는 마스크를 벗고 친근하게 함께 말을 하거나, 어울리는 일이 점점 힘들어지고 있다. 야외활동이 제한을 받으니 더욱 스마트폰, 인터넷과 텔레비전에 더 많은 시간을 할애한다. 스마트폰으로 서로 공감하고, 웃으며, 사랑도 하고, 경제활동도 하며 소통하는 일이 더욱 많아지면서 이제는 스마트폰을 사용하지 않는 것은 상상조차 할 수 없다. 많은 사람이 사무실의 일 또한 집에서 인터넷으로 화상으로 미팅하며 진행하니 더욱 밖에 나갈 일이 줄어든 것이다. 스마트폰과 인터넷 환경에서 살아가는 사회 속에 있기 때문에 적응을 잘해서 생활을 해야 함은 두말할 나위도 없다. 각종 소셜네트워크의 정보, 소통 공간을 대도시나 산골의 아이부터 어른까지 거의 모든 인류가 스마트폰을 사용하면서 즐기고 있으니 포노 사피엔스란 말이 나올 만도 하다. 나 역시 한국의 어머니와 다른 가족, 친지와 카톡으로 화상 통화하며 안부를 묻는 게 당연시된 게 오래다.

이같이 주위와의 소통은 최근 들어 정말이지 많이 발전했다. 내가 먹은 음식이나, 입은 옷, 여행한 곳 등을 수십, 심지어 인기인의 경우 수백만 이상이 실시간으로 알 수 있게 됐으니 말이다. 얼마 전 한국의 유명 여자 아이돌 블랙핑크의 뮤직 비디오가 유튜브에 올라온 지 32시간 만에 1억뷰를 돌파했다는 기사를 봤다. 전 세계가 정보와 소통이 얼마나 빠른 시대에 살고 있음을 알 수 있는 기사였다. 그 외에도 수없이 많은 정보공유의 사례는 얼마든지 있음을 우리는 안다. 이렇게 나와 남과의 교류는 끊임없이 진화하고 있는 소통과 정보생명체가 되어 우리 주위에, 내 스마트폰 안에 있다.

누구나 가지고 있는 스마트폰을 넘어 만약 내가 마음먹는 대로 스마트폰을 켜서 내 몸, 내 마음과 나아가서 모두의 근원과 바로 통하는 그런 Inner Smart Phone을 하나씩 가지면 어떨까 한다. 내 안의 내면우주에 ISP를 켜고 "손~" 하고 부르면 "예" 하고 대답하고 반응해 대화하며, 또 "무릎~~" 하고 사랑스럽게 불러 주면 무릎이 너무 좋아하는 것을 느끼며, 그런 가운데 무릎과 친해지는 힐링을 할 수도 있겠다. 기분이나 감정상태 또 여러 가지 궁금한 것을 내면에 물어보고 스스로 대화할 수 있다. 물론 스마트폰의 기능에 심박과 여러 가지를 측정하는 기능이 있다. 그렇지만 폰에 의지하지 말고 내 안에 직접 물어보자. 가령 두통이 오면 약을 바로 먹지 말고 내 안의 ISP와 대화를 하자. 머리가 아플 때는 가벼운 목 스트레칭을 하거나 심한 통증이 있는 경우가 아니면 눈을 감고 호흡을 고르며, 1~2분 정도 숨을 느끼는 연습을 해보면 스스로 사라지는 경우가 많이 있다.

내 안의 스마트폰 ISP는 누구든지 만들 수 있는데, 잠깐 틈을 내어 내 안의 빈 허공에 만들어 놓으면 된다. 그러면 내 마음이 힘들 때 켜져서 내 이름을 불러주고 정답게 이런저런 얘기를 하면서 소통할 수 있다. 물론 구입비나 다달이 사용료도 들지 않는다.

이 내 안의 공간은 비어 있어서 참 넓다. 그리고 내면이 에너지로 가득해 어디나 연결되어 있어서 잘만 찾아내면 언제 어디로든 무료로 통화할 수 있다. 숨을 느끼며 고요하고 맑은 상태에서 조금 더 깊은 고요한 상태가 되면 내 몸과 마음과 조금 더 기까워져 깊게 통화하게 된다. 그러면 내 몸과 내가 느끼는 본래의 내 마음을 바탕으로 나와 가장 가까운 가족과 옆의 친구 또 다른 누군가의 몸과 마음까지 조금 더 알게 되어 내 주변과 지금보다 더욱 깊이 느끼고 공감하고 사랑하게 된다. 한 걸음 더 나아가 좀 더 깊은 ISP의 기능을 찾아 꽉 찬 허공에서 다운로드하거나 관심 있는 허공의 앱을 열 수도 있겠다. 내 몸과 혹은 마음이 어디를 가든지 ISP를 켜서 느낄 수 있고 대지에 가면 끝없이 펼쳐진 대지의 풀과 생명체와 더 가까이 내 안에서 생생하게 소통하고 느낄 수 있다. 바다에 가면 바다가 주는 평안함을 이전보다 더 깊이 가슴을 통해 잘 알 수 있게 된다. 또 바닷가 소라의 소리나 파도소리 속에 있는 느낌들도 새로워진다. 바람과 구름과 산, 사막, 강물, 들판, 밭, 논, 등등 더 나아가 지구와도 소통하는 특별한 기능도 있음을 알게 된다. 그래서 내 안의 본래 나와 지구의 본래 모습이 같음을 알고 친구가 되면 주변의 사람과 나무, 살아 있는 생명과 땅, 물, 바람, 불, 빛 등이 하나로 연결되어 있음도 깨우치게 된다. 조금 더 나아가 온 우주와 함께 꽉 찬 허공으로 내가 상상할 수 있는 것, 그 이상의 끝이 없는 그곳까지 서로 연결되어 있음을 알게 되어 가까운 가족과 더 깊이 하나가 되거나, 내 자신의 팔다리 혹은 내 마음, 내 감정이 연결되어 허공의 기운과 하나임을 깨우치게도 된다. 의식이 확장되고 성장하니 모두가 소중하게 느껴지며 주변과 소통이 좋아져 어느 것 하나 함부로 할 수 없음도 알게 된다.

이를 오래전부터 인류의 수많은 조상들은 알고 계셨다. 그래서 사람의 내면에 있는 ISP를 살리기 위해 지역별 민족이나 나라의 수많은 오래된 가르침이 발전해 사상 등으로 또 시스템을 갖추어 오랜 세월 전해져 왔음을 알 수 있다.

지금과 같이 지식과 정보의 전달이 빠르게 발달한 때는 역사상 없었을 것으로 안다.

세상의 정보가 중요하듯이 태고로부터 부모를 통해 또 할머니, 할

아버지를 통해 전해 내려온 내 안의 생명 정보는 더 중요하다. 그래서 내 안의 정보와 소통하기 위해 고성능의 맑고 순수한 ISP가 필요하다.

오히려 예전에 이런 ISP가 더 발전했던 것 같다. 멀리 세상 밖으로 소통의 길이 없으니 생각하게 되고 고민하게 되어 내 안으로의 소통이 열릴 수밖에 없다. 그래서 많은 철학자나 성현들은 최근보다 오래전에 많이 나왔나 보다. 수많은 시간 속에 살아왔지만 내가 숨 쉬고 있는 지금 이 순간 지금이 가장 중요한 때다. 내 밖으로 향하는 모든 눈과 의식을 안으로 향하게 할 때가 바로 지금이다. 전염병이 내게 준 시간을 허투루 보내지 말자. 이제 잠시 눈을 감고 내 안의 빛의 근원인 검은 공간에 ISP를 만들자. 건강한 바른 호흡과 약간의 명상을 통해 누구나 만들 수 있고 이를 통해 우리는 좀 더 성장할 수 있게 된다. 이왕이면 그 모양이 검붉은 태양의 모양이면 좋겠다.

얼마 전 오래된 한인잡지 칼럼에서 글을 하나 읽었다.

"미국에 이민 온 지 20여 년 만에 한국을 처음 나가서 참 오랜만에 친구들과 또 가족을 만나니 새삼 많이 나이 먹은 것을 알 수 있었다. 가족과 친구와 즐겁게 얘기도 하며 놀다가 미국으로 돌아왔다. 돌아오면서 여기서 갖고 나간 선글라스며 가방 등 여러 가지를 한국에 있는 친구와 가족들에게 주고 즐거운 마음으로 돌아왔다"는 얘기였는데 그 후 미국 집에 돌아와 거울 앞에 앉아 얼굴을 보니 늘어난 흰 머리카락과 눈가의 깊은 주름을 보고 지나간 세월이 생각나 그냥 눈물이 나더라는 기사였다. 어디에 있건 누구나 느낄 수 있는 사실이다. 사실 요즘은 전 세계의 정보통신과 유통의 발달로 어느 곳이나 원하는 물건을 바로바로 받을 수 있으며, SNS의 발달로 화상통화나 메시지로 가족이나 전 세계에 있는 친구들의 이야기를 실시간으로 알 수 있다. 또 어디든지 쉽게 다녀오곤 한다. 그렇지만 시간은 멈추지 않는다. 지금 내가 있는 이 순간 현재를 철저하게 사랑하고 느끼며 또 즐기며 감사해야 한다. 우리는 살아가면서 자기 자신의 몸과 내면을 잘 돌보거나 스스로를 깊이 사랑하는 일에 인색해한다. 가족 때문에 누구누구 때문에 실제로 또 주위를 돌보느라 이런저런 핑계로 나를 돌보기가 쉽지 않다. 하지만 내 몸이 살아 있고 숨 쉬는 동안 진정으로 내 안의 본래의 나를 사랑해야 지금의 내가 나를 느끼는 감각이 살아난다. 조금은 나를 더 잘 알게 되는 것이다. 그러면 남도 온전히 잘 느껴 더욱 성장하고 성숙한 관계를 만들어 갈 수 있다.

바로 공존 감각이 살아나게 된다. 그래야 함께 더불어 살아 갈 수 있으며 한층 성숙한 내적 외적 삶을 살아가게 되는 것을 알 수 있다. 사는 게 힘들어 명상을 하는 것이 아니라 우리의 퇴화한 감각을 살려야 하니 모두가 다 명상이 필요한 때가 온 것이다. 그래서 한국벼락 명상은 몸과 마음의 감각을 살리는 숨 쉬기로 시작한다. 감각을 살려내면 온몸의 세포들도 하나둘씩 깨어나서 행복해하는 것을 알 수 있다. 나와 가족을 비롯해 우리 모두가 몸과 마음의 퇴화한 감각을 깨우기 위해 내면의 검붉은 태양 ISP를 호흡과 명상을 통해 만들어 보면 죽은 감각을 살릴 수 있는 길이 조금씩 나타나게 된다. 그래서 숨어있는 감각을 살려내면 누구든지 몸도 건강하고 내면의 평화가 살아나 성장하고 행복해지는 자신을 발견하게 될 것이다.

02

복식호흡과 여러 가지 명상들

복식호흡은 횡격막을 이용한 호흡으로 가슴은 그대로 두고 숨을 내쉬면서 배의 근육을 이용해 복부를 허리 쪽으로 보내고 숨을 들이쉬며 배를 부풀리면서 하는 호흡을 말하는데 일반적으로 체액 순환과 혈액 순환에 도움을 주게 된다.

복식호흡이 좋다고들 하는데 어디에 좋은지 연구한 내용이 있어서 나누고자 한다. Journal of Physical Therapy Science에 발표된 2018년 연구를 보면 "횡격막을 이용한 복부의 깊은 호흡이 메타볼리즘과 산소섭취량을 높여주어 비만에 도움을 줄 뿐 아니라, 세포가 젊어지고 깨어나며 우리 몸의 각 순환 시스템을 최상으로 만들어 준다"는 발표가 있다. 바로 복부를 움직임으로 인해 좀 더 활발하게 몸의 각 기관이 순환되는 것을 나타낸 것이다.

또 서울대학교 간호대 연구팀은 고혈압 환자에게 매일 2회, 40분간 가정에서 복식호흡을 하라고 지도했다. 그 결과 수축기 혈압이 평균 174mmHg에서 145.88mmHg으로, 이완기 혈압도 평균 96.86mmHg에서 81.13mmHg로 줄어들었다. 그리고 대한간호학회지에 보면 유방암 수술 · 항암 치료를 마친 30~60세 여성들에게 4주간의 복식호흡 훈련을 실시한 결과 면역력과 관계있는 T세포 수치가 실험 전 68.5%에서 71.66%로 증가했다고 발표했다. 이와 같이 많은 연구사례에서 나타나듯이 인체에 도움을 주는 것은 사실임을 알 수 있겠다.

"호흡은 신체를 건강하게 유지하는 첫 번째 활동으로 바른 호흡은 질병 예방하는 역할을 해 건강수명을 늘린다"며 호흡기 내과 최천웅 교수는 말했다. 이와 같이 평생 쉬는 호흡을 잘만 하면 건강에 도움을 주니 안 할 이유가 없겠다. 요즘은 많은 곳에서 명상과 호흡을 가르친다.

동아사이언스에 호흡을 명상에 중요한 부분으로 인식하는 연구가 실렸다. 펠트먼 교수와 하워드 휴즈의학연구자들이며, 이들은 뉴런의 유전자발현패턴을 분석하다 생쥐에게서 특정뉴런(전뇌트징어)이 고장 나면 탐색활동이 87%에서 62%로 줄고, 털을 고르는 시간은 세 배 더 길어지며, 가만히 있는 시간도 두 배나 더 길어진 것을 발견했다. 이 부분이 호흡과 관련된 특정한 역할을 한다고 보았다. 사람에게도 이런 회로가 존재하는지 아직 확인되지는 않았으나, 명상을 하면 마음이 차분해지는 것은 호흡을 가다듬어 특정뉴런이 잠잠해진 결과일지 모르며, 연구 논문에서는 "느리고 조절된 호흡은 수세기 동안 마음을 고요하게 만드는 방법으로 쓰였고 임상적으로도 공황발작 같은 과도한 각성을 누르는 데 쓰인다"고 했다.

이같이 숨을 통해 평안함을 만들 수 있음이 여러 학자들의 연구와 오랜 세월 전해 내려온 인류의 문화유산으로도 알 수 있게 된다.

같은 호흡이지만 깊은 복식호흡으로 만들어진 기해호흡 또한 잘만 배워두면 건강증진과 유지, 스트레스 해소, 각종 운동, 명상 등 여러 가지에 잘 활용할 수 있다.

일반적인 복식호흡은 보통 복부를 움직이면서 하지만 벼락명상호흡은 아랫배 기해 혈자리를 비롯해 아랫배와 가슴 속에 의식을 두고 배를 움직이며 하는 호흡을 말한다. 숨을 내쉬면서 아랫배가 쪼그라들고, 숨을 들이마시면서 배가 부풀어나게 된다. 기본은 이렇지만 각 단체마다 조금씩 다른 부분이 있으며 스타일과 집중하는 부분 때문에 일어나는 현상 또한 다르게 나타난다.

보통 특별하게 힘을 내거나 순간적인 힘을 내기 위해 멈추는 호흡인 지식호흡을 중요시하는 경우도 있는데 우리는 보통 물건을 들 때 호흡을 들이마시고 멈추고 한다. 이와 비슷한데 숨을 멈추는 지식호흡은 몸 전체의 압력이 올라가기 때문에 하단전이 충분하게 단련이 되지 않고 너무 오래 숨을 참게 되면 오히려 역상되어 몸을 다칠 수도 있어서 주의를 요한다.

오래전에 잠깐 만난 사람은 산에서 수련하는 분이었는데 호흡을 통해 복부전체를 단련하고 내면의 성장을 추구하는 분이었다. 주로 자리에 누워서 복부에 힘을 주고 천장에다 돌을 매달아 당겼다 내려놓으면서 복부단련을 한다고 했다.

복부와 내장까지 단련하기 위해 금속 가루도 복용한다고 했는데 복부를 손으로 만져보니 둥근 철바가지 같은 느낌이 들었다. 보통사람이 주먹이나 방망이로 힘껏 쳐도 튕겨져 나간다고 한다. 본인 얘기에 의하면 쇠망치도 배로 막아냈다고 한다. 사람들 앞에서 시범을 보일 때는 미리 준비를 해서 때리는 사람이 나무방망이를 이용하거나, 또 맞는 위치를 정해서 연습한다고 했다. 사고를 방지하기 위해서다. 한번은 이분이 여러 사람 앞에서 복부단련을 시범 보이느라 군중 중에 누구라도 자신의 복부를 때려 보라고 했다는 것이었다. 일반적인 사람들은 시범단이 준비한 나무 방망이를 들고 와서 배를 때리거나 주먹으로 배를 치는 수준이라 아무 이상이 없었다. 그런데 한번은 건장한 청년이 자동차 수리점에서 타이어 빼는 뾰족한 긴 쇠망치를 가져와 때려본다는 것이다. 관중들도 갑자기 조용해져서 모두 다 지켜보는 상황이 됐다고 했다. 안 할 수도 없었다고 했다.

물론 연습은 충분히 했고 자신도 있어서 걱정은 하지 않았다고 한다. 보통 그분이 행한 연습은 천장에 메달아 놓은 무거운 돌덩이를 복부로 내려서 단련하나가 돌을 점점 뾰족하고 무거운 것으로 바꿔 가면서 들었다 놨다 반복해서 배를 때리게 한다. 복부를 그야말로 돌덩이처럼 충분히 단련시켰다고 했다. 하지만 시범에서는 잘못하면 위험한 상황이 될 수도 있어서 정신을 바짝 차리고 자세를 잡았다. 그런데 이 청년이 진짜 온 힘을 다해 배를 치더라는 것이었다. 처음 한 번 시범은 뾰족한 쇠망치가 배의 힘에 그대로 튕겨나갔다. 때린 청년도 깜짝 놀랐다. 놀란 청년이 갑자기 한 번 더 치겠다고 해서 잠시 후 그러라고 했다고 한다. 한 번 더 준비를 하고 기운을 배로 모았다. 이번에도 뾰족한 쇠망치가 복부에서 튕겨져 나갔는데 만약 한 번 더 하자고 했으면 힘들 뻔 했다고 말했다. 자신의 신념을 가지고 뭔가를 수련하는 일은 멋진 일이다. 하지만 바로 옆에서 대화할 때 그분의 치아가 거의 많이 닳아 없어져 많이 작아진 것을 봤다. 금속으로 내장을 단련하느라 금단법으로 쇠며 못이며 플라스틱 등을 약품과 같이 씹어서 먹기도 한다고 했으니 치아가 성할 리 없었다. 어디에서 무슨 수련을 하든, 또 명상을 하든 몸과 마음을 상하지 않고 건강하고 행복한 느낌을 찾으면서 수련하라고 말하고 싶다. 그래서 요즘은 특별한 것이 아니라 건강증진과 유지, 내면 성장, 명상, 자기계발에 목적을 두고 호흡과 명상수련을 많이 하고 있다.

고등학교 때 학교에서 명상을 했던 기억이 난다. 아침자습을 시작할 때 매일 5분씩 전교생이 가만히 앉아서 편안한 음악을 들었었다. 특별하게 따로 안내나 진행을 하지 않아서 지루했지만 나름 조용함을 즐기는 아이들도 제법 있었던 걸로 생각난다. 큰 의미에서 보면 앉아서 명상하는 것 말고도 즐거운 영상, 책을 보는 것, 운동 등의 경험들과 우리가 생활하는 모든 것이 훌륭한 생활명상이 되겠다.

명상을 사전에서 찾아보면 "고요히 눈을 감고 차분한 상태로 어떤 생각도 하지 않는 것이다. 마음을 깨끗이 하고, 스트레스를 줄이며, 휴식을 촉진시키거나, 마음을 훈련시키는 데 사용되며 현대적 의미의 명상은 마음을 집중해서 얻게 되는 신체적, 마음적 이득의 대체의

학 성격이 강하며, 전통적인 명상은 수행단체나 종교단체의 이념과 관계가 깊다"라고 나온다.

사실 바쁜 생활 속에 명상을 따로 하기란 쉬운 일이 아니다. 명상이란 말이 있기 이전에 인류는 오래전부터 낮에는 숲과 들판과 푸른 하늘과 태양을 보며, 밤에는 어둠 속에 달과 별을 보며 상상하고 때로는 그 속에서 평안과 포근함을 느꼈을 것이다. 사람이 지금껏 문화적으로 성장할 수 있었던 이면에는 과학의 힘이 크지만, 그 바탕에는 생각하고 명상하는 힘이 많은 작용을 했음을 알 수 있다.

삶의 많은 순간에 스치듯 지나가는 생각 속에서의 번득이는 명상적 아이디어를 바탕으로 실제로 실천해 봄으로써 생활 속에서 발견하고 발명한 유익한 일들이 얼마나 많은지 셀 수도 없을 것이다. 생활에서 우리가 얻으려면 실행하고 만들어 봐야 한다.

기쁨과 행복도 느껴보고 나서 그 후에 더 잘 느끼기 위해 찾게 되는 것과 같다. 상상의 나래를 실제로 내 안에서 느껴보고 밖에서도 느껴 볼 때 상상은 공상으로 끝나는 게 아니라 실제로 눈앞에 나타나게 된다. 이 실행의 힘을 몸이 알아서 삶의 순간순간 내면에서 저절로 나오게 길러야 한다. 묵상(contemplation)은 특정대상을 깊게 생각하는 행위이며 종교적인 관점에서 묵상은 기도 및 명상을 수행하는 방법 중 하나다. – 위키백과 –

"이른 새벽 어두울 때 예수께서는 일어나 한적한 곳으로 가셔서 기도하셨습니다." 마가복음 1:35에 있는 것처럼 예수께서도 조용한 곳에서 기도하시는 모습을 보여주신 것을 알 수 있다.

에더먼드 칼리미는 "묵상은 기도, 생각, 읊조림이고, 머리만이 아니라 심정의 행위이며, 자신을 돌아보고, 영원한 행복에 관련된 모든 것을 숙고하는 것"이라고 하면서 우리가 더 선하게 되지 않는 이유는 "묵상의 결핍 때문이다"라고까지 했다. 명상의 중요성을 말한 것을 볼 수 있다. 좀 더 일찍이 석가모니는 "명상을 통해 지혜를 얻게 되니 그렇지 않으면 무지할 것이다. 무엇이 너를 앞으로 이끌고 무엇이 뒷덜미를 잡는지 분명히 알지어다"하고 말했다. 불교가 바로 명상을 통해 지혜의 진리를 깨우쳐 욕심, 화냄, 어리석음에서 자유를 얻어 궁극적으로 해탈하는 종교라는 얘기가 분명해지는 말씀이다. "불교명상은 준비와 예비적 과정을 필요로 하지 않는다. 모든 것을 있는 그대로 놔두고 감정의 발생과 변화와 소멸을 있는 그대로 주시 관찰하여 삶의 전 과정이 명상이 된다"라고 임승택 교수는 말했다. 명상을 삶의 전 과정이라고 함으로써 생활 속에 녹아들어 우리와 함께 친근하게 할 수 있음을 보여준 것이며 감정을 있는 그대로 바라봄으로써 이 또한 소멸할 수 있음을 보여주는 불교명상 내용 중의 한 부분이다.

힌두교는 "인도에서 태어났으며 하나의 종교라고 부르기보단 인도인의 삶 전체를 지배해 온 사상과 행위, 관습을 망라하는 포괄적인 종교문화이다." – 길희성 – 이와 같이 힌두교는 체계화, 단일화된 종교라고 하기보다는 인도의 오랜 전통문화라고 하는 것이 더 어울리겠다. 외국어대 이광수 교수는 "인도의 힌두교 명상은 오리엔탈리즘으로 변화하여 세계화되었는데, 순수 의식에 대한 깨달음을 주창한 크리슈나무르티, 기존질서와 사회 윤리로부터의 해방으로 세상포기와 공동체생활을 주창한 바그완 라즈니시, 금욕과 명상을 통한 초월명상의 신비주의자 마하리시 마헤시 요기, 개인적 명상과 사회적 봉사의 화합을 내세운 사띠아 사이바바 등이 자신의 해석에 따라 조합하여 만든 것이다"라고 했다.

여기에서 현대화된 명상이 나오는데 힌두교와 불교에는 만트라라는 흔히 우리가 주문이라고 알고 있는 명상수련이 있다. 산스크리트어로 '만'은 마음이며 '트라'는 보호를 의미해 "마음을 보호"하는 뜻이 있으며 참된 말, 진실한 말은 영적 물리적 변형을 일으킬 수 있다고 여기는 발음, 음절, 구절이다. – 위키피디아 –

이 외에도 명상방법은 수없이 많다. 모든 방법이 맞다고 틀리다고도 할 수 없으니, 수천 년 전부터 동양과 서양의 각 민족별로, 전통별로, 나라별로 오래전부터 내려온 사회제도나 문화의 특성에 맞추어 변화되어 현대에 이른 것을 알 수 있다.

명상은 알게 모르게 묘한 힘이 있어서 그 사람을 변화시킨다. 그래서 잘해야 하며 그 중심에 사상과 국경을 넘어 "자신을 비롯해 주위사람과 만물을 행복하고 이롭게 하는 일이 첫 번째"가 되어야 한다. 내가 속한 집단과 나라의 이념 때문에 다른 사람을 차별하고 분별하는 것은 명상과 이념 교육의 강한 힘이 잘못 나타나면서 일어난 일들이라고 할 수 있다. 더 나아가 나와 지구와 우주만물의 소중함을 알아야 한다.

아주 오래전 한국에서는 바르게 호흡하는 법과 이를 통해 내 안을 바라보고 명상함으로 인간의 본래 진면목인 참본성을 각성시켜 깨우치게 함으로써, 관념으로 치우치지 않는 사람과 만물을 이롭게 살리는 건국이념 "홍익인간, 광명이세, 재세이화"가 있었다. 이는 숨과, 호흡, 생활명상 등을 말하는데, 현재 살고 있는 세상에 머물며, 또 사람들과 어울려 부딪히고 생활하면서 자신과 만물을 널리 이롭게 할 수 있는 사람을 만들어내며, 내적 외적으로 밝고 건강한 사람을 만드는 데 있다. 사회 생활 속에서 이루는 변화를 통해 성숙해져 행복한 삶을 함께 이루는 데 있다고 하겠다.

이러한 한국 전통의 명상과 호흡법을 어린 시절 할머니에게 전해 받고, 젊은 시절에 스승에게 배우고 가르치고, 나이 들어 명상을 가르쳐준 또 다른 스승의 도움으로 한국벼락명상법을 만들었다. 벼락명상을 통해 얻은 작은 깨달음으로 이를 발전시켜 사람의 성품을 성숙하게 만들어 개개인이 건강하고 행복한 삶을 영위하는 데 조금이라도 보탬이 됐으면 한다. 바쁘게 생활하는 현대인들이 시간을 내서 실제로 해본다면 삶에 벼락같이 다가와 작지만 큰 도움이 되겠다.

03

숨 잘 쉬는 법

오래전에 한 사람이 너무 심심했었다. 그래서 좋은 나무와 바위가 있고 물이 흐르는 산속에 앉아서 오랫동안 눈을 감고 있었다. 처음에는 심심하더니 점차 고요해지고 나중에는 참 편안해지고, 정신이 맑아져 몸과 마음이 이완되었다. 그 후에는 저절로 숨을 느끼고 고르게 쉬게 되어, 기분이 좋아 며칠을 그대로 앉아 있다가 깊은 내면으로 들어가 죽음과 삶의 고통이 원래 없었음을 깨우쳤다고 한다. 오래전 어디선가 읽은 책의 내용이다.

명상을 하려면 좋은 장소와 시간을 찾아야 한다. 참 중요한 일이다. 일반적으로 사람들은 피곤하면 눈을 감고 쉬는데, 이는 명상을 알게 모르게 생활 속에서 하고 있는 것이다. 그렇지만 명상은 피곤할 때 하는 것보다, 내가 편안한 가운데 해야 훨씬 좋다. 처음에는 하루 중에 가장 기분이 좋을 때 하는 게 좋다. 내면이 잘 안정되기 때문에 그 때 명상을 하는 게 맞다. 그래서 그런 때에 조금씩 연습을 해놓으면, 몸과 마음이 힘들거나 피곤하고 지칠 때 잠깐 1–2분의 깊은 명상을 통해 쉽게 회복할 수 있는 힘을 가지게 된다.

처음부터 눈을 감고 명상을 하기란 쉽지 않다. 그래서 지금의 나를 느끼고 숨을 쉬는 연습을 한다. 숨은 공기를 내쉬고 들이마시는 모든 것을 말한다. 하지만 우리가 지금 쉬는 숨은 그냥 단순한 공기가 아니라 생명임을 우리는 알고 있다. 바로 '숨'은 살아있는 삶이며, 사람의 생명을 뜻하기 때문에 마지막 숨을 쉬는 사람이 한 번 더 쉬고자 했던, 그 한 번의 숨이 바로 지금 내가 내쉬고 들이쉬는 숨이다. 또 오래전 누군가가 들이쉬고 내쉰 그 숨은 내 안으로 들어와 내게 생명을 주고 나간다.

뉴저지 잉글우드 병원에 지인의 병문안을 간 적이 있다. 병증이 심해 의식 없는 혼수상태에서 호흡기에 의지해 누워계신 모습만 보고 잠시 있다 돌아왔다. 인공호흡기가 작동할 때마다 한 호흡 한 호흡 하면서 얼굴과 몸이 힘들게 들썩이며 숨을 쉬던 그 모습이 지금도 눈에 선하다. 돌아오는 길에 숨 쉬고 있음에 얼마나 감사했는지 모른다. 이 글을 읽는 우리 모두가 그냥 쉬는 숨이지만, 지금 이 순간 이전의 누군가는 이제 더 이상 숨을 쉬지 않는다.

그분은 참 편안하고 좋은 분이셨다고 기억한다. 우리는 누군가를 생각할 때 이런저런 생각보다는 그 사람의 성품을 기억하는 경우가 많다. 그래서 우리는 성장도 좋지만 성숙의 깊은 삶을 살아야 한다. 코로나 감염병으로 숨 쉬기 힘든 환자가 더욱 많아진 지금은 한 호흡이 얼마나 소중한지 새삼 느껴진다.

자궁 속에 있을 때 엄마의 몸과 이어진 배꼽의 탯줄로 모든 영양분을 받으며 9달을 살다가 세상에 나와 처음으로 공기를 만나 숨을 쉬면서 울기 시작한다. 이 탯줄을 통해 인류는 지금까지 살아왔다. 앞으로도 살아낼 것임은 자명한 일이다. 배꼽에서 탯줄을 통해 엄마로부터 생명의 영양분과 피를 받았기 때문에 신생아의 배는 위아래로 쉽게 잘 움직이는 것을 볼 수 있다. 신생아는 숨을 들이쉬면 배가 풍선처럼 부드럽게 부풀어 오른다. 이렇게 부드러운 배꼽호흡을 2~3살 혹은 그 이상까지도 하는데, 호흡은 점점 나이를 먹으면서 위로 올라가게 된다. 10대까지는 그래도 호흡이 아래에 있어서 에너지도 다리에 머무르게 되어 아이들을 보면 지치지도 않는지 이리저리

가볍게 잘도 뛰어다닌다. 그러다 성장해서 에너지가 허리로 가면 생식기능이 각성되며 그 후 성장은 멈춘다. 그런 후 사는 동안 거의 가슴을 움직이며, 가슴으로 숨을 쉬게 된다. 더 나이 들어 힘들면 어깨를 들썩이며 숨을 쉬다 나중에는 목으로 숨 쉬다 숨을 멈추게 된다. 신생아 때 하던 배꼽호흡을 하면 좋은 이유는 횡격막을 움직이게 되어 폐도 더 넓게 펴지고 심장으로 돌아가는 혈액뿐만 아니라 배꼽주변 체액의 순환도 활발해져서 배의 온도가 높아지게 되기 때문이다.

배의 온도가 높아지면 요즘 많은 관심사인 면역력과 자연치유력 같은 생명력이 더욱 강화되어 태아 때 있었던 높은 면역력과 내면의 깊고 평안한 상태를 유지할 수도 있다. 또한 복부를 움직이기 때문에 요즘 많은 문제가 되는 내장지방 또한 줄어들게 됨은 당연하다. 어떤 깊은 감각을 체험하고 경험한다는 것은 내면의 변화를 통해 몸과 나아가 체질개선, 감정조절까지도 할 수 있게 되는 결과를 가져올 수 있다. 깊고 편안한 호흡법을 연습해서 내면의 평화로운 상태를 자주 느끼게 되면, 웬만한 스트레스가 와도 그 고통에서 잘 넘어갈 수 있는 힘을 갖게 되니 참 좋은 일이다.

몇 년 전 뉴저지에서 만난 한 분은 한국의 모대학에서 인공심장과 관련된 연구를 하시는 박사님이셨다. 박사님은 호흡과 스트레스 해소에 관한 많은 글과 제품까지 만들어 홍보하고 계셨다. 내쉬는 숨과 들이쉬는 숨의 길이를 일정하게 하는 것만으로도 부교감, 교감신경을 자극해 심장주변의 경직됐던 심혈관이 이완되어 혈관나이가 젊어진다고 말씀하셨다. 실제로 7초 숨을 들이쉬고 또 7초 내쉬는 방법으로 의도적으로 숨의 길이를 만들어서 불과 몇 분 반복했는데도 심혈관 나이가 젊어진 것을 컴퓨터의 수치로 보여 주셨다.

얼마 전 인터넷에서 숨을 고르게 해주는 어플을 실제로 사용하는 것을 본 적이 있다. 눈으로 볼 수 있게 초침을 만들어 숨을 쉬게 했는데, 이는 한국 전통의 고른 숨 고르기 "조식(調息)" 방법이다.

우리는 평생 숨을 쉬고 살아야 한다. 이왕이면 죽을 때까지 쉬는 숨을 제대로 배워두면 스트레스 해소뿐만 아니라 그보다 몇 배 더 행복하고 건강한 일이 우리 삶에 얼마든지 많이 생기지 않을까 한다.

'숨' 글자를 호흡과 함께 벼락명상해보자.

들이쉬면서 배를 부풀려 '숨', ㅅ=ㅿ, 내쉬며 배를 쪼그라트리며 'ㅿㅜㅁ, 숨'을 상상한다. 배에 풀무질을 통해 배의 감각이 살아나게 한다. 숨이라는 글자를 먼저 상상한다. 숨을 들이마시면 숨의 'ㅿ ㅁ' 이 커지고 숨을 내쉬면 숨 글자가 같이 쪼그라들어 배의 'ㅁ'이 작아지고 배 속에서 감각이 살아나게 된다. 배 속을 인위적으로 움직이는 운동과 숨이라는 정신작용에 의해 아랫배 속에 불의 씨앗이 만들어진다. 반복해서 오래 하다 보면 배가 묵직해짐을 느낀다. 여러 가지 많은 생각이 나면 숨을 마음속으로 간절하게 부르면서 복식호흡을 한다. 들이쉬며 숨, 내쉬며 숨을 고른다. 다른 생각이 일어나면 숨으로 날려보낸다. 숨을 통해 아랫배 속이 묵직해지는 느낌이 살아나면 마음속으로 말하는 것을 멈추고 그 느낌을 바라보면서 나중에는 숨 쉬는 것까지 잊게 된다.

숨이라는 글자 하나만으로도 내 안에서 명상여행이 시작된다. 달리 멀리 갈 필요가 없다. 'ㅿ'은 머리에서부터 양팔로 'ㅡ'는 가슴 아래 아랫배로의 경계, 'ㅣ'는 그 아래로의 내려가는 통로를 'ㅁ'은 아랫배를 상상하며 숨 쉬고 명상하면 된다. 'ㅁ' 복부는 숨결에 의해 작아지고 커지며 우주의 에너지를 저장해 생명을 살리며, 내 안으로부터 나를 키운다.

한글에서 'ㅅ'은 원래 'ㅿ'였다. 사람, 숨, 생명, 쉼, 신, 시작, 소금, 사람 등과 같이 생명을 나타내는 많은 단어가 있다. 또 'ㅁ'으로 시작하는 단어는 몸, 마음, 마당, 마을 등과 같이 한정된 공간을 나타낸다. 'ㅇ'은 우주, 하늘, 한, 엄마 등의 근원과 관계있는 글이 많다. 따라서 숨은 모습 없는 우주생명이 한정된 공간에 들어오는 것을 말한다. 내쉬고 들이마시는 숨에 집중하면 숨의 기운이 유통되면서 'ㅅ'의 양팔로 숨이 손까지 흘러가며, ‘ㅡ’는 내면의 경계를 느끼고 나타내며, ‘ㅣ’는 막힌 가슴을 시원하게 관통함을 나타낸다. 숨을 조금 깊이 복부로 쉬면 ‘ㅁ’의 아랫배는 묵직하고 든든하고 뱃심이 생기고 나중에 그 가운데서 불의 씨를 만나고 느껴지게 된다. 그러면 글자 ‘숨’은 내가 살아 있는 동안 나와 함께 살아서 내 몸과 마음과 같이, 내 안에 살아서 움직이는 글자가 된다. 그러니 ‘숨’ 글자를 한번 내 안에 잘 살려서 키워보자. 그래서 이 책을 읽고 명상하고 호흡하면서 태아 때와 신생아 때의 숨통이 다시 열리는 가슴 벅찬 깊은 감동의 복을 누려보기 바란다. ‘숨 체험명상’은 ‘숨’ 글자를 몸으로 상상하는 것을 통해 내 몸으로 체득하는 가장 기본이니 놓쳐서는 안 된다.

쉬운 ‘숨 느끼기 체험명상’이니 매일 1분이라도 시간 나는 대로 연습을 해보자.

1분이 중요하다. 1분을 눈 감고 숨을 쉬면 거의 모든 명상공부를 시작한 것이나 마찬가지다. 그러니 꼭 1분을 하기 바란다. 이 책을 덮을 때 다른 것은 다 잊어도 좋다. 그러나 1분 숨 쉬기 하나만은 삶으로 가져가 직접 체험해 보자.

자기계발 전문가 중의 한 사람인 제임스 클리어는 “습관은 자존감”이라고 했다. 우리가 자유롭게 생각하고 창조성을 발휘할 정신적 여유를 만들어낼 수 있느냐는 삶의 기본적인 일들을 쉽게 만들어 우리의 마음이 새로운 도전들을 포착하고 다음에 벌어질 문제들을 해결하는 데 더 자유로워진다. 이처럼 습관을 만드는 것은 장래에 하고 싶은 일을 더욱 잘 할 수 있게 해준다.

좋은 습관은 삶에 여러 가지로 도움이 되니 꼭 “평생 하루 1분 숨 쉬기”를 일생의 생활습관으로 만들기 바란다. 단순히 숨에 집중하는 연습 1분 정도를 통해 내 안의 나는 의식으로 마음으로 몸으로 자라나 성숙해진다. 숨에 집중하기가 쉬워지면 나의 온전한 의지를 그 속에 불어 넣어 보자.

"숨의 의지는 의도적으로 숨의 길이를 조절하는 것이다."

살아있을 때, 의식이 있을 때 내가 할 수 있는 쉬운 일이다. 날숨과 들숨의 길이를 일정하게 내 의지로 맞추는 것인데 처음에는 쉽지 않다. 그래서 2~3초간 숨을 내쉬고 2~3초간 들이쉬는 숨을 권한다. 연습을 통해 숨 속으로 들어가 보자. 너무 짧아서 쉽다고 하겠다. 그렇지만 꾸준히 하다 보면 그 속에 길이 보인다. 보통 숨을 쉬라고 하면 힘껏 들이쉬는 경우를 많이 본다. 하지만 처음부터 갑자기 깊이 쉬면 몸이 굳게 되기 때문에 숨을 먼저 약하게 쉰다. 그러면 조금 깊은 숨 고르기를 할 때 긴장하지 않게 되며, 어깨가 경직되지 않아서 좋다. 이렇게 2~3초로 시작해서 1달 후 6~7초까지 숨 고르기를 반복하는 '숨 체험명상' 훈련을 한다. 시작이 반이다. 1주일만 매일매일 틈나는 대로 1분씩 연습해도 슬슬 끈기가 길러지기 시작한다.

그래서 1개월간 하게 되면 인내도 살아나 이때는 숨 길이를 3~7초로 할 수 있게 된다. 사람은 태어나서 죽을 때까지 숨을 쉬고 산다. 이런 숨을 약간 의도적으로 쉼으로 인해 우리 몸과 마음이 깨어나 살아나기 시작한다. 보통 숨을 내쉴 때 부교감신경이 작용해 혈압이 내려가게 되며, 들이쉴 때 교감신경을 통해 혈압은 약간 올라간다. 이를 이용해 의도적으로 호흡하는 연습을 하면 교감과 부교감신경을 내 의지로 어느 정도 끌려오게 할 수 있게 되어, 혈관과 몸의 세포, 몸의 피곤함, 마음의 흥분, 졸음 등을 연습을 통해 어느 정도 제어할 수 있는 힘이 생기게 된다.

우선 몸과 마음이 이완이 되어 있으면 호흡이 잘 된다. 몸과 마음을 편안한 상태로 만들기 위해서는 시간과 공간을 자유롭게 만들어야 한다. 어디에도 의식이 얽매이지 않게 시간을 낸 다음 공간을 꾸며야 한다. 그래서 사람들은 예로부터 시간을 내어 명산대천을 찾아 다녔다. 그런 곳에 가면 좋지만 사회생활을 하면서 매번 멀리 갈 수는 없는 일이다. 멀리가지 않더라도 내가 있는 곳에서부터 시작해야 한다.

숨을 쉬는 게 더 편안해지는 몇 가지 준비운동을 소개한다.

한국벼락명상운동은 숨 쉬는 연습 전에 하는 동적인 운동을 말한다.

첫 번째, '회오리 몸과 마음 정화 운동'

이 '회오리운동'은 몸을 내장부터 비틀어 주어 내 안의 체액과 기운을 순환시켜 주는 효과가 있다.

❶ 다리를 어깨넓이로 벌리고 선 채로 양팔을 손바닥이 몸을 향하게 늘어뜨린다.

❷ 가슴으로 펴고 머리를 바로 한다.

❸ 엉덩이를 이용해 몸을 좌우로 움직여 비튼다.

❹ 그 비틀림으로 내장과 허리를 틀어 빨래를 하듯 짜준다.

❺ 어깨의 힘을 빼면 팔이 덜렁거리며 움직인다.

❻ 좌우로 반복해서 움직인다.

❼ 잘되면 양무릎을 조금씩 구부렸다 펴면서 회전한다.

❽ 팔을 일부러 움직이지 말고 몸 위 비틀림에 의지한다.

❾ 잘되면 이제 발을 한쪽씩 비틀어 움직임을 리드해 움직임의 시작을 발바닥부터 일어나게 한다.

❿ 눈을 뜨고 하다가 동작을 익혀 잘되면 손바닥의 무게감을 느끼며 눈을 감고 3-5분 정도 하다가 나중에는 몰입해서 10분 정도까지 해본다.

⓫ 마무리는 그냥 멈추고 서있는 자세로 양손을 옆으로 늘어뜨리고 몸과 마음을 느낀다.
(발바닥–종아리–무릎–허벅지–고관절–엉덩이–복부 속–가슴 속–양어깨–팔꿈치–손목–손바닥)

⓬ 손바닥과 손끝에 집중해 심장의 맥박을 느낀다.

효과

'회오리운동'을 하면 몸과 마음의 디톡스를 해주어 속이 편안해져 숨 고르기가 쉬워진다. 언제 어디서나 서서 할 수 있어서 온몸이 잘 풀린다. 회디 운동 후 바로 호흡이나 명상을 해도 이전보다는 잘되는 것을 알 수 있게 된다. 틈나는 대로 실내나 실외에서 연습을 충분히 3-6개월 정도 하면 나중에는 몇 분만 해도 몸과 마음의 정화, 디톡스를 경험할 수 있겠다.

수련생 중 남자 한 명은 전립선을 오래 앓았는데, 회오리 디톡스를 한 지 한 달 후에 소변보는 게 좋아지셨다. 항상 소변 볼 때 시원하게 보지 못하고 중간에 몇 번씩 소변이 나오다 멈추어서 힘들었다고 했다. 이외에도 허리, 어깨 등등 여러 가지 좋아진 분들이 많다. 허리와 등이 바로 서 구부러진 자세가 똑바로 서게 된다. 회오리운동을 오래 하게 되면 등의 양쪽 근이 바르게 되어 양쪽 갈비뼈를 당겨주어 몸통이 단단하게 중심으로 향한다. 젊은 시절의 허리와 몸을 살릴 수 있게 된다.

두 번째, 감(感)호흡 운동

❶ 회오리운동 후 양손을 몸옆으로 내려 숨을 느낀다.
❷ 천천히 코 - 목 - 양손가락을 가슴 가운데에 대고 가슴을 느끼며 숨쉰다.
❸ 가슴 가운데서 의식을 심장으로 이동시키고 심장을 둘러싼 심혈관의 이완을 상상하면서 숨을 고른다.
❹ 날숨과 들숨을 일정하게 5-7초 정도 의도적으로 만들어본다. 2-3분 정도만 고르면 마음이 편해지고 심혈관의 나이가 젊어진다. 잘되면 5분 정도 한다.
❺ 양손을 윗배로 내려 숨을 고르며 윗배의 온기를 느낀다. 위장에 편안함을 주게 된다. 윗배로 숨을 5분 정도 쉰다.

효과

감호흡은 반복해서 해주면 스트레스 해소가 잘되고, 심혈관 나이가 실제로 젊어지게 된다. 가슴이 풀어지고 위장이 편해진다. 가슴과 위장이 순환되어 복식으로 숨을 고를 준비가 더욱 잘되게 된다.

몸과 마음이 잘 풀리면 숨 쉬는게 편안해진다. 이제 복식호흡을 해보자. 어느 자세든 내가 편안하면 괜찮다. 바닥 혹은 의자에 앉거나, 서서 허리를 바로 세우고 어깨를 이완시키면 된다. 편안한 가운데 아랫배 배꼽에 집중하고 복부를 움직이는 복식호흡을 시작하는데 숨을 내쉬며 복부를 척추 쪽으로 수축시키고, 숨을 들이쉬며 복부를 풍선처럼 부풀린다. 내쉬는 숨 6~7초, 들이쉬는 숨 6~7초인 호흡을 5분간 한 후에도 숨이 차지 않아야 한다. 숨이 차면 다시 호흡 길이를 5초나 4초로 내려서 연습하면 된다. 6~7초를 하는 이유는 이완과 집중의 명상효과가 잘 일어나는 시간이기 때문이다. 준비가 안 됐을 때 호흡을 일부러 너무 길게 하게 되면 오히려 집중이 떨어지게 된다. 이렇게 6~7초 정도의 숨을 쉬면서 5분 정도가 지나면 깊이 몰입을 하게 되는데 이때 몸을 다시 한번 크게 느끼게 된다. 의자도 좋으며, 바닥에 앉은 정좌 자세는 조금 더 좋고 양손을 무릎에 올려놓은 상태로 숨을 쉰다. 그런 가운데 시간이 지남에 따라 의식이 맑고 마음이 편안해지는 상태가 오기를 기다린다. 그래서 몇 분이 지나면 내 손이 어깨에 달려 있기는 한데, 손과 팔이 앞으로 또는 뒤로 달려 있는지 모르게 되며 눈을 뜨고 보기 전에는 알 수가 없을 정도로 깊이 숨 속으로 들어가게 된다. 숨 속으로 깊이 들어가는 느낌을 여러 번 경험하게 되면 어지럽고 복잡한 생각이 단순하게 변화하며 긴장된 몸이 또 마음이 이완되는 현상이 일어난다.

평안한 몸과 마음의 상태가 반복되고 익숙해지면 이제는 5분간이 아니라, 1분 또는 단 한 번의 호흡이나 눈만 잠시 감아도 뇌파가 내려가게 되어, 쉽게 내적인 평안과 이완을 경험하게 된다. 실제로 몸까지 좋아지는 것을 알 수 있게 된다.

다음은 몸과 마음을 건강하게 살리는 집중호흡 과정이다. 벼락자세 집중호흡 10차 과정이 있으며, 부록에 설명되어 있다. 기본 집중호흡 10차는 몸과 마음을 내적, 외적으로 성장시켜 벼락명상에 도움이 되는 동작으로 만들었으며, 기본적인 건강증진과 벼락명상할 때 도움된다. 호흡을 마치고 하는 벼락약손만들기 10차 과정이 있으며 3차까지 부록에 설명이 있다. 한국벼락명상 자세집중호흡의 처음 1~4차까지는 폐, 대장, 위장, 비장 경락을 맑고 평안하게 하고 건강증진과 유지를 위해 만들었다.

1차 자세집중호흡
폐의 기운를 의식하면서 호흡한다

효과

호흡력/순환 강화, 피부건강, 심신안정, 하체 강화, 가슴 펴주기 및 거북목 예방.

(벼락이 폐경락을 지나는 명상)

각 번호당 1−3분까지 유지하면서 점차 늘려나가며 호흡에 집중한다. 처음에는 1분에서 시작해서 점차 늘려 나간다.

(초보자:가슴호흡, 중급: 복식호흡, 고급: 기해호흡)

1번 의자에 앉은자세를 유지하면서 양손을 앞으로 펴고 엄지 위로 올린다. (골반 및 하체 강화, 호흡력 강화)

2번 양손 교차로 어깨에 대고 무릎 펴고 선 자세로 호흡한다. (심신안정, 어깨의 순환과 폐기운 보호)

3번 왼 앞굽이
양손 합장하고 머리 위로 뻗는다.

(3-8회 호흡)

양손 옆으로 내려 손바닥을 어깨 쪽으로 내리고 머리를 든다.

(3-8회 호흡)

(엄지손가락을 들어서, 폐기운을 활성화한다.)

양손 아랫배로 내려 기해호흡한다.

(5-8회씩 호흡)

(발, 무릎, 골반을 강화시켜 주고, 허리와 등, 가슴, 목을 펴주어 기운에 활기를 불어 넣는다.)

4번 오른쪽 앞굽이

3번과 똑같은 동작으로 호흡한다.

(각 3-8회 호흡)

5번 발 붙이고 다리 모으고 무릎 구부리고 선다. 엄지 발가락으로 땅바닥을 움켜쥐고, 양손의 엄지 손가락을 안으로 말아쥔다. 손바닥 위로 하여 팔꿈치를 몸에 붙이고 45도 벌린다. 고개를 들어 목을 열어주고 호흡한다.

(몸과 의식을 중심으로 향해서 힘을 주고 모은다. 괄약근을 조여주고 가슴을 열고 폐기운을 보호한다.)

일반적인 건강과 이완은 위의 호흡과 운동들을 꾸준하게 6개월 정도만 해도 조금씩 좋아지는 것을 느낄 수 있다. 좀 더 깊은 건강증진이나 유지, 회복, 또는 내면의 깊은 명상, 평화나 성장, 성숙을 원한다면 내가 지금 가진 건강과 이완의 느낌을 디딤돌로 삼아 시간을 조금 더 투자하기 바란다. 건강과 내면의 평화는 하늘이 주는 복이고 감사이다. 배가 고픈 것은 때가 되면 느껴져 밥을 먹으면 되지만, 아픔과 스트레스는 깊이 느낄 때가 되면 이미 늦은 상태이다. 그래서 건강과 내면의 평화는 내가 원하는 아무 때에나 오지 않으며 준비된 나의 때에 찾아와 준다. 겸손한 마음으로 감사하고 건강할 때 잘 유지 관리하고 삶을 즐겨야 한다.

명상은 생활 속에서도 저절로 하게 되지만 좀 더 깊은 고요함은 가부좌나 반가부좌가 좋으며, 의자에 앉아서도 허리를 바로 펴면 된다. 명상을 하기 전과 후에 기본운동들과 함께 하면 벼락명상효과가 크겠다.

각 차별로 3~6개월 정도 하면 건강한 생활에 도움이 된다. 자세 호흡하는 동안 복부의 기해에 집중하는데 이는 생명에너지가 모이는 바다로, 배꼽과 아래 치골뼈 사이를 5등분 해서 배꼽 바로 아래의 5분의 1에 해당하며, 보통 배꼽 아래로 2~3cm 정도에 있다.

준비운동 없이 일상생활에서 7분 숨과 명상 연습

1. 편안하게 눈을 감는다. 얼굴에 긴장을 풀고 어린 아이와 같이 천진난만하게 웃는 얼굴을 일부러 만들어 본다.
2. 허리를 펴고, 눕거나, 앉거나, 바닥, 의자, 선 자세 어떤 자세든지 좋지만 몸을 바르게 해야 숨이 잘 쉬어진다.
3. 몸과 마음의 긴장을 풀고 어깨, 팔, 허벅지, 무릎, 발, 머리, 가슴, 배를 느끼고 힘을 빼고, 그리고 숨을 그냥 느껴본다.
4. 코끝에 집중하며 2~3초 들이쉬고, 2~3초 내쉬는 '숨' 조식호흡을 해본다. 코 – 목 – 가슴 – 윗배 – 배꼽 – 기해 순서로 내려온다. 내가 집중이 잘되는 몸의 각 부분에서 충분히 호흡을 한다. (예를 들어 가슴이 답답해서 가슴호흡이 안 되면 목으로 또는 코끝에 집중해서 숨을 충분히 고른 다음 가슴으로 내려간다.)
6. 익숙해지면 '숨~~ 체험명상'을 복식호흡으로 하며 6~7초까지 늘려본다. 힘들면 4, 5초로 다시 돌아간다.
7. 숨을 마음속으로 깊이 한두 번 부른 다음은 말을 하지 않고 숨을 고른다.

04

살아있을 때 고향으로 돌아가자

숨결을 타고 의식이 녹아 들어가야 한다. 명상을 통해 숨을 쉬는지 안 쉬는지 내 이름과 나이, 성별, 내가 누구인지를 잊고 또 실제로도 명상할 때는 지금의 나를 통해 모르는 내 안으로 들어간다. 처음에는 눈을 감고 어두운 앞을 보지만 시간이 지나면서 점차 내면이 변한다. 어두운 밤에 눈을 감으면 칠흑같이 어둡다. 이 어둠을 고요하게 느끼며 바라보는 내가 있음을 느낀다. 잠을 자기 전에 잠깐 눈을 감고 어둠을 보고 느껴보라. 여기에서부터 명상은 시작한다. 매일매일 잠을 자면서 검은 어둠 보는 것을 즐기면서, 그 속에서 새로운 내가 만들어짐을 알고 어둠을 사랑하자. 그 검은 어둠은 눈에 보이는 우주보다 넓고 크기가 없다. 어둠을 바라보는 나를 느껴본다. 잠자는 순간의 알아차림의 시작이다. 틈나는 대로 명상을 통해 어둠 속에서 검은 어둠을 눈을 감고 보는 자신을 느끼자. 자주 볼수록 포근함을 느끼고 우주의 살아있는 존재로 나를 다르게 바라볼 힘도 생긴다.

나라는 존재를 그냥 평면에 있는 내가 아닌 입체적으로 늘 관찰하며 바라보고 느끼게 되면서부터 나에게 일어나는 일을 통제할 수 있는 힘이 조금씩 생긴다. 이때부터가 새롭게 나를 볼 수 있는데 집 안에서는 집의 외형을 잘 볼 수 없다. 또 평평하고 넓은 지구 안에서는 둥근 지구를 볼 수 없지만 우주에서는 동그란 지구를 볼 수 있다.

태양계나 은하나 더 큰 우주를 보려면 우주 밖에 있어야 우주를 볼 수 있게 된다. 의식이 무한대로 커져야 한다. 물론 요즘은 우주를 특별한 망원경으로 볼 수 있어서, 조금이나마 그 크기와 모양을 상상할 수 있겠다. 지금의 우주선을 타고 직접 은하나 다른 큰 우주로 나가 그 모습을 볼 수 없는 것을 우리는 학교에서 배워서 알고 있다. 과학자들은 우주 공간의 웜홀이나 블랙홀을 통해 다른 우주로의 이동 가능성을 말하고 있지만 아직은 가보지 못한 일이다. 이와 같이 우주 밖에서 우주를 보는 일은 물리적으로 지금은 힘들다.

그럼 이제 우리의 시선을 반대로 돌려보면 어떨까? 현명한 과학자들이 내 안으로 눈을 돌려 내 안의 우주를 연구하고 발견했으면 한다. 시선을 나의 밖이 아닌 내 안으로 들어감으로 우주보다 넓은 공간, 생명, 사랑과 자비, 이전의 무극, 한의 세계가 내 안에 있음을 볼 수 있었으면 한다. 이곳이 우리의 본래 고향이고 집이었다.

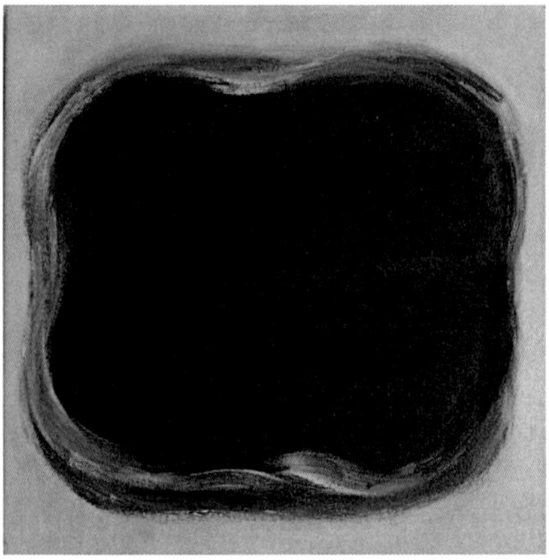

살아서 집으로 돌아가자.

살아있을 때 집으로 더 즐겁게 돌아갈 수 있다.

살아있음에 숨을 쉼에 '감사합니다'로 시작하는 게 한국벼락명상이다.

죽은 자는 말 그대로 죽은 것이다.

산 자들은 눈을 들어 살아있음에 감사해야 한다.

본래의 나는 모습과 이름과 크기가 없으므로,

온 우주가 살아있는 내가 없음으로 돌아오길 기다리고 있음을 알자.

온 우주가 지금 이 순간에 내 앞에 살아있기 때문이다.

우주의 수많은 구성 원소들도 별의 폭발로 움직여 모이고, 혜성이나 눈에 보이는 모든 별들은 다 살아서 움직이고 빛을 발한다. 물론 밤에 보이는 검은 하늘도 낮에 보이는 푸른 하늘도 모습 없는 하늘의 하늘도 살아있음이다.

내가 나온 온전한 우주의 품,

나의 참고향 내 안으로 살아서 돌아가자.

살아있을 때 돌아가는 일이

몸을 가진 우리가 반드시 해야 할 첫 번째 일이다.

눈을 뜨거나 감거나 찰나지간에 본래의 본심 나를 알아차려야 한다.

부모는 집 떠난 자식이 살아서 돌아오기를 언제나 기다린다.

부모님은 아이들이 저녁에 늦게라도 들어오면 걱정하고 기다리신다.

문 밖에 나와서 이제나 저제나 하며 멀리 바라보며 안타까워 하시며 기다리신다.

우리는

지구라는 배를 타고,

태양계라는 더 큰 배를 타고,

은하계라는 더욱 커다란 배를 타고, 드넓은 우주를 여행한다.

지구의 배 안에서는 나는 내 몸의 배와 내 마음의 배를 타고

지구 안에서 이리 저리 돌아다닌다.

한국어로는 내장기관이 있는 곳을 배라고 한다.

그리고 물에서 타는 큰 크루즈여객선이나 작은 카누나, 고무보트, 이 모든 것을 통틀어서 배라 부른다.

나라는 자신의 배에서 나와야 한다.

지금 타고 가는 모습 있는 몸과 마음의 배는 조금 있으면 없어진다.

그렇지만 우리의 선조들이 살아왔듯이 우리의 후손들도 이 땅에서 삶을 영위하며 살아갈 게 분명하다. 수많은 인생이 왔다가 한 번의 일생을 살다가 간다.

누군가는 즐겁고 행복하게, 누군가는 100년을 살고, 누군가는 조금 일찍, 또 누군가는 1달이나 1일을 살다가 갔음도 안다.

그렇게 아무도 모르는 내 삶의 시간 동안 죽기 전에 내 안에서 꼭 깨어 나와 해야 할 숙제가 있다.

"나의 내면에 있는 우주의 근원과 통해 돌아가는 일이다."

많은 현자들이 말했다.

"온 우주를 만들고 지금도 살아계신 모습 없는 그분과의 소통은 오로지 내 안에서 시작한다"라고 했다.

내 밖에서 평생을 찾아 돌아다니며 여행을 하다가 원래의 자리로 돌아와 지내 보면 내 안으로 여행이 필요함을 알게 된다. 물론 여행 중에도 얼마든지 내 안으로 들어갈 수 있으니 좋은 여행은 즐겁고 행복한 일이다.

높은 산꼭대기, 산속, 오솔길, 바다, 사막, 깊은 호수, 바닷속, 드넓은 하늘과 우주로 나가서 미지의 세계를 찾아서 우리는 떠난다. 그 여행하는 가운데 보고 끝내지만 말고 그 순간에 내 안으로 들어가는 연습을 하기 바란다. 가벼운 나와의 만남은 눈을 뜨고 대상을 바라보는 순간 내가 느끼는 찰나지간에 온다. 우리를 만드신 모습 없으신 우주의 진면목과의 깊은 만남은 결국 내 안의 '나'을 통해 연결된다. 그때부터 내가 조금 더 성숙해지기 시작한다.

달걀의 깨어남, 애벌레의 재탄생, 엄마 자궁 속의 아기는 새로운 세상으로 나온다. 수정된 계란은 안에서 성장했을 때에 부리로 단단한 껍질을 쪼아 깨고 세상으로 나온다. 매미는 알에서 깨어 나와 애벌레가 되어 땅속으로 들어가 5-17년 이상을 성장하고, 때가 되면 성충의 등을 찢고 허물을 벗고 나와 나무로 다시 날아간다. 그래서 2주간 소리를 내며 노래하고 울며 번식하고는 알을 낳고 죽는다. 사람은 엄마 자궁 속에서 9달을 살고 성장해 나온다. 허파로 숨을 쉬고, 입으로 음식을 먹어 에너지를 만들어 살아갈 수 있을 만큼 성장했을 때 엄마 배에서 나온다. 태어난 후 20-30년간 부모의 보살핌을 받아 성장해 자유를 얻어 각자 삶을 살다가 길면 50-70년 후 죽는다. 우리 모두는 이렇게 살다가 나이 들어 병들어 죽거나 사고로 죽는다. 여기까지는 사람과 달걀과 애벌레나 다른 많은 생명체가 다 비슷하다. 사람은 엄마 자궁에 잉태되면서부터 또 태어나 숨을 쉬기 시작하는 순간, 온 우주의 모습 없는 허공과 연결되어 새로운 삶이 시작된 것을 알아야 한다. 이 허공의 숨을 통하기도 전에 엄마 배 속에서 새 생명이 시작됐으며 숨이 끊어지면 혼비백산한다. 혼은 허공으로 날아가고 몸은 땅으로 흩어진다.

살아있는 동안 숨과 영양분을 통해 생명을 유지한다. 의식과 마음은 지구에서의 온전한 삶의 모든 과정을 통해 끝없이 성장해 맑고 밝아질 수 있다. 생명을 가진 모든 생명체가 다 소중하듯이 주위의 풀 한 포기, 나무, 돌, 나아가 지구생명도 귀하게 대해야 한다. 인류는 살아있는 오랜 시간 물질적, 영적으로 많은 성장을 했다. 최근에는 더욱 빠른 변화와 성장을 통해, 자고 일어나면 다른 세상을 사는 것 같은 느낌이 든다. 언제나 그렇지만 변화가 빨라진 세상 속에 내가 살아있는 지금 이 순간이 가장 중요한 때다. 물질과 내면적으로 폭발하는 때가 바로 지금 이시기로서 시간이 얼마 없다. 그 한가운데 중심에 우리가 있음을 알아차려야 한다. 그래서 내적, 외적인 성장과 성숙을 함께 이루어야함을 알아야 한다. 내가 성장하고 성숙해지지 못하면 우주의 변화를 따라갈 수 없게 된다.

우리가 매일 매 순간 쉬는 숨은 모습이 없다. 모습 없는 생명의 주인이 내 안에 잉태되고 밖으로 나와 숨을 주면서 말했다. 우리가 태어날 때, 몸이 살아있을 때 우주 허공으로 속사람이 성장해 돌아오라고 숙제를 줬다. 그래서 우리 몸이 숨 쉬기 이전부터 함께 엄마 배 속에, 사랑으로 우주의 본성이 들어온 것임을 깨우쳐야 한다. 물론 그 이전부터 있어 왔다. 죽는 게 아니라 온 곳으로 맑고 밝아져 돌아가는 것을 알아야 하며, 그것도 생생하게 살아있을 때 가슴으로 온 우주의 사랑을 느끼며 성장해서 지금 이 순간을 느끼고, 또 내면의 참 평화를 하늘로 부터 내려 받으며 현재를 살아야 한다.

이제 알맞은 때가 되어 살아서 허공으로 돌아가는 한국벼락명상법을 전해주고자 한다. 많은 인류의 선조들이 계신 찬란하고 영롱한 빛이 머무는 그곳으로 살아있을 때 돌아가자. 우주는 항상 시간이 얼마 남아 있지 않다고 한다. 우리는 영원히 살 줄 알지만 길어야 100년, 짧으면 지금 바로 사망할 수 있는 게 우리 모두인 것도 다시 자각해야 한다. 그래서 시간이 없다고 하는 것이다. 빛보다도 빠르게 지나가는 지금 이 순간이다. 생활 속에서 내 안의 살아 있는 본성을 단 한순간도 놓쳐서는 안 되는 것은 잠자고 있는 우주의 밝은 본성이, 깊숙한 내 안에서 언제 태어날지 모르기 때문이다.

각자의 삶 속에서 가슴이 기쁜 일을 할 때, 평안하고 무심으로 일상의 일이 돌아갈 때, 그런 가운데 본래의 나를 느끼며 고요하고 맑고 밝을 때, 내 안의 모습 없는 내가 태어날 분위기가 만들어진다.

잠깐 피곤할 때 눈을 감으면 편안함이 몰려온다. 그 순간에 눈감은 내 앞에 맑은 허공이 있음을 느끼자. 그 허공을 바라보는 내가, 또 우리가 허공에서 나왔음을 순간순간 깨우치고 깨달으면 된다. 잠을 자다가 일어나는 것을 잠에서 깨어났다고 한다. 바로 그 순간 눈을 뜨면 알아지는 게 삶의 매 순간과 같다. 그래서 언제나 내가 조금만 관심을 주면 얼마든지 알게 된다.

항상 내면의식이 살아있어야 한다. 그래야만 그런 때가 왔을 때 속사람이 살아나 성장하고 성숙해져서 살아있음으로 진정한 평화를 근원의 허공으로부터 내려 받아 온몸과 마음과 가슴으로 느끼면서, 지금 삶을 누리고 영원을 살 수 있게 된다. 나의 빛의 존재는 청정하고 고요하며 평안한 가운데, 내 안을 사랑의 눈으로 바라보고 의식하는 순간 스스로 알아차려 창조되어 나타나기 시작한다.

"내가 보는 것이 아니라 나는 숨을 편안하게 고르며 고요함을 준비하면 된다. 이런 준비된 내 모습이 우주의 사랑에 의해 기특하게 보여지는 것이고, 내가 잘해서 느끼는 것이 아니라, 우주의 허공의 흐름에 주파수가 일치해 느껴지는 것이다." 나의 참본성은 내가 숨을 고르면 저절로 청정함과 고요함을 준비하는 삶의 생활 중에 저절로 느껴지며, 내가 변화해서 때가 되면 다시 나타나 태어나는 것일 뿐이라고 한다. 내쉬는 숨과 들이마시는 숨의 길이를 의도적으로 똑같이 만드는 데 집중하면 뇌파가 쉽게 안정되어 내 안으로 깊이 들어가 고요하고 맑고 밝은 뷰위기가 만들어진다. 숨을 바르게 쉰다는 의미다. 일부러 숨이 차서 얼굴이 빨개지거나 하얘지도록 길게 숨을 참거나 오래 숨 쉴 필요는 없다.

나에게 알맞고 적당한 숨의 길이를 일정하게 유지하는 게 가장 중요한데 이게 쉬워지면 몸, 의식, 감정, 마음의 긴장이 한꺼번에 다 풀린다. 그러면 고요함이 밀려온다. 고요하면 맑아진다. 맑아지면 구름이 걷히고 모습을 나타내 밝아지기 시작한다. 그 맑음과 청정함을 24시간 내 안에 언제나 주위에 살게 해야 한다. 깨어있거나 잠잘 때나 언제나 느끼며 삶의 모든 순간순간에 내 안의 내가 태어날 때임을 알고 조용히 숨을 고르며 준비하기 바란다.

05

명상과 해의 도장

학창시절 어느 따스한 봄날 길을 걸어가고 있을 때였다. 그때는 그냥 마음이 공허하고 뭔가를 찾고 싶은 그런 갈증의 시기였다. 공허한 마음으로 걸어가다가 벽에 붙어있는 손글로 적은 작은 광고지가 눈에 들어왔다. “마음이 힘든 사람들의 모임”이라는 제목이었던 걸로 기억이 난다. 가보기로 마음먹고 며칠 후 광고에 나온 장소로 갔다. 대전광역시의 중심에 3층 정도 높이의 건물이었던 것 같다. 계단을 따라 위로 올라가다 입구에 다다르자 문이 조금 열려 있어서 안에서 대화하는 소리가 들려 왔다. 무슨 얘기를 하나 들어 보려 귀를 기울이며 안을 봤다.

자세히 들어보니 그곳에서는 교도소에서 출소한 여러 사람들이 사회에 적응하기 너무 힘들다며, 사는 게 괴롭다고 서로의 이야기를 진지하게 하고 있었다. 그 순간 내 안에 정적이 흐르고 뭔가에 얻어맞은 듯 시간이 멈췄다. 그 얘기를 듣고 있자니 편하게 학교 다니고 있는 나의 마음의 공허함 따위는 창피한 고민에 불과했다. 그분들은 지금 현재를 얘기하고 나누고자 했다. 지금의 나를 나눔으로 인해 서로가 힘을 얻을 수 있음이다. 그 얘기를 들은 후 열린 문 앞에 한참을 있다가 계단을 조용히 내려왔다. 그들에게 내 안이 공허한 것은 문제가 아니었다. 지금 이 순간 현재가 제일 소중함이다. 세상을 살아가야 하기 때문이다. 그렇지만 세상살이에 걱정 없는 사람들도 마음이 공허해지는 순간이 온다. 이 순간을 알아차리면 그때가 바로 내 안의 본래 내가 소리 내는 것이다. 시간이 많이 흘렀지만 오래전 그때 그 상황의 느낌을 잊을 수는 없다. 누구나 내 안의 공허함을 갖고 있기에 근원에서 답이 나오지 않으면 평생을 살아도 해결하기 어렵다. 그 공허한 마음 그 자체가 이미 본성의 마음이기 때문이다. 우리는 누구에게나 똑같이 일어나는 일이 나에게는 일어나지 않을 거라는 일종의 자만이 있다. 우리가 보는 주위의 모든 일은 나에게도 얼마든지 일어난다. 불행도 이렇게 언제나 내 곁에 있지만, 행복이라는 문도 내 앞에서 여러 가지의 다른 모습으로 내어 놓게 된다. 보통 불행이라는 것은 내가 가지지 못한 것에 기인한다. 비교를 한다거나 객관적으로 볼 때 더욱 '나는 왜 그렇지!' 하게 된다. 하지만 남들이 부러워하는 행복한 생활을 하는 중에도 공허한 마음이 느껴지는 것은 우리 마음 한켠에 우주의 참본심으로 돌아가기 위함을 가지고 있어서다. 참본성을 찾기 위한 내면의 한구석을 내 안에 어디엔가 만들어 놓아서 그렇다고 하겠다. 그런 참본성을 밝히는 과정을 충분하게 거치지 않으면, 평생을 살아도 허전하다. 우리는 살아 있는 동안 삶이라는 인생의 여정에 대해 좀 뜻깊은 대화를 많이 해야 하는데 그런 분위기는 잘 만들기 어렵다. 삶의 거의 마지막 순간이 되면 그쪽으로 밝아져 관심이 가게 된다. 죽기 전에 해야 할 일이나, 가보고 싶은 버킷리스트 하고는 구별이 된다. 내 의식이 멀쩡할 때는 할 일이나 보고 싶은 게 생각이 날 수밖에 없다. 그렇지만 진짜 마지막 순간에 스치고 지나가는 삶의 소중한 기억들은 돈과 명예, 하고 싶은 일보다는 뜻깊은 인생의 수많은 간절하고 진실한 나눔에 있다. 지금 이 순간 내 안의 나를 열고, 있는 그대로를 나누기만 해도 본인뿐만 아니라 듣는 다른 이들이 힘을 얻는다. 그래서 마음은 있는 그대로 열어야 한다. 지금의 마음과 몸을, 내 안에서 나를 느끼며 숨을 쉬어보자.

"눈을 감고 숨 쉬는 단 하나에 집중함으로 내가 서서히 맑아지기 시작한다. 이를 반복하고 또 반복한다. 그러다 더 맑아지면 감은 내 눈 앞에 살아나서 보이는 내면의 붉은 해가 나타나는데, 마음의 해이며 내면의식에 떠 있는 ISP 해의 도장을 말한다."

호흡연습을 어느 정도 한 후에도 "숨" 명상과 아랫배를 움직이며 호흡을 같이 하기는 쉽지 않을 수도 있다. 그래서 다시 한번 안내를 한다. 처음부터 아랫배의 기해를 움직이면서 하는 호흡이 어렵기 때문에 배꼽위의 윗배를 움직이는 호흡을 먼저 하고 그 다음에 배꼽을 움직여 하면 조금 쉽게 할 수 있게 된다.

이는 생활 속에서 스트레스로 위장부위의 체액이 순환이 잘 되지 않는 경우가 많아서 윗배 부분을 먼저 집중호흡을 통해 순환시켜야 한다. 윗배를 움직이면서 먼저 호흡하고, 마찬가지로 숨을 내쉬며 윗배를 등 쪽으로 보내고, 숨을 들이쉬며 윗배를 부풀리면 된다. 이렇게 충분히 윗배로 연습을 한 후에 그 다음 배꼽호흡으로 내려간다. 똑같은 방법으로 배꼽을 앞뒤로 움직이면 복식호흡 '숨'이 쉽게 된다. 배꼽은 눈으로 보이며 만질 수 있는 기준이 되기 때문에 이를 중심점으로 생각하면 움직이고 느끼기가 쉽다. 의자에 앉거나 서거나 눕거나 허리를 바르게 하는 게 중요하다. 들이쉬고 내쉬면 배꼽이 자연스럽게 허리 쪽으로 움직이는 것이다. 그 다음 아랫배의 기해로 옮겨서 숨을 쉰다.

주의할 점은 숨을 고르는 중에 어깨가 경직되는 경우가 많아서 이를 이완시켜 주는 스트레칭을 숨 고르기 전후로 충분히 하는 게 좋다. 허리를 바로 하고 의자나 바닥에 앉아서 한 번에 2~3분 정도의 숨연습이 제일 좋으며 몇 개월 연습을 한 후 15분을 권장한다. 15분 정도를 숨을 쉴 수 있으면 인내와 끈기도 늘어나 숨 쉬는 동안 몸과 마음이 안정되기 시작한다. 평생 쉬는 숨 잘 배워놓으면 언제 어디서든지 살아있는 동안 숨 쉬며 함께 놀 수 있는 나의 평생친구가 될 수 있다.

각자에 알맞은 의도적인 '숨' 고르기 연습을 통해 내가 평안하고 심심하며 청정하고 고요한 마음속으로 들어가기 시작하기를 바란다. 현대 과학이 발견한 물질을 구성하는 입자는 원자이며, 원자는 원자핵과 핵을 둘러싼 전자로 나뉘는데, 핵은 다시 양성자와 중성자가 강한 결합으로 이루어지며, 이는 쿼크나 소립자로 더 나뉠 수 있다.

빛은 입자성과 파동성을 동시에 가지고 있다고 한다. 과학자들은 빛의 이중슬릿 실험을 통해 눈으로 관찰하면 입자성을 띠고 관찰하지 않으면 파동성을 보이는 것을 발견했다. 이같이 우리가 바라보는 순간 신기하게도 그 대상에 영향을 주는 것을 과학적으로도 알 수 있게 되었다. 그래서 스스로 내 안을 바라보고 의식을 하는 순간 내 안에서는 반응이 일어나게 되어 있다. 더구나 몸과 기운과 마음으로 구성된 내 안에서는 더욱 활발하게 연결되어 반응이 일어남을 한국 선조들은 깨우치고 오래전부터 알고 있었다. 숨을 고르며 눈을 감고 내면을 보면서 의식을 하거나, 말을 하면 내 안이 변화하게 되는 것을 알게 된다. 내 안의 세계는 내가 마음을 주고, 말로 이루어 가는 것을 느낄 수 있게 된다.

숨을 쉬다가 숨이 일정하게 잘 쉬어지면서 내 안이 고요하게 되면, 이제 '불' 호흡 연습을 충분하게 3~6개월 정도 하게 되면, 아랫배 속 가운데에 불의 씨앗이 만들어져 배가 뜨거워지게 되어 생활과 명상에서 일어나는 잡념과 망상을 잊어버리고, 그 느낌만 남아서 눈을 감고 혼자 있음이 편안해야 좀 더 깊은 명상으로 들어갈 수 있다. '불' 호흡은 숨과 마찬가지로 아랫배 속 한가운데에 집중하고 마음속으로 조용하고 깊이 "부~~~~ㄹ" 하며 배로 들이쉬고 내쉬면 된다.

이렇게 몇 번 불이라고 말하면, 오랜 반복을 통해 의념이 아랫배 속에 집중되는 때가 되면, 아랫배 속에 불의 뜨거운 느낌이 살아나는데 이때 알아차리고 불을 말하지 말고, 숨 속으로 깊이 들어가 숨으로 불을 살리며 풀무질을 한다.

숨에서 불로 의식을 옮겨 내 안의 아랫배에 불의 씨앗을 만들어 다시 숨으로 불을 살리자. 아랫배 속의 따듯한 느낌이 살아나면 실제로도 배의 온도가 높아져 면역력이 상승함은 물론 배 속의 체액까지 순환하게 된다. 눈을 감고 내 몸과 마음에 집중하기 힘들다면 앞서 소개한 회오리운동, 감운동, 공운동과 1차 자세호흡을 연습한다. 그래서 조금이라도 마음과 몸의 상태를 평안하게 해야 한다. 내가 좀 더 쉽게 성숙해지기 위한 태어남의 깊은 벼락명상체험을 할 수 있게 된다. 눈을 감고 생각을 멈추고 숨, 불로 말하며 숨 쉬는 과정에 집중함으로 이완을 느끼는 게 잦아지면 내면이 더욱 맑고 고요함을 느끼게 된다. 일반적으로 이렇게 15분을 눈을 감고 날숨과 들숨을 똑같은 길이로 숨을 쉴 수 있어야 한다. 나중에야 아무 상관없지만 처음 눈을 감고 벼락명상호흡하는 사람은 먼저 1~3분을 어떤 자세든지 숨 쉬는 것에 집중해 움직이지 않고 버텨야 한다. 그래야 나의 내면이 변화하기 시작하고 그런 다음 15분 호흡과 명상으로 들어가게 된다. 그래서 1분 숨 쉬기 습관을 들여야 한다고 했다. 자주 시작하기 쉽게 만들어야 3분, 15분 또 그 이상도 깊이 몰입해 벼락명상이 가능해진다.

이와 같이 의도적인 숨 쉬기 수련은 언제 어디서나 할 수 있으니, 할 수 있으면 매일 15분간 3개월 정도 꾸준하게 한다. 그러면 아랫배가 묵직하고 든든하고 따스해 허리와 가슴이 펴져 아랫배에 뱃심과 허리에 뒷심이 자연스럽게 들어간다. 자세가 바뀌기 시작한다. 지금 잠시 동안 책을 덮고 눈을 감고 가슴을 펴고 숨이 나가고 들어오는 것에 1분 정도 몰입한 후에 다음 내용을 읽어주기 바란다. 우리는 어떤 대상이나 상대가 있을 때 눈을 뜨고 보면서 말을 한다. 그러면 상대가 알아듣게 된다. 말하는 내가 있고 듣는 상대가 있어서 서로 교류하고 소통을 하게 된다. 사람들은 나이 관계없이 스마트폰 보는 것을 더 좋아하는데 방송통신위원회의 조사(2019)에 의하면 한국인은 하루 평균 1시간 39분 이싱을 스마드폰과 함께 보낸다. 평균이니 누군가는 5~6시간을 사용할 수도 있겠다. 스마트폰을 통해 정보를 얻고 누군가와 말이나 문자, 영상으로 대화하며 소통한다. 이때 말하는 나는 모습이 있는 나이다. 그러나 말하는 대상이 시간과 공간을 넘어 본래부터 있어온 모습 없는 본래의 나라고 해보자. 바로 여기에 벼락 명상의 시작이 있다. 우리는 종종 눈을 뜨고 거울을 보고 말을 하기도 한다. 많은 누구나가 거울보고 말을 한 번쯤은 해 보았을 것이다. 거울에 보이는 모습 있는 나는 엄마 배 속에서 9달을 성장하고 밖에 나와서 오랜 세월 자란 내 모습이다. 그러면 눈을 감고 혼잣말을 한다면 나는 누구와 하는 대화인가?

나의 대화상대는 누구이며, 나는 눈을 감고 무엇을 보며 말을 하는 것인가?

눈을 감고 숨과 불의 호흡을 하다가 수많은 반복을 통해 편안해지면서 내면으로 들어가는 때가 온다. 그러면 눈앞에 검붉은 허공이 보인다. 바라보는 내가 있음을 그 순간에 알아차리자, 그러면 깨어난다. 근원의 검은색이다. 이를 바라보는 내가 있음을 알자. 내가 바라보는 것을 알고 느끼며 숨으로 더욱 고요해지는 순간 내 안의 검은빛들은 나의 관찰을 통해 파동에서 입자로 변화해 그 모습을 보여준다. 시간이 지나서 더욱 고요하고 맑아지면 검은 어둠의 공간에 "검붉은 둥근 해"가 처음에는 안개처럼 흐릿하게 보이다가 더 고요해지면 선명하게 눈앞에 나타나기 시작한다.

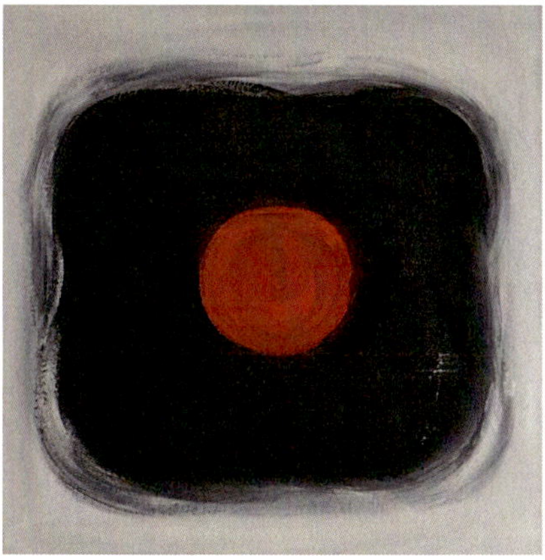

해의 도장으로 빛의 색 빨강색, 주황색, 노랑색, 초록색, 파랑, 남색, 보라색의 기본색에서 변화한 색과 백색 흑색이 나타난다. 뇌파가 내려가 맑은 내면에서 보이는 해의 도장이다. 내 안으로의 깨어남이다. 우주에서도 고요한 진공 중에 빛이 만들어진다.

고요함의 선물로서 내면의 허공이 바라보는 나에게 보낸, 해의 도장을 보게 되는 것으로 붉은 태양을 Inner Smart Phone이라고 했다. 누구나 만들 수 있으며 그냥 눈을 감고 편하게 숨을 의도적으로 들숨과 날숨을 똑같은 길이로 고르면 된다. 맑아지면 누구나 만들 수 있다. 내가 눈을 감고 말하는 대상이 친구, 부모, 애인, 유명인, 나 자신 등등 여러 다른 상대가 될 수도 있다. 이왕이면 대화 상대가 누구였으면 하는가? 누구와 소통했으면 하는가? 나의 근원과 소통해 궁금한 것을 물어보자. 본래의 모습 없는 나와 모습 있는 지금의 내가 얘기를 해서 서로 통해야 한다. 근원으로 향하는 통로를 향한 나의 시작인 것이다.

호흡과 숨, 불, 명상을 통해 눈앞에 처음 나오는 통로가 "기해, 심태양, 해의 도장, ISP"이다. 내 안에서 눈을 감고 보이는 "붉은 해의 도장"이며 고요함과 맑음에 대한 내 안의 응답이다. 맑아지면 내 인의 본래 내가 알아듣고 순간 알아차리기 시작한다. "본래 나는 누구인가?" 조용히 눈을 감고 또 마음속으로 말해본다. 물어보고 알아야 한다. 물어보기 전에도 물론 지식과 경험을 통해 알 수 있다. 하지만 내가 관심을 주기 전에는 알 수는 없다. 빛도 내가 관찰을 했을 때 파동에서 입자로 변화한다. 이는 내가 삶을 끝마쳐도 살아있는 동안 관심이 없었으면 알지 못한다. 눈을 뜨고 주위를 보거나 저 멀리 보이는 것, 등등을 평생을 보고 소리쳐 불러도 그건 내 눈에 보이는 밖의 대상과의 교감이다. 물론 그 속에서도 마음이 열리면 우리의 본래 모습을 찾을 수도 있다. 지구 어디에나 본래의 내가 있기 때문이다. 그렇지만 눈을 감고 의도적인 숨 고르기 연습을 통해 맑은 상태에서 마음의 눈을 떠서 내 안의 진짜 나를 볼 수 있는 길은 내가 살아있을 때만 가능하다.

당연히 바라보는 나는 지금 살아서 숨 쉬고 있음이다. 수많은 삶의 순간이 있지만 언제나 그렇듯 지금 이 순간은 절대 두 번은 안 온다. 그래서 한순간의 일생이라고 했다. 단 한 번의 기회가 지금 살아서 이 책을 보는 자신에게 있다. 눈을 감고 호흡만 고르게 잘해도 내 안으로 들어갈 수 있는데 마음속으로 말을 하면 복잡한 생각이 사라져 쉽게 바람을 타고 날아 들어가게 된다. 그냥 무심으로 저절로 아무 생각 없이 숨을 고르는 사람은 필요 없을 수도 있겠다. 그렇지만 대부분의 사람들은 생활 속에서 일어나는 잡념으로 편하게 숨을 쉬기 어렵다. 그래서 '숨'을 고르며 '숨'과 '불'이라고 말하는 연습을 해야 한다. 이같이 말하며 숨 쉬는 연습을 하면 내면의 공명을 통해 복잡한 마음이 단순하게 변해 맑아진다. 이를 매일매일 반복함으로 생활 속에서 얻은 여러 가지 부정적인 힘든 에너지가 새로운 숨으로 변화된다. 그렇지만 오래 말하지 말아야 하며 한두 번 깊이 내면으로 말한 후에는 말을 하지 말고 그냥 숨을 쉬어야 한다. 우리가 뭔가를 집중해서 할 때도 호흡은 노력 없이 저절로 쉬어지기 때문이다. 숨을 의도적으로 고르는 중에 내면이 비어있지만 들어차 있는 깊은 맑은 상태가 되면 더욱 고요해지고 맑아지면서 눈앞에 심심 정명의 칠흑 같은 검붉은 상태가 나타나는데 그때를 놓치지 말고 바라보는 나를 즐긴다. 근원의 내 기운임을 알고 느낀다. 시간이 조금 더 지나 편안하고 맑아지면 검은 내면우주의 한 중심에 주먹보다 커다란 붉고 둥근 해가 보여진다. 우주의 진공상태에서는 거의 모든 별의 원소들은 폭발로 흩어지고 모여 나중에는 둥근 모양을 만든다. 이와 같이 내면의 에너지도 흩어져 있지만 관찰하고 고요하면 다시 모이며 둥근 모습을 보여준다.

내가 숨을 통해 맑아지면 나타나게 되며, 눈을 감고 실제로 보여지는 내면의 해이며 살아있는 원상이며 주위가 불꽃처럼 살아서 움직이는 것을 볼 수 있는데 속이 꽉 찬 "기해이며, 마음의 해, 해의 도장"이다. 내 의식 속으로 들어가는 시기이며, 내면과 연결된 허공의 통로이기도 하다. 이를 기해라고 하는데 내가 기해를 보는 게 아니라 원래 있었던 기해가 고요하고 청정하게 맑아져 "숨~~~,불~~~" 하고 내면의 목소리로 정성을 다해 준비하는 나에게 막혀있던 구름이 걷히고 보여지고 나타난 것이다. 그러니 '숨' 하고 평안한 마음으로 불러보다 숨을 쉬는지 안 쉬는지 모르는 순간 맑고 맑은 내면으로 들어가 보자. 붉은 기해가 눈을 감고 보여진다는 의미는 여러 가지다.

고요함의 시작이다. 맑음의 시작이다.

처음으로 내면의 알아차림이다. 본래 내 근원의 해를 찾은 기쁨이 몰려와 몸과 마음의 평안이 찾아온다. 뇌파가 내려가 깊은 수면상태를 경험해 몸이 더 건강해진다. 쉽게 피로가 풀린다. 숨에서 벼락같이 명상으로 전환이 일어난다. 생활 스트레스가 해소된다. 긴장이 이완으로 변화된다. 병증이 있는 사람은 병의 근원에 접근할 수 있어서 기해 속에서 정화되고 풀어진다. 나의 본래 마음이 태양의 모습으로도 보여짐이다.

우주의 생명력은 폭발해서 흩어지고 다시 모이면 원이 되어 해가 된다.

지구도 눈에 보이지 않는 원자 이전의 생명의 기운이 먼저 모이고 우주먼지가 모여 동그란 지구가 탄생했다. 우주 허공의 보이지 않는 생명력 사랑이다. "내 안의 생명력도 고요해지면 저절로 모여 둥그런 원(○)이 된다." 해는 뜰 때 보면 붉은 해에서 솟아올라, 황금색으로 변하며 한낮의 해는 너무 밝아서 볼 수 없다. 또 지는 해도 황금색으로 붉은색으로 보여진다.

내면의 해도 이와 같이 변화한다. 처음 눈을 감고 보이는 내 안의 우주로 들어가는 검붉은 빛이다. 마음이 더욱 청정하고 맑고 고요해진다. 의식 속의 힘든 부분이 있으면 붉은 기해를 바라봄으로 생각과 기억들이 정화된다. 좀 더 오래되어 억눌린 감정이나 몸의 힘든 부분은 그 속에서 깊이 오래 명상함으로 기해 속으로 녹아 정화된다. 검은 바탕과 붉은 기해는 한국벼락명상의 다른 시작이다. 그러니 검은 바탕 속에서 바라보는 내가 있음을 알자.

고른 호흡을 연습해 기해가 보여지기를 고요하게 준비하며 기다려야 한다. 보려고 욕심을 내지 말고 하루 중 가장 기분 좋을 때 시간을 정해 기해조식호흡 연습을 하자. 숨 속으로 들어가는 일을 15-20분 정도까지 늘려 나간다. 그래서 더욱 내 안이 고요하고 청정해지기를 기다린다. 그러면 저절로 밝아져 나중에는 1분으로 또 단 한 번의 숨으로, 또 찰나지간에 내 안의 살아있는 마음태양 붉은 기해가 검은 어둠 속에서 그 모습을 분명히 보여준다. 숨을 통해 좀 더 고요하고 편안해지면 붉은 해는 무지개 색깔 기본색에서 조금씩 밝거나 진한 색의 변형으로 눈 감은 내 앞에 나타나 해의 도장을 나타내준다.

몇 달 정도의 숨 고르는 노력을 하면 어렵지 않게 나타나니 조급해하지 말고 숨을 고른다. 잡념이 많은 사람들을 위해 집중을 위한 해의 도장을 엿보는 수련이 있는데 아침에 뜨는 오전의 맑은 해를 1초보다

짧은 눈 깜짝할 시간 동안 바라보고 눈을 감는다. 아주 잠깐만 본 후 눈을 감으면 해의 도장을 눈앞에 바로 찍어준다. 이를 너무 자주 오래하다 보면 시력이 상할 수 있음으로 절대로 오래 보지 않는다. 명상 때 나타나는 기해의 도장과는 조금 다르지만 비슷한 경험을 주어 죽어있던 감을 깨워준다.

한국벼락명상 15분

"숨과 불", "검과 해의 도장, 일원" 명상

❶ 우선 하루 중에 혼자 있을 10분을 만든다.
(하루 중 기분이 가장 좋은 시간)

❷ 휴대폰에서 타이머를 10분에 맞춘다.

❸ 서서 또는 앉아서 회오리운동을 편하게 1-2분간 한다.

❹ 의자 또는 바닥에 앉아서, 혹은 서서 허리를 펴고 어깨 스트레칭으로 긴장을 풀고 눈을 감고 얼굴을 가볍게 웃는 표정으로 만든다.

❺ 양손을 손바닥을 위로 하고 양무릎에 올려 논다.

❻ 코, 목, 가슴, 윗배와 배꼽, 기해에 의식을 집중하며 숨을 고른다.

❼ 아랫배 속에 의식을 두고 기해호흡을 하기 시작한다.
(6~7초를 '숨~~~' 하면서 들이쉬고 6~7초를 '불~~~' 하며 내쉰다)
배가 는는해지면 숨과 불을 부르지 않고 바라보는 연습을 한다.
6,7초가 힘들면 3~5초로 내려서 하면 된다.

❽ 숨을 고르다가(3~7초 사이) 고요함을 느끼면서, 찰나지간에 벼락같이 숨을 잊고 맑아지는 명상 속으로 쑤욱 들어가자.
(숨의 길이는 이제 신경 쓰지 않는다. 평소에 숨을 쉬는 것을 느끼면서 생활하는 사람은 거의 없다. 숨은 저절로 쉬어지기 때문이다. 잠을 자면서 숨을 쉬는 것처럼, 숨을 통해 숨을 쉬는지 안 쉬는지 모르는 그 내면 속으로 깨어 있으면서 벼락같이 들어간다.)

⑨ 눈앞에 검붉은 허공을 보면서, 바라보는 내가 있음도 알아차리고 느낀다.

(검은 허공은 원래 빛이 없던 근원의 자리다. 그 이전부터 본래 내가 있었음을 안다. 본래의 나, 본마음, 본심이다.)

⑩ 숨이 고요해지면 검은 허공 중에 나타나는 태양의 도장을 본다.

(어둠 속에 나타나는 살아있는 무지개 기운, 둥근 해의 도장)

⑪ 해의 도장은 밤이나 낮이나 언제 어디서나 벼락같이 눈앞에 뜬다.

(생활에서 복잡한 일이 있으면 눈을 감고 고요속의 해의 도장을 바라봄으로 몸과 마음이 정리된다.)

⑫ 타이머가 울리면 손바닥으로 얼굴을 비벼 머리를 쓸어 넘긴다.

06

생명의 전율을 살리자

K-pop, 미스 & 미스터 트롯 등의 한국노래 TV 프로그램을 보다 보면 심사위원들이 자주 출연자의 노래를 보고 노래 총평을 하면서 노래를 듣던 중에 온몸에 소름이 돋았다고 말하며 자신의 팔을 본다. 살아있는 사람은 누구나 감동이 오면 그런 순간에 가슴속으로 마음으로, 온몸으로 또는 피부로 짜릿한 전율의 느낌이 온다. 피부의 털이 서고 닭살처럼 돌기가 생긴다. 산 사람은 누구나 경험해 본 일일 수 있겠다. 또 반대로 무서운 밤에 산속에 혼자 빈집에 들어갈 때도 비슷한 체험을 할 수도 있겠다. 원래 극과 극은 통한다. 감동의 순간이나, 두려움과 용기의 순간, 좋은 것과 나쁜 것 등등은 서로 통한다.

엄마 배에서 9달을 살고 세상으로 나와 태어나는 순간 아기는 크게 울면서 온몸으로 우주의 생명의 전율을 느낀다. 신생아의 인체 생체전기는 5-7volt 라 한다. 이런 신생아를 지켜보면 배가 부드럽게 움직이며 또 올록볼록거리며 깊이 숨 쉬는 것을 볼 수 있다. 생명력이 강함을 알 수 있는데 그 후로 생명력도 줄고, 숨의 감각이 성장 성숙하지 못하고 퇴화되어 잊혀진 상태로 삶을 살다가 생을 마치는데 나이가 많이 들게 되면 생체전기가 2-3volt 정도로 약해진다. 살아가면서 생명을 살리는 생체전류가 약해지고 각 세포의 발전소인 미토콘드리아도 약해진 것일 수 있겠다.

또 신생아나 어린 아기는 머리카락이 하늘로 서있는 경우를 자주 볼 수 있다. 이는 머리카락이 가는 이유도 있겠지만 내 안과 우주가 머리를 통해 허공과 교류하여 그 감각이 살아있어서 그렇다. 내가 큰 감동이나 영감 등의 뭔가를 느낄 때 갑자기 느껴지고 통하는 게 대우주의 생명력이다. 우리를 머리끝부터 발까지 둘러싸고 있으며 내 안과 밖에 또 온 우주를 통째로 감싸고 언제나 있었지만 느낄 수 없었던 것이 우리 몸과 마음의 감동과 각성 때문에 살아났다고 할 수 있겠다.

가만히 밤에 하늘을 보자 그러면 실제로 지금의 나는 우주공간과 아무 걸림 없이 맞닿아 있음을 보게 된다. 한국벼락명상과 기해호흡을 통해 허공의 충만한 생명으로, 곧바로 통하는 우주생명력을 터득하게 되면 낮아진 인체전기를 의식적으로 살릴 수 있게 됨을 느낄 수 있으니 내 생명력이 살아나게 된다.

한국벼락명상법을 전한다.

"호흡과 깊은 명상 중 눈앞 해의 도장이 보이면 아래로 아래로 해를 내려 보낸다." 그 다음 양손바닥을 겹쳐서 가슴 한가운데에 대고 가슴속 기의 해를 느껴보자.

바로 가슴속의 따스한 기해이다. 숨명상을 통해 눈앞의 붉은 기해의 도장을 명상할 때 눈앞에 보이면 이를 가슴속으로 내려 느껴보자. 눈을 감고 눈동자를 살짝 아래로 내려 마음속으로 "ㅿㅜㅁ, 숨" 하며 숨을 쉬어본다. 가슴속을 보려고 노력하는 순간 손을 대고 있는 가슴이 따듯해지며 가슴이 풀어지기 시작한다. 스트레스가 풀리며 가슴이 편해짐을 느낄 수 있다. 편안해지면 눈앞의 기해는 가슴속으로 내려간다.

'숨'에서 '불'로 쉬는 연습을 한 후에 호흡명상으로 들어간다. 의도적인 호흡을 해서 가슴과 아랫배에 기운의 해를 더욱 잘 머물게 하기 위해서다.

'호흡' 또한 한글로 내 몸을 상상하며 명상을 해보자.

'호'는 내쉬는 숨을 쉬며 하는데, 눈을 감고 마음속으로 "호~~~" 하며 배를 허리로 당기며 명상해 보면 숨은 코로 나가지만 "호" 글자의 머리 위(ㅡ) 경계(ㅡ) 얼굴(ㅇ)을 통해(ㅣ) 아랫배의 경계(ㅡ)까지 의식이 내려간다. 마찬가지로 "흡"의 경우도 눈을 감고 배를 내밀고 숨을 들이쉬며 "흐~~~ㅂ" 하면, 머리 위(ㅡ) 경계(ㅡ) 얼굴(ㅇ)을 통해 아랫배의 경계(ㅡ) 배꼽 아래(ㅂ, ㅁ)에 기운을 모아두는 느낌을 갖게 되는데 이를 반복하면 아랫배의 'ㅂ'에 "우주생명의 기"가 쌓여 ㅂ은 배로 '복'으로 축적된다.

보통 호흡하는 사람들은 이를 쌓는다는 뜻의 축기(蓄氣)라고도 하며, 복을 쌓는 의미의 진정한 축복(蓄福)이 된다. '숨'과 '불'이 편해지면 "ㅎ~~~ㅗ 흐~~~ㅂ" 을 통해 의식을 아랫배로 내려 따듯하고 든든하게 또 배짱 있게 '흡(ㅂ)' 하며 배에 축기와 축복을 하자.

가슴에서 온기가 느껴지면 다시 손바닥을 윗배에 대고 "호~~흡" 한다. 위의 통로가 열리면서 위장이 편해진다. 마찬가지로 윗배에 온기가 느껴질 때까지 숨을 고른다. 처음 배운 2, 3초에서 호흡하다가 숨이 잘 쉬어지면 7~8초 사이로 날숨과 들숨을 조절하면서 반복해서 숨을 조금 길게 쉰다. 그러면 눈앞의 붉은 해는 가슴으로 윗배로 내려가며 위장에 온기가 감돈다. 이렇게 하면서 가슴과 윗배의 감각이 살아나면 복부의 기해(氣海)인 아랫배를 움직이며 기해복식호흡을 해보자.

숨을 내쉬면서 배를 허리로 당기고 숨을 들이마시면서 배를 부풀린다.

허준의 '동의보감'에 보면 "기해(氣海)"는 "우리 몸의 기(氣)를 생기게 하는 근원이다"라고 나온다. 복식호흡은 여러 분야에서 많이 응용하고 있어서 실제로 많은 사람들이 건강증진, 이완, 집중력 강화, 노래, 악기연주, 예술, 스피치, 무술, 대화, 사격, 각종 스포츠, 웨이트 트레이닝 등등 이루 말할 수 없을 정도로 많은 분야에서 복식호흡을 사용하고 있다. 한국벼락명상에서는 기의 바다가 있는 배꼽 바로 아래를 중심으로 복부를 움직임으로 인해 우리 몸과 마음의 새로운 감각이 살아날 수 있게 한다. 의식의 바다 아랫배 속 기해(기의 바다, 기의 구름)에 두고 호흡을 하며 배 왕복 운동을 한다. 이렇게 아랫배에 의식을 두고 복부 왕복운동으로 숨을 수없이 반복하면 기해와 아랫배 속의 묵직한 느낌이 감각회복이 배 속에서 바로 더운 느낌이 일어나 내장의 혈액순환이 원활해져 장의 감각이 회복된다. 이때 복부 호흡할 때 생기는 복부의 압력에 의해 손끝, 발끝, 머리끝, 피부에서도 감각회복이 같이 시작된다. 손바닥의 감각이 살아나 손이 따듯해지고 맥박이 잘 느껴지며, 순환에 의해 약간의 압력에 의해 손과 온몸의 피부도 고와지고 좋아진다.

다음은 발인데 발은 심장에서 멀리 있어서 혈액순환이 잘 안 된다.

아랫배에 감각이 살아나고 "호~~ 흡~~"을 통해 기운이 아래에 축적되면 의식을 발로 내려 발의 감각을 살리는 게 중요하다. 기본을 튼튼하게 하기 위해서 꼭 필요하다. 그 다음에 마음이 편안해지면 자연스럽게 몸으로 따스한 기운이 퍼진다. 시간이 지나면서 생활과 명상을 하다보면 기운이 줄어들 수도 있다. 당연히 매일매일 밥을 먹듯이 "숨, 불, 호흡"을 잘 연습하자. 우리는 숨을 쉬며 밥을 먹고 타고난 몸의 에너지를 사용한다. 특히 몸과 기, 정신, 세 가지를 너무 많이 사용하게 되면 지금의 사회문화로는 보충이 힘들다. 몸을 심하게 사용한 프로 선수들은 젊은 나이에 몸이 상한다. 또 여러 가지로 정신을 심하게 많이 사용하면 몸이 축이 난다. 몸은 영양제와 적당한 운동을 통해 정신은 휴식으로 보충을 하지만 그래도 부족하다. 그래서 기운을 살리는 호흡이 필요하게 되는데, 아랫배에 온기와 든든한 느낌을 살려야 한다. 이렇게 연습하면서 나를 보고 느끼는 힘은 저절로 살아나기 시작한다.

명상이나 공부, 창작, 기도, 연구, 그 외의 모든 일을 할 때도 미찬가지이다. 이는 우리 몸과 마음의 기운을 사용함으로 에너지의 소비가 많아서 보충이 필요함을 말한다. 호흡으로 어느 정도 축기를 해야 기운이 한층 살아나 더욱 하는 일에 집중할 수 있게 된다. 에너지의 축적 없이 운동, 명상과 연구, 기도나 다른 수행을 많이 하면 정신의 기운이 줄어들어 바닥이 드러난다. 그러면 운동과 명상과 기도나 다른 수행은 어느 순간이 지나면 더 이상 즐겁거나 기쁨이 넘치거나 행복하지가 않게 된다. 밥 잘 먹고 영양제를 먹으면 힘이 나고 보충은 된다. 그렇지만 내 안으로의 성장과 성숙은 어렵게 된다. 물론 의식이 성장해 허공과 통해 있으면 조금은 괜찮지만 일반적인 사람들은 반드시 숨, 불, 호흡을 통해 생명의 기운을 살리기 위해 아랫배가 든든해지고 뜨거워지는 진기를 만들어야 함이다. 이때 수승화강(水昇火降)의 기본 제1차 순환이 몸 안에서 일어남을 느끼게 된다. 특히 심하게 몸을 쓰거나, 일을 많이 하거나, 생각을 너무 많이 오랫동안 하게 되면 머리로 열이 올라가 두통이 온다. 복부로 들이쉬면서 숨, 내쉬면서 불의 호흡수련으로 아랫배 속에서 열이 나면 저절로 신장의 수기가 살아나 물의 기운이 위로 올라가 머리가 시원해지는 일이 내 안에서 일어난다. 이후 시원한 기운이 머리를 돌아 내려와 가슴을 식혀야 머리와 마음이 편안해지며 진정한 힐링이 된다. 그 다음으로는 찾아야 하는 중요한 감각은 "부풀림"이다.

호흡수련 중에 손바닥, 발바닥, 머리끝이 부풀어 오르기 전의 들썩이는 느낌을 숨, 불, 찰나지간에 알아차려야 한다. 손바닥, 발바닥, 머리 정수리는 우리 몸에서 감각이 잘 발달한 곳으로, 몸의 끝에서 감이 살아난다. 우주와 맞닿아있는 손, 발, 머리 정수리의 부풀림의 감각회복은 꼭 필요하다. 각종 참선, 기도, 명상이나 다른 운동을 비롯해 또한 각종 예술 활동을 비롯한 여러 가지 수련을 통해 "부풀림"의 경험을 하는 경우가 종종 있게 되는데 제대로 알지를 못해서 그냥 지나가게 된다. 참 안타까운 일이 아닐 수 없다. 지식으로시가 아니라 몸과 마음으로 영과 혼으로 내 안에서 깨어남이 일어나야 참된 변화가 일어난다. 물이 뜨겁고 찬 것을 한 번도 경험하지 못한 사람은 그건 참된 공부나 깨우침이 아닌 게 된다. 그래서 사람의 몸과 마음이 있을 때 즉 살아있을 때 "부풀림"도 경험을 통해 느껴봐야 한다. 숨 쉼을 통해서 부풀림을, 사랑할 때도 숨을 통해서 부풀림을, 명상, 참선, 기도, 묵상, 산행, 요가, 운동할 때도 숨을 통해서 부풀림을, 예술, 독서, 대화, 모든 관계에서도, 수만 가지 내가 하고 있는 일과 생활에서 숨을 통해 부풀림을 살려내야 한다. 삶의 모든 순간순간을 통해서 내가 살아있는 동안만 부풀림을 통해 깨어날 수가 있게 된다. 이 부풀림의 깨어남이 없으면 평생을 살아도 살아있는 게 아니라 본래 근원의 내 안의 모습 없는 나는 감각이 죽어 있었음을 알게 된다. 부풀림은 영혼각성의 시작이며, 부풀림 이후의 삶은 진정으로 살아있음을 알게 되어 이때부터가 새로운 삶이 된다. 삶의 모든 과정을 통해 부풀림이 일어날 수 있지만, 숨을 느끼며 의식이 살아있으면 쉽게 더 살아난다. 그렇지 않으면 오랜 세월 힘든 시간이 지나, 인연이 있거나 우주의 섭리에 의해 부풀림을 알게 되어도 잘 모르고 지나게 된다. 안타까운 일이다.

단지 숨을 느끼는 쉬운 가르침이니 배우고 익혀 내 영혼의 부풀림을 살려내기 바란다. 앞서 말한 대로 숨을 일정간 길이로 반복함으로 인해 또 의식함에 의해 몸과 내면에 일정한 압력이 가해진다. 모든 일을 할 때 숨을 일정하게 쉬는 습관을 기르면 된다. 습관을 만들기 위해 일부러 숨 쉬기 연습 3일, 7일, 21일, 100일 정도의 노력이 필요한 것일 뿐이다. 삶의 모든 순간을 통해 숨을 쉴 때, 손바닥, 발바닥의 따듯한 느낌과 머리 정수리 부분의 얇은 막이 올라갔다 내려오는 "풀썩풀썩 들썩들썩거리는 부풀림"의 미세한 느낌을 숨, 불과 호흡으로 아랫배 속에 집중할 때 나타나게 된다. 이때 미세한 감각으로 부풀어나는 것을 알아차려야 한다. 손, 발의 감각회복은 숨과 불의 아랫배의 "호~~~흡~~~~" 연습으로 기혈순환이 잘되어 몸과 마음이 이완되면서 일어나는 현상이다. 이 시기가 되면 일상생활 중에 아무 때나 감각이 각성되어 살아난다. 그러니 24시간 깨어 있으려고 노력해야 한다. 오히려 호흡이나 벼락명상 수련할 때보다, 내가 그동안 하는 일이 있었다면 그 일을 할 때가 더 편안함으로 호흡과 같이 생활명상이 되어 내 안으로 쉽게 깊이 들어갈 수가 있게 된다.

운전하다, 일하다, 그림 그리다, 컴퓨터 작업하다, 요즘 젊은이들은 게임하다가, 동영상 보다가 그 속으로 들어가는 경계에서 살아나오게 되니, 순간순간 내가 존재함을 느끼고 일하고 지금 책을 읽으며 숨을 느끼며 나를 보는 연습을 해보자. 알고 나면 어렵지 않게 할 수 있게 된다. 조금 더 깊은 부풀림의 세계로 들어가 보면 머리 정수리는 갓난아기가 태어났을 때 말랑말랑해서 위아래로 올록볼록이며 움직이던 곳이다.

아랫배 기해호흡을 통해 아랫배 속이 따듯해지기를 반복하자. 수많은 아랫배 속의 따스한 느낌들이 모여서, 그 열에 의해 허리 신장의 물기운이 머리로 올라가는 일이 생기게 된다. 그러면 머리의 복잡한 생각이 맑은 물기운에 밀려 아래로 내려와 아랫배의 불속으로 태워지게 된다. 그러면 머리가 더 맑아지게 되는데 이를 반복하고 또 꾸준하게 유지해 나가면 어느 순간 편안해지면서 생각이 멈춰지고 머리끝 정수리가 각성되기 시작한다. 그러면 내면의식에서 머리 위 정수리가 0.5cm-2cm 정도 부풀어 올라간 느낌이 온다. 머리 정수리가 부풀어 올라 들썩들썩거리며 올라가고 내려오면서 그 끝이 예민해지는데 그 순간 손, 발, 머리 전체의 감각이 깨어나게 된다. 이를 바라보는 나에 의해 내 안에서 본래 내가 살아 움직이고 있음을 알게 된다. 이를 머리 정수리 백회의 "참부풀림"이라고 한다. 보통은 손, 발에 부풀림의 느낌이 먼저 올 수도 있다. 그다음 머리끝에서 들썩들썩거리는 감각이 살아나는데, 그러기 위해서는 항상 숨을 고를 때 허리를 펴고 자세를 바로 하는 습관을 길러야 한다. 기해 복식호흡을 하며 아랫배 복부 속에 계속 집중하며 복부왕복 운동을 통해 배 속이 따뜻해지고 손, 발, 머리의 감각이 각성되는데 3일에서 길게는 3년 이상도 걸리며 사람마다 여러 가지 살아온 이유로 차이가 많이 난다. 그렇지만 몸과 마음을 바라보며 준비된 삶을 살아온 사람은 단 한순간 책을 읽고 보기만 해도, 숨 한 번으로도, 각자의 일로, 기도로 명상으로, 예술로, 찰나지간에 또 몇 분 만에도, 며칠 만에도, 아랫배 속과 손과 발과 머리 정수리의 부풀림의 감각이 각성될 수 있음을 알아야 한다. 나와 내 부모님, 조부모님 등 모든 인류의 유전자에 본래의 감각을 깨우는 기운의 감을 누구나 가지고 있으므로, 잠깐의 찰나지간에도 단 한 번의 숨을 통해 아랫배, 손, 발, 머리에 부풀림의 감응도 올 수 있음이다. 그러기 위해 처음은 21일간 하루도 빠지지 않고 매일 15분은 기해호흡을 해야 한다. 그러면 몸과 마음의 감이 살아나 아랫배, 손, 발, 머리의 순환이 시작된다. 이왕이면 같은 시간에 호흡하며 평안한 가운데 기해호흡을 수련한다. 피곤하거나 힘든 날은 걷기나 몸운동을 20분 정도 한 후에 앉아서 잠시라도 호흡과 명상을 한다.

마음으로 진정 원하는 독자들은 21일, 100일 또는 본인이 정해서 하루도 빠지지 않고 15분씩 숨 고르기 수행을 한다. 그러면 분명 부풀림의 감이 깨어난다.

부풀림으로 미세한 감각이 살아남과 함께 기운이 안 느껴지는 부도체의 몸에서, 우주의 생명이 통하고 느껴지고 흐르는 도체로 머리 전체와 온몸으로 전율의 감각이 깨어날 수도 있고, 더 많은 노력과 시간이 필요할 수도 있다. 이때 감각이 깨어 살아나면 우주의 기와 생명이 머리나 전신의 느낌으로 살아나는데 아주 약한 전기에 감전된 느낌이다. 처음 부풀림 후 느끼는 흐름은 내 안에서의 느낌이 내 감응에 의해 각성되어 내 안에 있던 기운을 느낀 것이다. 이때의 느끼는 기운은 피부로 느끼는 정도로 미세하게 찾아온다. 그렇게 되면 기본적으로 숨 고르기나, 명상, 기도, 여러 가지를 할 때 잡념을 끊어낼 수 있는 힘이 생기게 된다. 기초적인 감정기복이나 주위와의 부딪힘을 지나갈 수도 있게 된다.

한국의 아이들은 어렸을 때 친구들과 전기 놀이를 한다. 요즘 아이들은 스마트폰과 컴퓨터가 전부라 이런 놀이를 하는지 잘 모르지만 내가 어려서는 형들과 친구들과 가끔 했었다. 방법은 간단하다. 둘이서 하는데 한 사람이 다른 사람의 손목을 피가 안 통할 정도로 잡는다. 그런 다음 손을 펴게 하고 편 손바닥을 열 번 정도 때린다. 그런 후 숨을 들이마시고 편 손을 주먹을 쥐었다 펴는 것을 반복하는데 한 10번 정도 한 다음 손바닥을 편다. 그 다음 숨을 내쉬며 잡은 손목을 풀어 준다. 이때 편 손바닥 가운데의 1센티미터 위에서 다른 사람의 검지 손가락 끝으로 조그만 원을 그려준다. 그러면 손바닥 가운데가 열이 나며 손가락을 따라 손바닥에서 전류가 느껴지게 된다. 손끝과 예민한 손바닥의 교류이다. 오래된 한국 아이들의 놀이다. 이때에 느끼는 감각이 나중에 머리끝과 몸의 다른 부분에서 감응이 살아나는 데 도움이 된다. 안 해본 독자는 한 번씩 해보기 바란다. 이와 같은 느낌이 처음 손바닥, 발바닥, 머리 정수리의 부풀림 후에 머리, 팔, 다리, 전신에서 조금씩 살아난다. 이미 느끼고 있는 사람도 있으리라 본다. 감각이 살아나는 의미는 눈감고 태양의 도장 보는 것과 실제로 태양을 느끼는 차이이니, 이 느낌을 호흡수련이나 다른 어떤 계기로 조금이라도 터득한 사람은 모습 없는 허공에 감사와 사랑하는 마음을 가져야 한다. 이렇게 처음 느낀 인체 기운의 느낌은 불안정해서 언제든지 그 감각이 멈출 수 있어서 바른 마음과 바른 기운의 의식이 필요하다. 절대 부정적인 생각이나 특별한 생각을 하지 말아야 한다. 머리나 손과 발의 '참부풀림'으로 느껴지는 부위를 만져보면 아무 이상 없음을 알 수 있으며, 의식으로만 느껴지는 것을 알 수 있는데 이때부터 감각이 회복되기 시작한다. 나의 감각이 조금 회복되는 중임을 알아야 한다.

힘들게 각성된 손, 발, 아랫배와 머리와 몸의 감각이 없어질 수 있으니 숨에 의식을 모아야 한다. 일생에 살아있는 동안 두 번 다시 오지 않을 수도 있으니 미세한 감각 체험을 하면 진실한 마음으로 우주 허공의 본성에 감사해야 한다. 계속해서 "숨"과 "불" 호흡명상을 하면서 아랫배에 기운의 덩어리를 충만하게 만들어야 한다. 그러면서 내면의 사랑과 내 안의 평화를 염원하는 본성의 순수함 자체가 되어 부풀어 오른 손바닥, 발바닥, 머리끝의 백회혈로부터, 온몸의 이곳저곳으로 미세전류가 약하게 흘러 다니는 느낌이 온다. 약할 수도 있고 또는 강한 느낌으로 인체의 생명력이 느껴질 수 있는데 "밝"은 내면과 외면의 생명력이다. 이때 느끼는 인체의 생명력을 표현하기 위해

밝사람기 phk(park human ki),

밝사람기감동 phkm(park human ki moved),

밝사람기흐름 phkf(park human ki flow),

밝사람기부정 phkn(park human ki negative)이라고 정의했다.

"밝"은 내면과 외면이 생명과 사랑으로 가득 찬 밝은 상태를 말한다.

사람의 몸과 마음의 밝음을 나타내고자 밝의 법칙(Park's Law)으로 풀어 보면

"밝사람 생명력 흐름 = 감동 / 부정"

Pm(밝사람기감동)= 감동, 깊고 고른 숨 쉬기, 나눔, 기쁨, 감사, 각성, 집중, 진실한 웃음, 본성, 깨어있음, 고요함, 청정함, 사랑, 순수함, 용기, 긍정의 힘 등등(1~무한대)

Pn(밝사람기부정) = 산만함, 거짓, 부정적, 시기, 질투, 무관심, 감동 없는, 분별, 두려움, 의심, 무시, 목적 없음, 교만, 스트레스, 얕은 숨, 비웃음, 탐, 분노, 어리석음 등등(1~무한대) (예: 부정이 거의 없는 0.0000000001은 밝사람전류를 그대로 유지하지만 부정이 높아지면 사람 몸

의 밝사람전압이 약해져 생명의 밝사람전류가 줄어들게 된다.)

"Pf = Pm/Pn"로 쓸 수 있겠다.

예를 들면 사람에게 흐르는 생명력의 밝은 기운은 사랑, 감동, 순수함, 진실한 웃음, 봉사 등등이 크면 클수록 잘 흐르게 되고, 부정적, 시기, 질투, 무관심 등등이 커지면 잘 흘러가지 않는다.

옴의 전기 법칙을 보면(Ohm's Law),

I(intensity of electron flow)(전류) = Voltage(전압)/Resistor(저항)

흐르는 전류는 전압에 비례하고 저항에 반비례함을 보여준다.

I = V/R로 실제 우리가 매일 사용하는 전기의 전깃줄에 흐르는 전기와 같은 것을 볼 수 있다. 전기는 인류가 수력발전, 화력발전, 원자력발전, 요즘의 친환경발전인 태양광발전, 조력발전, 풍력발전 등등으로 인위적으로 만든 전기인 것을 우리는 잘 알고 있다. 사람은 인위적으로 만들어진 강한 전기에 의해 문명을 발전시켜 나가고 있다. 사람의 몸과 내면에 지금도 살아서 흐르고 있는 내 안의 생명력의 흐름으로 새롭게 나를 성장 발전시켜 나가야 한다. 내면의 기와 온 우주에 가득한 우주의 생명력은 안전하게 사람이 얼마든지 끌어다, 내면의 모든 곳과 속사람의 성장에까지 사용할 수 있는 우주의 시스템이다. 우리 중 어느 누구도 엄마의 몸을 통해 태어나지 않은 사람은 없다. 또 태어나서 지구의 공기와 영양분을 조금이라도 받아들이지 않은 사람도 없다. 세상에 태어나기도 전에 엄마 배 속에서부터 자궁의 탯줄을 통해 엄마가 먹은 지구의 영양분을 공급받고 세포가 자라기 시작한다. 이같이 사람은 지구에서 몸을 받아서 태어나 성장했기 때문에 지구에 가득 차 있는 생명력의 기운을 살려야 한다.

아랫배 속에 집중해 숨, 불, 호흡으로 배 속을 뜨겁게 만들어 몸과 마음, 백회의 처음 부풀림으로 각성된 일반적인 사람의 경우에 머리끝이나 손, 발, 팔, 다리, 가슴, 마음 등의 느낌 또는 여러 가지 몸으로 느껴지는 전율과 같은 사람전기는 본인의 느낌으로 알 수 있다.

이는 각자 내면의 감동과 사랑에 따라 크게 달라질 수 있다. 그렇지만 여기에서는 밝사람감동, 인체기흐름, 인체부정을 기준을 만들기 위해 정했으며, 따로 개인별 감동, 사랑, 호흡을 그 안에 두어 변수가 나타나게 된다. 그만큼 감동과 사랑이 크면 내 주변과 나의 사람 생명력의 흐름이 높아져 내 생명력은 한없이 올라간다. 다만 내가 각성되지 않아 느끼지 못해도 감각이 깨어나거나 그런 분위기가 되면 곧바로 몸과 마음의 감동의 느낌으로 다가온다. 사람 각각은 각자 우주 생명력이 흐르고 있으며 서로 연결되어 있는 것을 알 수 있는데 유전자가 같거나 유사할수록 더욱 잘 교류하고 흘러가는 것을 알 수 있다. 즉 가족이 제일 생명력이 잘 통한다는 얘기이기도 하다.

내면이 더 성장, 성숙하면 모르는 다른 사람과도 상관없이 교류하고 잘 흐른다. 집중, 감동, 사랑, 긍정, 내면의 간절한 목소리, 알아서 함, 목적, 열정, 근기, 끝까지 해내는 끈기의 힘 등등은 사람의 몸과 마음으로 흘러가는 밝은전압을 높여 생명력을 극대화해 인체 내 밝은전류를 키운다. 그러나 거짓, 부정적, 분별심, 두려움, 포기, 소심 등은 사람으로 들어오는 대우주의 전압을 작아지게 함으로 우주생명의 기를 잡아먹어 밝은 전류를 줄어들게 한다.

밝은 기운의 힘은 어떤 일이나 행위를 통해 머리가 맑아지고 전율, 감동 등으로 느껴지며 아이가 위험에 처할 때 엄마 사랑의 힘, 기도를 깊이 하는 사람, 예술가나 뮤지션, 가수, 학자, 창작자, 감독, 회사원, 자영업, 사업가, 노동 등 모든 영역에서 누구든지 자신이 하는 일과 생활을 통해 깊은 의식으로 들어가 본 횟수가 많은 사람이 잘 느낀다. 무슨 일을 하든지 사람의 생활 자체가 수행이기에 모든 사람에게 나타나는 체험명상이다. 예를 들어 김밥을 썰 때 완전히 몰입해 들어가면 명상이고 예술이며 좋은 마음이면 밝사람감동이 높아진다.

한국말에 “밭을 갈 때는 밭만 갈아라”는 얘기가 있다. 이는 살아있는 누구나 지금 이 순간 내가 하는 일에 몰입하면서 숨을 쉬는 것을 살리면 느낄 수 있는 감각이기 때문에 일반인의 경우에도 누구나 느낄 수 있는 감각인 것이다. 사랑하는 아이나 연인 등의 사람을 오랜만에 봤을 때 또 처음 손을 잡았을 때의 짜릿함, 감동적인 노래를 몰입해서 부르거나 들었을 때, 훌륭한 뮤지션의 연주를 들을 때나 연주하는 당사자, 훌륭한 그림이나 예술작품을 보며 인생 최고의 순간을 느낄 때, 감격과 감동의 연설을 들을 때나 말할 때, 과학자의 위대한 발견과 발명의 순간 감동적인 일화를 듣거나 내가 가슴 기쁜 일을 할 때, 일할 때, 맛있는 것 먹을 때, 기도할 때, 사랑할 때, 명상할 때, 좋은 사람 만날 때, 아름다운 여행지에서 등등 그 외에도 수없이 많은 삶의 순간에 여러 사람들이 한 번쯤은 그 느낌을 느껴보았으며 알고 있을 것이다.

이 책을 여기까지 읽고 '숨', '불', '호흡'을 몇 분이라도 눈을 감고 진심으로 해본 독자라면 죽어있는 신생아 때의 우주생명전율의 감각이 각성되어 다시 한번 깨어나길 바란다. 초기의 감각이 각성된 느낌을 체험하기 바란다면 앞에서 소개한 한국 아이들의 전기 느끼기 손놀이나 찬물에 머리감았을 때를 느껴보기를 바란다. "수~~~ㅁ, 부~~~ㄹ 하고 내면으로 말하며 숨을 들이마시고 내쉬는 중에 코, 목, 가슴에서 또는 손에서 아랫배 속에서도 감이 살아날 수도 있다."

처음 감각이 살아난 사람들은 쉽게 없어질 수 있지만, 감동의 순간이 오면 내면이 각성되어 온몸과 마음의 감동과 전율로 그 느낌으로 살아난다. 그래서 많은 사람들은 좋은 책, 좋은 음악, 예술작품, 좋은 사람, 아름다운 풍경, 평화로운 느낌, 진실한 사랑, 기도의 감각 등을 찾는 것일 수도 있겠다. 아랫배 속과 몸, 마음, 머리 정수리 백회 부풀림의 처음 감각은 미약하지만 그 느낌으로 다른 생각이 멈추게 되어, 머리가 맑아지며 감동, 감격, 최고의 봉사, 긍정의 마음, 사랑, 행복, 믿음 등으로 내 몸과 마음에 벼락같은 체험으로 다가온다. 기해 호흡이나 한국벼락명상등을 통해 감각을 더욱 잘 살려서 우주 본성의 에너지를 아랫배와 몸으로 느끼게 되면 호흡과 명상할 때, 생활 속에서 잡다한 다른 생각이 없어지며 또는 일생의 건강을 유지하는 데 도움이 되니 잘 터득해 생활에 얼마든지 응용할 수 있게 된다. 내 몸과 마음으로 느끼는 감각을 깨우는 것은 그 감각을 통해 감각이 있는 내 몸과 마음이 원래는 없는 것을 알아차리기 위함이다. 감각을 통해 몸과 마음을 알고 느끼며 깨어나고 벗어나 큰 우주와 내가 하나 됨을 알게 된다. 그리고 내 안과 밖에 근원의 경계가 있음을 알아야 한다. 이 경계의 수평선을 통해 본래 내가 나온 자리의 본심, 우주본성의 근원과 통할 수 있으니 절대 포기하지 말고 한국벼락명상을 통해 참본심을 찾아 우주보다 넓은 내면의 세상 속으로 여행을 끝까지 하기 바란다.

07

새로운 시작 내 안의 한의 경계

어린 시절 바닷가에서 두 번 정도 해 지는 저녁노을을 봤다. 집이 대전이라 고등학교 때까지 바다를 실제로 본 적이 없어서다. 대천해수욕장에서 한 번, 또 한 번은 변산 해수욕장에서 해 지는 노을을 본 적이 있다. 바다 속으로 해가 떨어지는 아름다운 모습은 태전의 도심 속이나 산과는 또 다른 모습으로 느낌으로 다가와 시간이 많이 흘러서도 그 모습이 기억난다. 잔잔한 파도소리와 어우러져 아름답고 넓고 넓은 변산 갯벌을 여기저기 뛰어다녔던 기억이 난다. 해는 지고 나면 여운을 남긴다. '숨'과 '불'로 명상수행하면 숨을 쉼으로 살아있는 사람 된 것이 가장 커다란 복인 것을 알게 된다. '숨' 글자를 보면 중간에 (ㅡ)이 있고, '불' 글자도 중간에 (ㅡ)이 있다. 숨과 불의 호흡을 명상하며 의미를 내 안에서 살리자. 숨과 불을 몇 번만 마음속으로 공명으로 깊이 말하며 호흡하고 아랫배에서 든든한 감이 살아나게 되면 말하지 않고 무심으로 아랫배 속을 바라보고 느끼며 숨만 반복해서 쉰다. 숨, 불의 의념을 갖고 호흡을 반복함으로 불의 씨, 불덩이에서 빛으로 까지, 어둠 속에서 빛이 태어난 그 자리를 내 안에서 만나는 큰 복을 누릴 수도 있겠다. 생활하면서 1~2분 정도 잠깐 잠깐 눈을 감고 숨을 고르는 시간을 자주 만들수록 쉽게 내 안으로 들어간다. 자주 생활하는 곳에 작은 표어를 하나 만들어 평안한 분위기를 자주 만들자.

"즐겁고 행복하고 고요한 하루를 매 순간 만들어 보자"라고 하면 더 잘 명상하고 좋은 생각으로 쉬면서 즐기게 되지 않을까 한다.

미국 서부를 여행한 적이 있다. 샌프란시스코에서 1번 도로를 타고 남쪽 끝의 센디에고까지 드라이브로 가는 여행이었다. 뉴저지에서 비행기를 타고 샌프란시스코로 가서 차를 빌렸다. 샌프란시스코 시내를 드라이브하고, 싱싱한 해산물과 시큼한 빵을 사서 먹으며 아래쪽으로 내려와 몬터레이에서 1박을 했다. 몬터레이는 시내의 건물이 참 오래된 도시 같았다. 나중에 인터넷에 찾아보니 켈리포니아의 첫 번째 극장이 이곳에 있었다고 한다. 아침에 일찍 일어나 본격적인 1번 국도의 드라이브를 시작했다. 울창한 아름드리나무 숲과 멋진 다리로 이어진 빅서 공원을 지나간다. 맑은 공기가 참 좋아서 운전하면서 창문으로 들어오는 나무와 해풍의 기운을 온몸과 마음으로 느끼고 드라이브한 생각이 난다. 운전하는 중간중간 자전거에다 짐을 좌우로 가득 싣고 여행을 하는 사람들을 보았다. 힘들어 보였지만 그들의 자유로운 뒷모습에서 깊은 안식의 편안한 느낌이 온다. 산비탈을 깎아서 만든 높은 해안가 도로라 조금 위험하기는 했다. 그렇지만 아름다운 태평양 바다의 벼랑과 숲, 바다를 구경하느라 힘든 줄 모르고 아내와 번갈아 가며 운전했다. 운전을 하다 1번 도로와 붙어 있는 레기드 포인트에서 잠시 휴식을 취했다.

레기드 포인트에는 태평양을 낀 절벽 위에 작은 호텔을 만들어 놓았는데 도로 바로 옆이라 지나가는 사람들을 머무르게 했다. 가을의 따스한 햇살에 더욱 평화로운 기운이 감돈다. 깎아지르는 절벽 아래의 바다를 보고 공원을 걸어서 돌아다니다 벤치에 잠시 동안 앉아 눈을 감았다. 태평양 해안의 밝고 강한 생명의 기운이 머리를 뚫고 들어와 아랫배에 머물러 뜨거워지고, 전신으로 순식간에 퍼지고 또 흘러들어와 온몸과 마음속으로 지나간다. 1분 정도 눈을 감고 있었음에도 온몸과 마음이 맑은 기운으로 충만해졌다. 어깨도 가볍고 머리와 눈이 밝고 맑아져 다음 드라이브를 편안하게 할 수 있었다.

샌디에고는 미국 서부 끝자락에 위치해 멕시코와 경계를 이루고 있는 곳이다. 콘도를 빌렸는데 생각보다 깨끗했다. 베란다에 탁자와 의자가 있어서 탁자 위를 손으로 문질러보니 먼지 하나 없어서 누가 청소를 잘해서 그런가 했다. 하지만 그 다음날도 탁자를 다시 문질러보니 손에 아무런 먼지가 안 묻어 놀랐었다. 뉴저지보다 공기가 참 깨끗했다. 그곳에서 함께한 일행 중 한 명이 해 지는 저녁노을이 아름다운 명소가 있다고 해서 같이 갔었다. 선셋클리프 국립공원(Sunset cliffs national park)이었는데 말 그대로 절벽 위에서 태평양의 해가 지는 풍경을 보는 최고의 자리 중 하나였다. 무엇보다 젊은 사람들이 많아서 좋았는데 근처에 대학이 있어서 그렇다고 했다. 주위의 많은 사람들은 해지는 붉은 노을을 바라보면서 다들 별로 말을 많이 하지 않고 있었다.

붉고 밝은 태양의 밝은 빛에 의해 그 자리에 있는 다른 모든 사람의 얼굴에도 태양빛이 비추어 환하고 밝게 빛이 나고 있었다. 밤에 모닥불 앞에서 뜨거운 불을 느끼듯 밝은 햇볕이 얼굴을 비춘다. 모두가 좋아했으며 밝게 지고 있는 태양과 그 아래의 먼 태평양 바다에서 해변으로 흘러오는 잔잔한 파도의 너울까지 환상적이었다. 누구라도 이곳에서 지는 밝은 황금빛의 태양을 보면 복잡한 생각에서 벗어나 내면이 쉼을 얻을 것 같다. 우리가 어디에 있건 매일매일 해는 뜨고 진다.

이제 명상할 때 조금 더 집중이 필요하다.

기해조식호흡과 '숨과 불', '호흡' 명상을 15분 정도 집중하는 힘이 생기면, 이제는 질을 높여야 한다. 눈을 감고 15분을 명상할 때 눈동자, 손가락 하나도 움직이지 않아야 한다. 그야말로 꼼짝 마 상태다. 그러면 점차 내 안이 더욱 고요하고 맑아진다. 이제 조식호흡의 길이를 7-8초보다 조금 더 깊고 길게 하게 되면 약간의 열이 몸 전체에서 난다. 물론 안 날 수도 있지만 호흡을 아랫배로 깊이 하면 복부에 압력이 생겨 혈액과 체액의 순환이 활발해져 대부분 열이 몸의 말단인 손과 발에서 난다. '숨', '불' 명상할 때 입으로 소리 내어 말하고 운율을 넣어서 '수~~~~ㅁ' '부------ㄹ'을 불러본다. 1-2번 소리 내어 말한 후에 마음속으로 '숨'과 '불'을 부르며 조금 깊게 한다. 아랫배 속의 감이 살아나면 그 후는 마음속으로도 소리 내지 말고 무심으로 들어가 숨을 쉬어야 한다. 마음으로도 말을 너무 많이 오래하면 내 안의 에너지를 많이 사용하게 되어 기운이 소멸하게 된다. 운율을 넣어 목소리를 내는 것은 진동 및 파동을 일으켜 잡다한 생각이 끊어지게 해 몸과 마음을 일깨운다. 의념만으로 생각하고 숨을 고르면서 내 안의 기운을 저장해야 어느 정도 깊은 내면에서 각성이 살아날 때 축적된 기운이 필요하게 된다. 반복된 숨을 통해 숨 속으로 의식이 들어간다. 숨의 근원을 찾아 들어가 고요함을 준비하면 숨은 없어지고 근원을 향한 마음만 남다가 그 마음도 없어지면 더 맑아진다. 그러면 몸의 각 기관들의 죽어있던 감각이 살아나고 의식이 깨어나게 되는데 이때 생각과 숨을 잊고 눈앞을 관한다. 마음이 더욱 고요하고 청정하게 되고 뇌파가 안정되면서 눈앞에 검은 허공에 둥근 검붉은 태양이 나타나 살아나게 된다. 우주에서 진공에서는 저절로 우주의 사랑에 의해 공간상에 작은 기운이 모이게 된다. 그 다음에 입자들이 모이게 된다. 내면도 이와 똑같이 고요함과 맑은 의식의 평화속에 작은 기운의 모임, 빛의 모임이 진행되어 빛이 만들어진다. 이 검붉은 태양은 눈을 감고 보이는 검은 허공의 중심에 여러 가지 색, 해의 도장으로 나타난다. 그 중심은 비어있기도 하고 꽉 차 있기도 해서 의식을 맑게 함으로써 나의 내면의 세계로 들어가고 나올 수 있게 된다. 해의 도장, ISP라고 했다. 그래서 기의 해, 해의 도장이 보이기 시작하는 때는 내면의식으로 들어가는 시기가 되는데, 낳은 사람들은 명상 중에 어떤 상을 만나게 된다. 또 이때는 꿈을 선명하게 꾸고 기억도 하게 된다. 주위와의 교감도 이때 잘 일어나 색다른 경험을 하게도 되며, 내가 성장하며 지나온 지난 일들까지 또 그전의 일까지 보일수도 있게 된다.

명상 중에 보이는 모습은 내가 알고 있거나, 마음속의 관계있는 깊은 나의 내면의 세계이다. 더 깊이 들어간다면 내 혼과 유전자에 있는 에너지 속으로 명상을 통해 들어가게 된다. 크게는 달, 별과 우주의 저편으로도 또 내가 알고 있는 지식 또는 사상이 있다면 그와 관계 있는 의식의 깊은 세계로 저절로 들어갈 것이다. 우리 몸을 구성하는 원소들은 오래오래전에 별의 폭발로 만들어졌기 때문이다. 그 후 각자가 살아온 환경이 다르기 때문에 명상 중 보이는 것 또한 다름이다.

또한 내 안의 혼의 기운에너지에 남겨진 흔적이 보일 수도 있다. 각 나라나 민족의 전통적인 사상에 있어온 오래전부터 유전자에 들어있는 내 몸과 마음의 경험과 지식이 고요해짐으로 이때 명상으로 살아난다. 모두가 조금씩 다르지만 자라온 환경과 민족의식이 비슷하면 서로 비슷한 경험을 할 수 있게 된다. 수많은 인류는 지난 세월을 통해 많은 일들이 있었다. 그런 강한 경험들이 자주 나타나며, 간혹 전혀 모르는 경험을 명상 중에 할 수 있는데 다른 의식의 차원에서 보일 수 있지만 이때 보이는 것은 그냥 영화를 보듯이 지나가기 바란다. 그 안에 빠지면 그 속에서 한동안 나오기 힘들어진다. 동양과 서양인의 명상체험이 다른데, 내 유전자의 경험과 역사의 세계관, 종교관 등의 지식이 서로 다르기 때문이다. 다만 욕심을 내지 말고 현재의 내 의식으로 살아서 그 속으로 들어가 여행을 해보기 바란다. 내깊은 의식 속에서 내가 원하고 바라는 모습 있는 누군가나 또 각자의 깊은 나의 다른 모습을 만날 수도 있겠다. 여기에서 중요한 한 가지를 알아차려야 한다. 내가 누군가를 통해 전해 들었거나 책을 읽었거나 오래전 알고 있는 내면의 깊은 나와 연결된 세계이다. 물론 내가 모르는 세계일 수도 있지만 대부분 나와 연관된 기운과 유전자에 의해 경험을 하게 된다. 이 과정에서 나는 성장하고 성숙해져 깨달아야 한다. 잠에서 깨어나서 나와야 한다. 잘못하면 자만에 빠지기 쉽다. 바로 나의 내면세계이므로 내가 아는 것으로, 대단한 것으로 느껴지기 때문이다. 이때 조심해야 할 것이 내가 다 알았다는 의식의 느낌이다.

명상을 통해 내가 무언가를 느끼고 봄으로 많은 사람들이 내가 누구를 보았음으로 나의 수준이 이만큼 되고, 내가 최고로 느끼게 된다. 그렇지만 우리 모두는 누군가의 후손이며 오래전 누군가가 들이쉬고 내쉰 숨을 다시 마시며 조상의 유전자를 받아 생명을 유지해 왔다. 내 마음의 의식 속에서 나의 처음 경험은 그이상도 이하도 아니다. 내가 명상이나 숨을 쉼으로 고요함의 세계로 들어가 맑아져 기운이 모이기 시작해, 빛이 나타나, 기의 붉은 해도 보이고 내면이 고요함 속에 맑아지고 안정되어서 나타나는 현상일 뿐임을 알아야 한다. 눈에 보이는 우리의 세상도 의식과 이념이 먼저 일어난 후에 발전해서 변화를 통해 만들어졌다. 그래서 의식 속의 영적인 변화가 실제보다 먼저 일어나기 때문에 의식 속에 보이는 여러 가지 일어난 그 다음에 물질의 변화가 일어나게 됨은 자명한 일이다. 내가 알고 있는 의식의 세계는 내가 속해있거나 마음을 둔 단체나 집단의 마음이기 때문이다.

나의 옳음과 그들의 옳음은 왜 다른가.

"바른 마음" 책의 저자 조너선 하이트는 많은 사람은 무엇인가를 판단할 때 "그 사람 각자의 직관이 먼저이고, 전략적 추론은 그 다음이다. 사람이 정치, 종교적으로 나뉘는 것은 우리의 마음이 집단적 바름을 추구하도록 만들어져 있기 때문이다. 이는 배려, 자유, 충성, 권위, 공평, 고귀함의 도덕적 직관에서 나오는데 경험이나 훈육에서 나온다"고 했다. 그래서 이 직관에 의해 내가 바르다고 판단하게 되며, 집단이 우신이기에 시대에 맞는 유행도 있고 사회에서 함께 서로를 바라보며 옆에 있는 사람을 따라 하게 된다. 집단의식이 나타나게 된다. 그래서 나의 처음 깊은 내면 속에서 의식이 잘못 성장하면 내가 경험한 것이 최고가 된다. 물론 각자 속한 집단에서 최고가 된다 하더라도 뭐라고 할 사람은 없다 하지만 우리는 지구에서 함께 살아야 한다.

집단 이기주의 때문에 얼마나 많은 전쟁과 힘든 일을 겪었는지 우리는 지난 역사를 통해 잘 알고 있다. 지금도 일어나고 있으며 앞으로도 얼마든지 반복해서 일어날 것이다. 우리의 후손들도 내가 가진 의식과 지식, 사상, 역사관 때문에 서로 싸우길 바라는지 가슴에 손을 대고 우리는 스스로에게 진심으로 물어봐야 한다. 물론 사람이 변화하기는 어렵고 어렵다. 사랑과 평화가 넘치는 우리의 지구에서 어느 쪽으로 치우치지 않는 참으로 내가 원하는 마음인, 모두를 위한 밝은 본성의 양심을 살리기 원하는 사람이라면, 내가 처음 알고 있는 나의 내면의 세계에서 올바르게 성숙해진 다음, 잘 익어 깨지고 터져서 잠에서 깨어 나와야 한다. 나의 처음 내면의 무지갯빛 태양과 같은 의식 속에 머무르지 말고, 그 기쁨을 품고 빠져 나와야 한다. 그리고 감사해야 한다. 지금의 내 모습 내 마음 내 의식을 갖게 해준 주위의 모든 분에게, 특히 나를 낳아준 부모님과 나의 내면의식과 외면의 성장과 성숙에 도움을 준 모든 가까운 분과 멀게는 각자 알고 있는 성현과 모습 없는 절대자에게 크게 감사하라. 그 모든 분들이 없었다면 지금 나와 나의 내면은 존재할 수 없었을 수도 있다. 그리고 그 피안의 세계에 너무 오래 머무르지 말고, 내가 사는 지금의 현실의 나로 눈을 돌려야 한다.

그러면 내가 나의 내면을 이해하고 깨달아서 주위의 누군가와 서로 다름을 조금이나마 알게 될 것이다. 그러므로 남을 이해할 수 있는 따듯한 바른 행동을 할 수 있는 마음이 생길 것이다. 명상 중 내면에 깊숙이 들어갔다 나올수록 풀 한 포기, 싱그러운 바람, 물 한 모금,

내 지금의 모든 것이 있는 그대로 사랑스럽게 느껴질 것이다. 잠을 잘 자고 난 후의 기분은 몸의 느낌이 참 좋은걸 느낄 수 있는 것과 비슷하다. 실제로 깊은 명상 후에 눈을 뜨면 주위가 고요하면서 평안하게 보이는 것을 알 수 있었을 것이다. 우리는 매일매일 잠을 자고 일어나 생활한다. 아침에 잠에서 깨어나면 기분은 참 좋다. 잠을 잘 자면 기분도 좋고 건강도 좋아진다. 그래서 잠을 잘 자야 한다. 그렇지만 한 가지 알아야 할 것은 잠을 자고 일어난다고 의식이 성장하거나 성숙해지지는 않는다.

잠은 잠으로 지나간다. 물론 의식이 깨어나면 잠을 통해 지혜나 내면이 성숙 성장하는 경우도 있겠지만 일반 사람은 좀 어렵다. 그래서 깨어있을 때 학교 공부도 하고 지식을 기르는 것과 똑같이 명상도 해야 한다. 그럼으로 내면의식의 성장과 성숙을 위해서는 의식이 있을 때 숨 쉬고 살아있을 때 내 안에 각성이 일어나야 본래의 내가 깨어나 알아차리게 된다. 살아있는 삶의 순간순간 매일매일 잠에서 깨듯이 깨어나자. 그런 수많은 바른 내면의 각성을 통해 나는 변화한다. 그래서 의식이 있을 때 잠을 자는 정도보다 더 깊은 내면의 성숙을 위한 깊은 벼락명상이 필요하다. 벼락명상을 통해 우리는 좀 더 깊은 내면의식을 바라봄으로 매 순간 깨어나 밝아져 성장하고 좀 더 성숙해질 수 있게 된다. 꼭 깨어 있을 때 벼락명상을 통해 성장하고 성숙해져 눈을 뜨고 현실로 나와야 한다. 그래야 현실에서 실제로 부딪히고 움직여야 더 성장하고 변화한다.

내면의 붉은 또는 무지갯빛 '태양의 도장' 명상을 통해, 내가 알고 있는 것을 넘어서 깊은 의식에서의 큰 기쁨과 모습 없는 본래의 마음, 우주심의 사랑을 통해 새롭게 태어날 수 있게 된다. 내 눈앞의 검붉은 태양의 도장을 보는 의미는 우주의 블랙홀이 별과 빛 물질의 소멸과 재창조를 이루는 것과 같다. 내 안의 검붉은 레드홀 기해를 보면서 나의 마음, 감정, 생각, 의식, 몸의 정화를 통해 매 순간 새롭게 태어남을 의미한다. 눈을 감았다 뜨면 매일매일, 매 순간 나는 다시 태어난다. 깊은 명상 후 순수한 마음으로 돌아와서 다시 나를 느끼고 바라보자. 예전의 내가 아니다. 내가 알던 과거의 나는 조금씩 새롭게 변화되어 가고 있음을 알게 된다. 나의 내면의 우주를 깊이 여행하고 돌아와 성장하고 더욱 끝없이 성숙할 준비가 된, 겸손하면서도 밝은 또 사랑스럽게 변한 자신을 보게 될 것이다. 이제부터 한국벼락명상법의 안내자가 필요하다. 여기까지는 생활체험 명상한 사람들이 많다. 각자 삶의 모든 영역에서 깊은 집중을 통해 성장하며 수많은 해의 도장을 보아왔을 것이다. 일반적으로 명상 중에 해의 도장, 기운의 해를 많이 경험하기 때문이다. 수많은 사람들이 나와 내 몸과 마음이 속한 집단의 내면 정신세계에 머물러 피안을 누리며, 이념으로 시스템을 만들어 키워왔다. 이로서 오랜 시간이 지나면서 서로 다름이 나오게 되어 본래 근원의 모습 없는 본성은 사라지고 집단만의 모습과 특별한 사상과 의식에 사슬처럼 묶이고 구속되어 서로 싸우게 된 것이다. 이런 의식에서는 나의 집단이념을 위해 무슨 일을 해도 죄책감이 없게 된다. 나의 집단세계에서는 내가 알고 경험한 것이 최고이니 누굴 탓할 수가 없게 된다. 나의 깊은 의식의 마음 그 태양 속에서 밖으로 나와 서로 다름을 '있는 그대로' 알아차려야, 비로소 성숙한 내가 되고, 진실하고 양심이 살게 됨으로 '남과 다른 집단의 태양의 도장'을 볼 수 있게 된다. 내가 듣고 보고 경험한 깊은 가치가 최고라면, 남의 가치도 남의 태양의 도장도 최고로 볼 수 있는 성숙한 의식이 필요하다. 나의 내면에 붉은 태양의 도장이 있기에 내면도 환해지고 우리 앞에 펼쳐진 수많은 별들이 있음도 알고 이로 인해 어두운 내면의 우주가 조금은 밝아질 수 있는 것처럼 말이다. 나의 관념과 경험의 마음에서 빠져나와 새로 태어난 내가 좀 더 성숙하게 변해야 한다. 그래야 사람의 본래 근원인 본심본태양(本心本太陽)(마음의 본래 뿌리인 모습 없는 태양 같은 마음)을 한국벼락명상법을 동해 깨우칠 수 있게 된다.

사람이 만든 각자의 사상이나 이념이 없던 때 우주의 원리와 법칙만 있던 때를 명상해 보자. 그러면 혹은 아주 먼 옛날이 아니라 바로 이 순간 우주 창조 이전의 순수한 무의식으로 돌아가 모습 없는 하늘과 하나 되는 길이 비로소 보이기 시작할 것이다. 본래의 우주는 원래 창조되지도 않았으며 지금도 그대로 이 자리에 있는 것을 두 눈으로 항상 보고 느끼고 있었음을 알게 된다. 본성의 마음으로 본래 내가 나온 곳으로 돌아가는 세상 편하고 즐겁고 행복한 일이, 이 책을 읽고 바르게 명상하는 모든 사람들의 내면과 외면에 보여지길 바라며 다시 한국벼락명상법을 전수한다.

한국벼락명상은 수천 년 전 고대 한국의 선조들이 행하던 명상으로 구전으로 또는 고대 한국문자로 내려왔다. 어린 시절 나의 할머니는 자주 정화수 물을 떠놓고 모습 없는 하늘에 기도드리며 명상하셨다. 지금도 그 음성과 운율이 생생하게 들리는 듯하다. 모습 없는 지극한 하늘의 기운이 크게 내려와 조화를 알게 되며, 하늘이 영원함을 외우셨다. 한국의 오래된 고서에 모습 없는 참하늘의 이치를 수리적으로 풀어쓴 글이 여러 번 나온다. 신라시대 안함로가 지은 역사책 삼성기에는 환웅이 백성에게 모습 없는 참하늘의 법을 가르칠 때 천경과 신고를 강론했으며, 말로 구전되어 내려왔다고 한다. 이맥의 태백일사와 이암의 단군세기에 보면 BC 3898년 배달국시대 거발환 환웅의 명에 의해 신지혁덕이 사슴발자국을 보고 만든 글자인 녹서로 모습 없는 하늘의 글을 부호로 기록했다.

이후 고조선의 단군 3세 가륵단군 때(BC 2181) 을보륵이 만든 가림토문자로 다시 모습 없는 참하늘의 글을 기록해 전해 내려왔다. 그 후 신라시대의 최치원 선생(AD 857)이 가림토문자를 동이족의 고대문자로 81자를 적어 세상에 전했다. 태백일사와, 묘향산의 석벽본 81자가 있고, 고려 말 농은 민안부(AD 1375)의 유품에서도 81자가 발견

되었다. 글자가 조금은 다르지만 81자는 같고 해석은 여러 가지로 할 수 있겠다. 원문 그대로 하거나 또는 수리 역학적으로 철학적으로 등등 여러 가지 해석이 많이 있다. 맞고 틀리다기보다는 보는 관점에서 조금씩 다르다. 이 81자를 읽고 숨과 불, 호흡, 명상하던 중 내면의 허공에서 체득하고 직접 바라본 내용으로 우주의 시작과 끝인 81자를 풀어보고 한국벼락명상법으로 전수한다. 이 책을 읽는 사람은 보고 읽으면서 직접 체험함으로 모습 없는 내면을 깨우기 바란다. 한국은 예로부터 내 안의 우주인 모습 없는 하늘의 비밀에 대해 말씀하신 글을 오래전부터 일반인들에게 가르쳐온 것을 알 수 있다. 그래서 그 후로 오랜 세월 동안 각지로 전파되어 한국과 인류의 유전자에는 모습 없는 하늘을 느끼는 감이 있게 되었다. 우리 눈에 보이는 하늘, 땅, 사람을 창조한 모습 없는 참하늘과 참본성, 참나를 알아보고 느끼는 깨우침의 감각이다. 살아있는 동안 이를 알고 체득하지 못하면 무슨 일을 하든 어딘지 모르게 항상 공허하고 허전하게 된다. 하늘과 땅과 사람의 사이를 막는 모든 경계를 뚫고 모습 없는 하늘이 사람에게 내려오는 것을 오랜 옛날 선조들은 가르침과 깨우침을 통해 전하고자 했다. 이제 새로운 시작을 위한 명상 숙제가 있다. 아직 똑바로 못 본 독자를 위한 숙제다. 바로 경계를 바라보는 연습인데 어디라도 좋다. 숙제이니 해가 진후의 지평선이나 수평선을 꼭 봐야 한다. 지구에서의 커다란 선물이니 확실하게 안 본 사람은 봐야 한다.

오늘이나 내일 직접 한 번은 실제로 바깥으로 나가 해지는 노을을 눈여겨보길 바란다. 해가진 후의 경계를 잠깐보고 눈을 감고 숨 쉬기를 반복하며 본다.

이때 눈을 감고 조용히 마음속으로 숨을 들이쉬면서 '숨'과 숨을 내쉬며 아랫배 속의 '불'을 불러보길 바란다. 해가 진 후의 경계를 보면서 한의 수평선(_)을 바라보는 명상과 아랫배로 기해호흡하며 의식을 아랫배 속에 '불'로서 집중한다. 이제는 명상을 하면서 눈앞의 기 태양이 보이면, 한 걸음 뒤로 물러서서 멀리서 바라보며 의식의 힘으로 마음으로 아랫배 속으로 태양의 도장을 내려 보낸다. 빨간색, 주, 노, 초, 파, 남, 보라색 등의 기태양과 좀 더 연하고 짙은 색의 해의 도장이 눈을 감고 선명하게 보일 수 있다. 마음이 고요해지고 맑아져 편안한 상태에서 보여지는 태양의 도장이다. 눈동자를 조금 아래로 내리면서 콧등을 보며 눈을 감으면 의식이 코가 아니라 아랫배 속으로 간다.

복부 기해호흡을 통해 배를 움직여 배 속을 따듯하게 한다. 그리고 배 속을 마음의 눈으로 바라보며 반복해서 무심으로 숨을 쉬어 아랫배를 느끼면 된다. 호흡을 하며 마음속으로 들이마시며 "숨~~~"과 내쉬며 "불~~~"이라고 말을 하면 잡념이 사라진다. 무심의 숨속으로 들어가면 아랫배에 "불의 기운"을 축적할 수 있게 된다. 그러다 숨을 쉬는지 안 쉬는지 모르는 가운데 내가 누구인지도 몰라야 한다. 이때부터 많은 명상가들은 고요함을 통해 명상을 통해 여러 가지 나타나는 모습을 바라보며 명상 아닌 수많은 상에 빠져들기도 한다.

사람들은 본인도 모르는 사이에 내 안에 상을 만들어 명상하다가 그곳에 빠져 결국 자신만의 상을 만들어 그곳으로 들어간다. 상을 없애려 명상하지만 오히려 더 많은 상에 얽매이게 되어 명상하게 된다. 이때는 바로 알아차려서 깨어 나와야 한다. 숨과 불을 통해 생각, 상과 잡념에서 나온다. "하늘, 땅, 사람의 본성은 원래 모습이 없었으므로 없음을 통해 알아야 한다."

반복해서 아랫배로 '숨' 하고 들이쉬고 '불' 하고 내쉼으로 해의 도장은 더욱 느낌이 강해지고 뜨거워지기 시작한다. 불의 씨가 생기면 숨으로 용광로에 풀무질을 하듯이 배를 움직이며 숨을 고른다.

아랫배 속의 마찰과 운동으로 해의 도장이 아랫배에서 뜨거워짐으로 상상과 공상에서 눈으로 바라보는 눈앞의 해의 도장을 몸으로 마음으로 아랫배 속으로 실제로 체득하게 된다. 이때부터 새로운 시작이다.

생각과 상상으로 내 안에 얻은 것은 실체가 없는 허상일 뿐이니 이를 알아서 현재로 나와야 한다. 생각과 상상의 알음은 생활에서 몸으로 느끼고 움직여야 참지혜가 된다. 내 몸속 아랫배의 해의 느낌을 통해 열이 살아있는 아랫배가 되어 에너지가 힘으로 살아나야 실제로 몸과 마음에 큰 도움을 주기 시작한다. 아랫배가 따듯해지니 면역력이 상승하고, 건강해지고 생활에 활력이 난다.

내 안의 기운이 부족하고 오장육부의 기운이 불균형하면 짜증과 원망, 분노, 성냄, 등등으로 발산한다. 또 너무 강하면 부딪히고 꺾이게 되니 들숨과 날숨을 똑같이 바르게 쉼으로 조화롭게 에너지가 만들어져야 한다. 내 안의 에너지가 충만하고 오장육부의 기운이 고르게 분포되면 자연스럽게 성품도 편안하게 조금씩 천천히 변화하기 시작한다. 이렇게 더운 기운이 아랫배에 느껴지고 충만하면 이때를 진득하니 잘 느끼고 즐기기 바란다. 그냥 그 상태를 느끼고 바라보는 힘을 키워야 한다. 아랫배가 충만하고 더운 상태를 느끼고 100일 이상은 느끼고 바라보자. 이제 마음의 눈을 떠 내 안에 단 하나, 참본심의 한의 경계 수평선이 있음을 보고 그 속에서 우주의 모습 없는 허공의 비밀을 찾아보자.

동이족 선조들이 창안한 고대문자 해일(日)글자를 사전에 보면, 처음에는 둥근 원(○)안에 점(·)이 있었는데, 각을 나타내면서 (ㅡ)자가 나중에 중간에 생겼다고 한다. 기해명상을 해보면 검붉은 둥근 원 안에 고요한 가운데 붉은 점의 태양이 나타난다. 그 해의 도장에서 의식이 나와 한걸음 뒤에서 다시 전체를 봐야 한다. 그런 다음 내 마음에 뜬 나의 붉은 태양의 도장을 아랫배 기의 바다로 내려 보내야 하는데 잘 내려보내질 못한다. 내 안에서 가지고 보려는 집착과 탐욕, 분별과 관념, 어리석음, 아집, 어둠 때문에 눈앞에 가지고 있게 되기 때문이다. 그 속에 마음의 눈길이 가기 때문이다.

생활 속에서 수많은 몸과 마음의 내려놓음과 타인과 허공에 겸손한 마음으로, 또 실제로 명상을 통해 가슴으로의 내림과 아랫배 속의 뜨거운 느낌의 '숨'과 '불'의 계속적인 호흡의 반복을 통해 눈앞의 붉은 태양의 도장은 서서히 내려간다. 서서히 내려가다 아랫배에 거의 가서는 벼락같이 내려간다. 해가 질 때는 천천히 움직이다 마지막은 순식간에 내려간다. 아랫배가 충분히 덥게 되어 고요하게 되면, 눈앞의 태양의 도장은 마침내 아랫배까지 내려가게 되는데 이 찰나지간에 의식을 깨워 알아차려야 한다. 숨을 더욱더 고요하게 함으로 숨을 잊어야 편안한 가운데 아랫배 기운의 바다 세계로 들어가게 된다. 숨을 깊으면서도 평안하게 쉬면서 숨을 놓아 버리고 내 이름, 나이, 성별 등 내가 누구인지 모르며 고요 가운데 참된 맑음이 찾아진다. 그러면 해가 내려가고 있는 내 안의 아랫배 속 검은 기의 바다가 고요하고 맑아져 세상 여러 가지와 내 안의 생각이나 과거의 모습이 명상 중에, 또 다시 많이 나타나게 된다. 이곳에 머물게 되면 성장 없이 상에 또 빠지게 되어 시간만 지나가게 된다. 다시 한번 경계해야 할 때이다. 그렇지만 이때 내 안의 상에 빠지지 말고 깨어 나온다. "그 내면의 기의 바다 아랫배 속에 내려가는 해에 살짝 비친 경계인 내 안의 수평선을 찾아야 한다." 해의 도장은 아랫배 속의 검은 어둠 기의 바다 아래로 내려가 사라졌다. 해의 도장이 없어진 아랫배 속의 자리에 칠흑같이 까만 어둠 가운데 맑고 비어있음이 다가온다. 보인다고도 할 수 있고 또 없다고 할 수 있겠다. 바라보는 나도 없어지고 바라보이는 아랫배 속도 어디인지 그냥 없어진다. 나는 존재함으로 숨을 통해 내 안으로 들어왔지만 숨을 쉬는지 안 쉬는지 모른다. 비어있어 없는 가운데 존재하는 이치가 나온다.

지금까지도 몰랐으니 앞으로도 죽어서도 모를 일이 벼락명상법의 전수를 통해 내 앞에 펼쳐짐을 알아야 한다. 그냥 살면서 지나가면 평생 모르고, 관심이 없으면 더 모르며, 얘기를 해줘도 모르며, 관심이 있어도 누군가 바르게 안내를 못 하면 평생 모르는 일이 있다. 단지 살아서 깨어 있음으로 한국벼락명상법을 전수받아 책을 보게 돼 알게 되는 일이 생긴다. 해의 도장이 내려가는 때 정신을 다시 똑바로 알아차려야 할 것은, 고요함에 취해 아랫배 내면의 바다에 비친 여러 가지 어떠한 모습의 상에도 빠지지 말고, 바로 깨어 나와 마음의 눈을 절대로 주지 말아야 한다. 그러면 그때 비로소 "본성의 무의 한의 자리에서 나온 새로운 한의 경계 내 안의 수평선"이 살아나 보여지게 된다. 맑은 어둠 가운데 "내 안의 수평선"이 나타나 있음으로 세상의 만상 위, 아래 모두를 볼 수 있게 되는 것이다. 수많은 사람들은 때가 되지 않아 관심이 없다. 또 어두움과 어리석음으로 본성의 한경계를 보지 못하고, 잘 배워도 깨우치지 못하게 된다. 올바른 법을 전해 받지 못해, 그냥 내 안에 비친 허상을 보고 그 속에서 평생 동안 깊은 무언가를 찾다가 또 어떤 상을 보다가 일생의 수많은 시간을 덧없이 보내게 된다. 그렇지만 본성의 한의 경계 수평선이 없이는 그 어느 것도 허공 중에 상을 비추고 무엇인가를 만들 수 없는 것을 알아차려야 한다. 본성의 자리에서 나온 한의 무한한 경계가 나와 제일 가까운 곳 내 안에 아랫배 속에 있음이다. 우리가 알고 있거나 모르는 모든 상을 맑게 비추어 볼 수 있는 고요한 어둠의 맑고 맑은 바다가 내 안의 아랫배 속에 내가 태어나기 이전 본래부터 있었음이다. 숨을 고르게 쉬어 마음속을 고요히 하며, 더욱 청정하게 '숨'을 '불'을 운율을 넣어 마음속으로 부르다 멈추고 숨의 고요 속으로 깊이깊이 들어간다. 아랫배 기해(氣海)로 깊고 편한 숨을 쉬며, 명상하다가 무심으로 마음의 태양을 아랫배로 내려보내는 그 순간을 반복하다가 밝아지면 찰나지간에 나타난다. 아랫배의 검은 허공에 드디어 진실의 경계가 나타나고, 그 검은 바다 아래로 태양의 도장은 내려갔다. 내 안의 검은 기의 바다에 한의 수평선이 나타난 것으로, "내면의 수평선 아래는 검고 깊은 고요한 어둠이 그 경계면 위는 연한 회색의 허공이 끝없이 끝없이 펼쳐지며 내 안에 나타난다."

우주의 시작과 끝을 설한 81자의 처음 구절 일시무시일(一始無始一), "시작은 한의 경계이지만 시작한 적 없는 무의 한의 경계이다"를 내 안에서 보여준 것임을 알 수 있다. 무에서 시작함 없이 시작한 우주 속 한의 수평선을 말한다. 한의 검에서 위, 아래의 새로운 경계로 허공이 나뉜 것은 내 안에서 태초의 텅 비고 채운 곳에서 검은 빛의 나뉨이 창조된 것이다.

오래전 한국민족의 선조들은 분명히 온 우주가 무의 한의 경계에서 시작하지만 그때가 언제의 찰나지간인지 모르며, 우주의 시작이 무의 한경계에서 임을 후손에게 전하려 한 것이다. 한 사람이 태어나고 죽음으로 인해 그 한 사람의 내면에서 온 우주가 시작하고 끝이나 맑고 밝아져 무의 한경계로 돌아가야 한다. 아랫배 새까만 어둠은 본래의 기(氣)의 바다 해(海)이고, 기의 구름 운(雲)이며, 우주의 허공 검을 현(玄)이다. 그 검은 어둠 속에 있는 비어있는 맑음은 빛도 없던 태초 이전의 참본심이다. 이 '한의 수평선' 상태를 편안하게 명상하고 즐기기 바란다. 비로소 내 안의 우주로 들어오게 되어 혼자 있음이 즐겁게 된다. 심심한 게 아니라 홀로 있음으로 인해 고요함 속에 느끼는 행복감이다. 이때는 혼자 있어서 적막하고 외롭고 쓸쓸하고 우울할 수가 없게 된다. 바로 아무것도 없이 새까만 어둠의 근원 속에서 고요만 존재하던 내 안에 회색빛과 검은 어둠의 경계 '한의 수평선'이 나타났기 때문이다.

내 안에서 빛이 있기 이전의 빈 공간 암흑의 바탕에 마음속의 붉은 해의 도장이 아랫배 속으로 내려가면서 커다란 선물을 준 것이다. 검정색과 연한 밝은 회색의 끝없는 허공이 내 안에 창조되어 내 아랫배 속에 머물고 있음을 보면서 느끼게 된다. '한의 수평선'을 보면 내 안의 번잡함과 복잡한 생각이 단순하게 정리되니 이를 깨우치고 충분히 느꼈으면 한다. 내 안에서 수평선을 바라봄으로 깨어나겠지만 명상으로 힘들면 가끔 세상 밖으로 나와 직접 눈을 뜨고 해가 내려간 수평선과 지평선의 경계를 바라봐도 좋겠다. 생활 속에서 어려움이나 복잡한 마음은 한의 경계를 보고 조금씩 조금씩 사라지게 된다.

그냥 밖에서 보면 해지는 노을이 되지만, 눈을 감고 내면에서 찾아보면 새로운 시작이 되어 힘을 얻게 되니 '내 안에서 한의 수평선'을 꼭 찾아내길 바란다. 이제 다시 한번 깨어남의 성장을 위한 몸부림이 필요하다. 내 몸과 마음 밖으로 의식이 나와야 한다. 처음 내 안의 태양의 도장에서 밖으로 나와 주위의 사람을 조금 이해하고 성장했듯이, 나를 버리고 내 몸에서 의식이 빠져나오면, 나를 바라보고 관찰하는 본래의 나로 조금 더 성숙하게 된다.

살아있고 상상할 수 있을 때 얼마든지 나는 어디로든 갈 수 있다. 우리는 자주 나만의 세계를 만들어 상상하며 여행을 하다가 언젠가는 실제로 그곳에 가본다. 하고 싶은 일도 상상을 하고, 꿈을 꾸면서 그 일을 하게 된다. 말하는 대로 상상하는 대로 지금의 내가 만들어졌고 앞으로도 그 길을 가게 된다.

즐겁고 행복한 삶, 힘든 삶, 사랑스러운 나, 건강한 나, 아픈 나, 행복한 가정, 불행한 가정, 또 다른 나의 삶, 푸른 산과 강, 바다, 다른 나라 어디든지 내가 원하는 대로 그 삶을 살기 원하지만 마음대로 할 수 없는 게 삶이다. 그렇지만 한 가지 내가 할 수 있는 일은 숨을 일정하게 의도적으로 쉬어 보는 것이다. 숨 하나는 내 의지로 조금은 통제할 수 있으니 말이다. 그러는 가운데 지금의 삶을 더욱 잘 살아야 한다. 이제 즐거운 마음으로 내 몸 밖으로 의식을 돌려 나를 보는 본성의 눈을 찾아야 한다. 그래야 나를 온전하게 볼 수 있는 힘이 생겨 생활에서도 감정, 탐욕, 분노, 자만, 어리석음에 휘둘리지 않게 되는 일이 내 안에 조금씩 일어남을 알게 된다. 또한 더욱 내 안과 본래 우주의 고향으로 들어갈 수 있는 길을 내 안에서 찾을 수 있게 된다. 한층 더 성장하고 성숙한 의식으로의 전환이 이때부터 이루어진다. 아랫배 속 검은 기의 바다 아래로 내려간 해의 도장에 집중함으로 내 몸 밖으로 나가는 의식의 문이 열리게 된다. 숨으로 불로 숨 쉼으로 무심으로 들어가 한경계와 아랫배 속의 태양의 도장을 느낌으로 살려낸다. 한국벼락명상법을 전한다.

"위나 아래나 앞, 뒤에서 눈을 떠서 앉아있는 나를 바라보는 것도 있겠지만, 한국벼락명상법은 눈을 아래로 내리며, 아랫배 속으로 의식이 들어가는 순간 내 왼쪽 옆에서 나를 보는 모습 없는 참본성의 눈동자를 찾아야 한다."

"고요한 가운데 허공에 내가 앉아 있고 내 왼쪽에서 나를 보는 또 다른 나의 눈이 있음을 알아차려야 한다. 바로 그 눈은 본심의 눈이며 모습이 없다. 내가 하는 모든 것을 바라보는 참의 눈이다. 잘함, 못함, 바름, 거짓말, 감정, 선함, 악함, 빈, 부, 등등 모든 지금의 나를 있는 그대로 바라보는 본성의 참눈이다. 이 본래의 눈을 찾으면 모습 없는 내 안의 나는 깨어나기 시작한다."

모습 없는 허공 속의 본성의 눈은 내 왼쪽 옆에서 나를 보고 있었으며, 고요하게 가만히 앉아 명상하고 있는 내 몸과 마음속을 맑은 유리알 속을 보듯이 투명하게 모든 것을 다 꿰뚫어 바라보고 있게 된다. 붉은 태양의 도장이 내려가면서 선물로 준 그 아랫배 속의 빈 공간의 무와 한의 자리에서 나온 한의 수평선의 경계를 내 왼쪽 밖에서도 나를 보며 똑같이 찾아냈다. 바로 내 왼쪽 옆에서 아랫배 속 처음 창조되어 나타난 검은색 바다와 회색 허공의 한의 수평선의 경계를 밝고 맑게, 또 분명히 나보다도 더 또렷하게 내려다보고 있었다. 본성의 눈이다. "내 아랫배에 새까만 어둠이 아래에 그 위에 펼쳐진 회색의 연한 어둠이 한의 수평선 경계(一)를 만들어 아래, 위로 분리되어 끝도 없이 나타나게 된다."

내 몸 밖에서 나의 배 속을 온전하게 보니 더욱 바른 마음, 생각, 행동, 고요와 청청함이 같이 다가온다. 모습 없는 맑음으로 지켜보고 있으니, 함부로 마음이나 생각, 행동까지 할 수 없게 된다. 고요함이 내 안에서 커지기 시작해 온 우주의 충만한 생명 에너지가 검은 내면의 바다인 아랫배에 머물고 있음을 느끼고 알 수 있게 된다. 한의 수평선 경계 아래의 검은색은 우주생명의 근원인 '검'이어서 예로부터 검은색을 하늘이라 했다. 그것은 바로 무의 한에서 나온 태초의 허공임을 알 수 있다. 눈을 감고 잠을 자면 모든 빛의 고향, 검은 하늘의 품으로 돌아가 고요함 속에서 모든 에너지를 받아 밝은 기운으로 아침에 매일매일 다시 태어난다. 눈으로 보는 밤하늘의 검은색은 "현재 가동 중인 프랑크의 최신 데이터에 의하면 원자(5%), 암흑물질(25%), 암흑에너지(70%)의 비율로 결정된다. 이 사실은 우주의 95%가 무엇으로 구성되어 있는지 전혀 알고 있지 못하다는 사실이다." – 출처: 체계와 예술 –

우주생명을 만들고 팽창, 성장시키는 근원의 생명력 본성은 더욱 알지 못한다. 우주의 모습 없는 본성은 궁극적으로 살려내는 일을 한다. 지렁이도 스스로 살기위해 움직이고 빈식하는 것처럼 우주를 성장하게 하는 근원은 사랑이며, 기운이며 모습 없는 생명 힘이다. 모습 없는 우주 힘에서 나온 암흑에너지도 과학으로는 모른다고 하니, 그 이전을 과학적으로 설명하기가 어렵게 된다. 한국의 선조는 우주의 본래를 없음, 무, 모름, 하늘, 한, 하나, 참본성, 참나, 진아, 마음, 우주생명의 본래 마음과 울줄힘, 우주기(宇宙氣), 우주심(宇宙心)이라 했다. 별과 생명을 만드는 우주생명의 사랑 기운은 온 우주 허공에 비어 있고 가득 차 있으며, 시간과 공간을 초월해 언제 어디에나 있어 왔다. 눈에 보여 우리가 찾아낸 은하와 은하, 별과 별, 사람과 사람, 별과 사람, 별과 생명체의 근원은 시간과 공간을 초월해 서로를 지금도 느끼며 함께 영향을 주고받으면서 빛보다도 먼저 존재했으며 영원을 살고 있다. 무와 한의 경계에서 나온 기(氣)는 온 우주 어디에나 있음으로 내 안과 밖에도 있음은 당연하다. 나의 눈앞이나 좁은 아랫배에 있는 검은 생명의 검은 에너지가 과학자들이 말하는 우주의 검은 암흑에너지와 같음도 알 수 있게 된다. 아니 내 아랫배뿐만 아니라 우리 주위에 또 어디에나 존재하고 있음도 알아야 한다. 우주생명의 에너지로부터 나아가 우주의 시작이 한의 수평선 경계에서부터이다. 그래서 한국 선조들은 태초의 처음을 '일시무시일(一始無始一)'로 나타냈다.

눈에 보이는 하늘, 땅, 사람은 본성의 한의 수평선 경계에서 시작했으며, 그 시작과 끝도 없는 영원불멸한 우주의 대순환이 내 안과 온 우주에서 같이 일어남을 말하고 있다.

한국벼락명상법 15분 한의 경계

❶ 회오리운동 3분 (각자 연습)

❷ 공운동 3분 (각자 연습)

❸ '호흡' 연습으로 숨을 쉬다. '숨'과 '불' 속에 내가 녹아들어 가자. 내가 누구인지 남자인지 여자인지를 모르는 속으로 들어간다.

❹ 눈앞에서 검은 허공을 찾고, 그 안에서 맑은 허공을 바라보고 기의 태양이 보이면, 반복해서 아랫배로 내리고 아랫배의 따듯함을 느낀다.

❺ 아랫배 속에서 한의 경계를 찾아낸다.

❻ 마음에 눈을 떠서 아랫배 속 태양의 도장에 집중하면서 왼쪽으로 한 걸음, 두 걸음 나가서, 오른쪽에 앉아있는 나를 본다.

❼ 앉아있는 나의 아랫배를 왼쪽 밖에서 밝게 보고 내 안의 한의 경계를 찾아낸다.

08

알과 생명창조의 힘

삶은 달걀을 데우려고 전자레인지에 넣었다가 터진 경험을 한두 번쯤 해보았으리라 한다. 추운 겨울 차가워진 삶은 달걀을 전자레인지에 데우려다가 터질까봐 흰자 부위를 살짝 갈라서 넣은 후 30초를 돌렸다. 다행히 터지지 않아서 먹으려고 꺼내서 식탁위에 올려놓는 순간 갈라진 삶은 달걀의 하얀 틈으로 계란의 노른자가 터지면서 '퍽' 하고 소리를 냈다. 사방으로 노른자며, 흰자까지 다 터져서 멍해지고 깜짝 놀란 적이 있다. 얼굴에도 계란조각이 튀고 가슴 한복판은 동그랗게 노른자 흰자가 가루가 되어 붙어있었고 사방의 벽에도 여기저기 튀었다. 치우느라 힘들었던 생각이 난다.

우리 내면 의식도 이와 비슷해서 조건이 되면 예고 없이 언제 터질지 모른다. 지리산 노고단에서 1박을 하고 뱀사골로 내려간 적이 있다. 밤에 노고단 산장에서 나가 하늘을 보니 별이 수없이 많다. 도시의 하늘과 사뭇 다르다. 별이 금방이라도 살아서 움직일 것 같이 가까이 보인다. 노고단의 기운은 평안했다. 뱀사골로 내려오는 길은 제법 오래 걸린 기억이 난다. 산이 크고 넓고 깊다는 것을 알 수 있었다.

땅을 경계 짓는 것은 산과 강이다. 산은 솟아 있음으로 경계를 만들어 이쪽과 저쪽을 소통을 못 하게 한다. 그렇지만 산꼭대기에 오르면 하늘과의 물리적 경계가 가까워진 것도 있지만 솟아 있는 꼭대기에 기운의 통로가 잘 살아나기 때문에 위, 아래로는 잘 소통한다. 그래서 그런지 노고단의 고요와 평화가 머리에서 가슴으로 바로 들어와 머문다. 지리산을 경계로 나눠어 같은 민족이지만 언어의 억양과 풍습은 물론 오래전에는 나라까지도 분리되어 오랜 시간을 다르게 살아온 것을 알 수 있다.

오래전 한국의 고구려, 백제, 신라, 가야국의 시조들 중 백제를 뺀 나머지 3개 나라의 건국 시조가 알에서 태어났다는 얘기로 삼국유사에 전해 내려온다. "고구려의 시조인 동명왕은 하백의 딸 유화가 낳은 커다란 알에서 탄생했으며, 신라의 시조 박혁거세는 하늘에서 내려온 자줏빛 알에서 태어났고, 가야의 시조 김수로왕도 황금알에서 태어났다." – 한상수 –

지구상의 거의 모든 생명도 알에서 나왔음을 알 수 있다. 한 알의 콩, 옥수수 한 알, 거북이 알, 한 알의 달걀, 등등 이같이 생명이 하나의 알에서 시작했음을 알 수 있다. 속이 비어있는 죽은 껍질의 알이 아니라 꽉 차있는 살아있는 알에서 새로운 생명이 탄생한다. 사람 역시 어머니의 난자 알과 아버지의 고환 알에서 시작된다. 알은 생명, 기원, 시원, 근본의 의미도 있음을 알 수 있다.

'씨'도 마찬가지로 생명의 시작이다. 한 알의 볍씨, 사과씨, 목화씨 등등 수많은 씨앗에서 생명이 자란다. 몇천 년 전의 오래된 씨앗도 조건이 만족되면 생명의 싹을 틔우는 것을 얼마 전 본 적이 있다.

"씨앗은 기회가 올 때까지 흙속에 잠들어있다 나온다. 연꽃은 연못에 서식하는데, 씨앗이 딱딱하고 튼튼해 그 수명이 2–3천 년, 길게는 1만 년을 간다. 2010년 경상남도에서 7백 년 전의 연꽃 씨앗이 꽃을 피웠다." – 자연사 학회연합 –

이같이 씨와 알은 생명의 시작으로 외부 조건이 맞으면 새 생명을 만들어낸다. 눈에 보이는 씨와 알이 알맞은 조건으로 나타나 만난다면, 사람 내면의식의 어둠 본래의 기운 '검'에서도 조건만 맞으면

'씨알'이 내 안에서 탄생할 수가 있음이다. 연꽃은 몇천 년이지만 사람안의 내면의 '씨알'은 영원으로 가기 위해 수만 년의 오랜 잠에서 깨어나야 한다. 현대 과학자들이 말하는 우주의 시작도 작은 점, 씨, 알에서였음을 말하고 있으니 씨와 알이 우리의 근원이라고 해도 틀린 말은 아니겠다. 귀한 구슬을 의미하는 '알' 보주는 한국에서 여러 사찰의 석가모니 불화나 작품 등에 나오는 것을 알 수 있다.

강우방 일향한국미술사 연구원장은 "보주는 생명이 없는 무기물인 장식에 쓰이는 구슬이 아니라, 우주의 축소로서 우주에 영기가 그대로 작은 보주 안에 충만하며 그 위력이 원자폭탄보다 더 위력적이어서 하나의 보주에서 일체가 탄생한다"라고 했으며 또 "통일신라시대의 비암사 불비상을 보면 바닥에 영기문(靈氣文) 물결이 있고 그 위에 연꽃이 있는데 보주는 만물의 근원인 물을 상징하기도 하며, 불화에 나타낸 것은 생명의 근원인 물이 영기화생한 것이라고 했다"고 했다.

우주생명의 근원인 기(氣)를 명상상태에서 바라본 아랫배 속 경계아래의 검은 샘물 기해(氣海)의 물은 생명수이자 무의 자리이며 생명의 원천이고 근원으로서 기의 물바다이다. "수소원자의 핵을 농구공 크기로 보면 전자들은 32km 주변에서 주위를 돌고 있다. 그 핵과 전자사이는 빈공간이다. 이렇게 비어있는 공간은 미묘하고 강한 에너지로 꽉 차있다. 물질의 미세한 부분으로 갈수록 에너지의 양은 증가하며, 핵에너지는 화학에너지보다 백만 배 더 강력하다. 1센티미터 구슬 크기의 빈 공간에 존재하는 에너지는 전 우주의 모든 물질에너지보다 더 크다. 이 에너지를 직접 측정할 수는 없지만 무한한 에너지의 효력을 과학자들은 알고 있다." – 블립 – 중에서

공간에 존재하는 에너지를 보지 못하고 느끼지 못하지만 과학자들 역시 알고 있다. 기운은 미세하고 세밀한 느낌으로 다가오지만 그 에너지는 온 우주 전체에 퍼져있고 꽉 차 있어서 어디에나 존재

한다. 우리 내면세계나 각성된 몸과 마음을 통해 느낄 수 있음을 알아야 한다.

한국벼락명상을 통해 체득한 아랫배 속 기해의 어둠과 회색빛의 경계 명상을 매일매일 하자. 하루 중 가장 좋은 시간에 눈을 감고 숨을 고르고 깊이 쉬며 아랫배를 '숨과 불'로서 따듯하고 든든하게 만들면서 한의 경계 명상을 더 깊이 반복해 보자. 말과 의식은 힘이 있어서 내 안의 내 몸의 특정부위 아랫배에 집중하고 '불' 하게 되면 그 안에서 불이 살아나 잡념이 없어진다. 불은 한 번만 부르고 의념으로 아랫배 속을 느끼려고 하면서 무심으로 풀무질을 하듯 깊고 편한 숨을 고르다 숨을 잊어버려야 한다. 그리고 한의 수평선 경계를 바라본다.

모든 명상의 과정이 그때그때 다 중요하지만 지금 이 순간이 가장 중요한 것은 생명의 시작과 관계가 있기 때문이다. 기의 바다, 생명수 검은 기해를 더욱 사랑하는 마음으로 관하며 깊은 내면으로 들어가며 생활 속에서 함께한다.

그러니 다음 내용을 따라해 주기 바란다.

책의 문자가 아닌 내 몸과 마음으로 실제로 체득할 수 있기를 바란다.

이제 한의 경계를 체득한 사람은 회오리운동과 자세호흡을 하며 숨과 불의 호흡으로 아랫배를 따듯한 기운으로 충만하게 온양해야 한다.

엄마와 아버지에게서 내가 태어난다.

엄마의 엄과 아버지의 아는 내 안에 힘과 사랑을 준다.

특히나 엄마는 모두에게 더 큰 사랑과 힘을 본능으로 무한정 준다. 죽어도 못 잊을 이름이시다. 엄마의 엄을 불러보자.

엄~~~~~ 엄~~~~~~엄~~~~ 하고 속으로 또 소리 내어 떨림으로 부르면 머릿속이 정화되어 정신까지 맑아진다.

엄~~~~~~~~ 하면 그 속에 울림이 있고 떨림이 있고 공명이 있어 머릿속이 살아난다. 잡념이 와도 엄~~~, 두통이 오면 약부터 찾지 말고 어~~~~ㅁ~~~을 목 놓아 부르자. 아니면 마음속으로 울림으로 크게 불러보자. 머리가 맑아진다.

또 어린아이가 되어 목소리로 엄~~~~~마~~~~~ 하고 부르면 머리에서 가슴속까지 울림이 내려와 정화되는 것을 느낄 수가 있는데 엄마의 사랑이 가슴속까지 뜨겁게 내려와 내 안의 '나아'가 살아나 가슴이 열리며 폭발한다. 가슴이 답답한 사람은 엄마를 목 놓아 불러보자 가슴이 풀어진다.

엄~~~~마~~~~아~~~~ 아버지의 '아'까지 넣어 몇 번 부르면 가슴에서 사랑이 더 살아난다. 엄~~~~마~~~~아~~~~ 하고 부르면 나이 든 분도 가슴이 풀려 눈물이 내려간다. 엄마, 엄니, 어머니, 오마니, 어무이, 오매, 어멍은 엄마의 같은 하나의 표현이다. 나이 들어 철이 들면 어머니, 오마니라고 부른다.

어머니~~~, 오마니~~~ 하고 부르면 머리와 가슴의 기운은 단번에 아랫배로 내려가 "나아"의 생명을 주신 분께 감사하게 된다.

어머니 하고 부르면 내 안으로 더 깊이깊이 들어가 생명력이 일어나게 되니 나를 두 번 살려주게 된다. 더 성장하고 성숙해지면 어머니에 님자를 붙여 부른다.

어머님~~~~ 어머님~~~ 어머님~~~~~~~~ 하고 간절하게 부르면 내 안의 모든 기운과 엄마의 끝없는 사랑이 머릿속에서 가슴속으로 아랫배 속까지 내려와 사랑이 되어 가슴과 아랫배 속에 뜨거움이 머물게 된다.

'님'이라는 극존칭의 글자에 숨겨진 '숨'의 'ㅁ'이 내 안의 에너지를 가두고 모아준다. 그래서 ~~님을 진실하게 진실하게 내 안으로 부르고 또 부르면, 내 안의 나의 '씨 와 알', '·'가 사랑으로 살아난다.

내 어머님은 할머니가 돌아가신 후 불경 카세트를 사 오셔서 자주 틀어 놓으셨다. 나는 사찰을 자주 다니지는 않았지만 여러 가지 불경을 지금도 어느 정도 외울 수는 있다. 불경을 어려서 자주 들어서 그런지 별로 어색하지는 않다.

어머님의 기도드리는 모습에서 큰 감사와 사랑을 지금도 느낀다.

이와 같이 누군가 진심으로 존경할 높은 분이 있으면 '님' 글자를 붙여 존칭을 사용한다. 한국어에 존칭이 잘 발달한 것을 알 수 있다.

눈을 감고 진심으로 존경하는 마음으로 ~~~님을 불러보면 안다.

분명 어떤 다른 대상을 부르지만 님을 부를 때의 내 안의 진실한 나의 반응은 상대방이 아니라, 내 머리에서 바로 가슴으로, 아랫배로 뜨겁게 내려간다.

내가 진심으로 누군가를 위하고 사랑하는 한 마음이 있으면, 단 한마디 "~~님"을 부르면 된다. 나에게 님이라고 붙일 만한 진실한 대상이 있다는 것은 큰 복이다. 진심으로 ~~님하고 간절하게 마음속으로 불러야 내 안의 내가 깨어나 알아듣는다. 이때의 님 역시 모습이 없게 된다.

연습을 먼저 각자 자신의 이름으로 해보자.

내 이름에 "~~님"을 불러보자. 이때의 나 역시 지금의 내가 아니라 내 안의 모습 없는 내가 된다. 자신이 실수하고 잘못하면 스스로에게 적당한 자책이 있어야 참회하고 성장하지만, 습관적으로 너무 심하게 자신을 바보, 머저리, 멍청한 놈 하면서 자기비하하는 사람이 많이 있다. 내가 지금의 나에게 어쩔 수 없는 사람, 바보, 멍청이, 나쁜놈, 두려워, 못해 등등 부정적으로 불러보자.

내가 지금의 나를 자책하는 순간 온 우주의 허공에서 나를 향해 달려오던 환하고 하얀 생명의 빛은 그 순간 멈추게 되며, 더 이상 내 안으로 들어오지 않고, 머리 밖의 위에 그대로 머물러 있는 것을 직접 볼 수 있고 느낄 수가 있게 된다.

생활에서 숨을 쉼으로 아랫배 속에 따듯한 기운 에너지를 얻고, 명상을 하며 마음속으로 내 안의 '아'를 원하며 '불'을 불러보면 '나아'가 살아난다.

'불' 하고 마음속으로 불러보고 들이쉬고 내쉬는 숨을 계속 쉰다. 불은 시작이기 때문이다. 배로 숨을 들이마시고 불어넣고, 코로 내쉬는 숨을 아랫배로 불어낸다. 그래서 아랫배 속에 불이 나게 해야 한다. '숨', '불'을 명상하며 깊은 내면으로 들어가 숨으로 시작해 쉬는지 안 쉬는지 모르는 무심으로 들어가라!

숨과 불로 하는 호흡은, 명상을 통해 내 안 아랫배 속의 한의 경계 위에 나(·)를 각성시키는 호흡이자 또 다른 시작이다. 생활 속에서 '숨과 불'을 명상하며 기해호흡을 하며 아랫배 경계 속으로 들어가는 연습을 해보기 바란다.

복부를 움직이며 일부러 호흡을 너무 길거나 강하게 할 필요는 없다. 한 호흡을 일부러 2-3분 이상 길게 할 필요는 없다. 길어야 10초 더 길면 20초-30초 정도가 명상하기에 적당하다. 숨을 쉬다 아랫배 속에 더운 기운이 느껴지면, 바라보며 숨을 고르다 숨 쉬는 것과 나를 잊어버리고, 내가 여자인지 남자인지, 나이는 몇 살인지, 뭐하는 누구인지 모르게 되는 그 속으로 들어간다. 이같이 하다보면 생각이 멈춰지고, 그 미세한 압력에 의해, 머리와 우리 몸을 감싸고 있는 막이 각성되며, 손바닥, 발바닥과 머리 정수리 백회의 부풀림의 감이 살아나 없어지지 않는다.

"한글과 한자는 우리 한민족의 양체 소리글 한글과 음체인 상형문자 한문인 것을 알 수 있으며, 한글의 기원은 환단고기에 나온 3세 가륵단군 때(BC 2181) 을보륵이 창제한 가림토문자가 그 기원이다." - 밝달 김종호 -

그 후 한글은 한민족이 배달국, 고조선, 고구려, 백제, 신라, 고려 시대를 거치며 사용해 왔다. 이러한 우리말을 1443년 세종대왕이 당대의 여러 지식인의 도움을 받아 오래전부터 한민족이 사용하던 소리를 바르게 발음을 찾아 문자로 표현하기 위해 혀와 입술, 목의 울림을 과학적으로 연구해 한글을 창제하고 바르게 정리한 것을 훈민정음 해례본을 보면 알 수 있다. 이같이 한글은 오랜 세월을 거쳐 체계적으로 잘 만들어진 훌륭한 대한민국의 문자이다. 그래서 더욱더 연구를 통해 발전시켜야 한다.

"현재 중국이 사용하는 한자는 원래 동이족이 만든 글이다. 예를 들어 집 가(家)를 보면 지붕아래 돼지(豕)가 사는 것으로 나오는데 중국 사람들은 그 이유를 잘 모른다. 그러나 이는 오래전 한국의 선조 동이족들은 뱀을 쫓기 위해 집 아래에 돼지를 키웠다. 지금도 한국의 제주도에서는 집 아래에서 돼지를 키우던 흔적이 남아 있다." – 인제대 진태하 교수 –

"자랑스러운 한국의 조상들은 배달국 때 만들어진 뜻글자인 한자와 단군조선 때의 소리글인 가명을 함께 사용해 왔다. 한자가 황하 북부 추운지방에 살던 동이족이 만든 글자라는 사실을 지나(차이나)의 소설가이자 수필가인 석학 임어당 선생이 증언하고, 대만대학 필장복의 저서(중국인 종북래설)에서 이를 입증하고 있다." – 동이배달한민족사, 김태영 –

"1만년 역사의 산스크리트어의 근원어가 한국인이 지금 사용하는 한글이고, 특히 사투리 발음이며, 중국에서는 중국한자의 어원을 거의 밝히지 못하고 있으며, 중국글자 한자는 고대의 한국어 실담어를 음역한 것이며, 통지의 육서략, 오음과 칠음원리에 의해 창제된 문자로 동이족이 창안한 글자이다." – 어원학자 강상원 박사 –

한글은 한민족이 입에서 입으로 문자가 있기 전 오랜 세월 사용한 글자이기에 내 안에 살아있음을 실제로 알고 몸으로 깨달아야 한다. 그래서 한국의 글을 한글, 한국의 옷을 한복, 음식을 한식, 집을 한옥, 한국인을 한인이라고 부른다. 눈을 감고 한의 경계를 명상하면서 내면의 목소리로 '숨'을 한 번 불러보고, 숨을 들이쉬고 마음속으로 '불'을 불러보자. 명상 중 여러 가지 생각이 나면 '불과 숨'으로 끊임

없이 날려 보내고 태워 없앤다. 몸속에서 공명이 일어나 물결이 일어난다. 한의 경계를 보면서 마음으로 말해야 한다.

나는 누구이고 어디에서 와서 어디로 가는가. 눈에 보이는 하늘과 땅, 당신은 어디에서 와서 어디로 향해 가고 있는가? 아주 오래전 헤어졌던 친구를 만난 것처럼 기쁘게 불러 보자.

"어디에서 와서 어디로 가는가" 말해 보자.

나와 내 마음의 근원의 경계를 깨우는 여정의 시작이다. 몸과 마음이 준비가 되면 눈을 감고 말할 때의 대상이 내 앞에 모습을 보여준다. 눈을 감은 의식 속의 바로 본래의 내가 알아차리고 숨을 고르다가 깊이 들어가 온전히 무심으로 경계와 하나가 되어야 한다. 이 시기의 명상은 마음속으로 "어디에서 왔니" 하고 말하는 습관을 들여야 한다. 생활 속에서 무에서 유를 창조하듯 모든 가능성을 열어 희망을 품어야 한다.

온 우주의 한경계가 내 안에서 나타났음으로 감사하고 기쁜 일이니 멈출 수는 없다. 한의 경계를 내 몸 밖에 본성의 눈으로 왼쪽에서 바라보며 나는 명상하고 기해호흡 '숨과 불'로 들어온 기운을 아랫배에 축적해 뜨겁게 해야 한다.

다시 내면의 목소리로 숨을 내쉬고, 들이쉬며 "어디에서 왔니" 풀잎을 보며 꽃을 보며 또 선인장을 보며 "어디에서 왔니" 해보자. 또 나무를 보며 "어디에서 왔니" 하고 그 속으로 들어가 보기도 하고, 아침이슬과 물방울 속으로 시냇물로 강물로 폭포로 "어디에서 왔니" 하고 들어가 보고 느껴보자. 산 밖에서 산속을 보며 들어가 보고, 산꼭대기에 직접 입산해서 산을 오르며, 동굴 속에서도, 산의 느낌을 또 바위를 느껴보자. 한없이 넓은 바다로 가면 눈으로 수평선의 경계를 보면서 "어디에서 왔니" 하며 또 바다에 들어가 느끼고, 푸른 하늘을 보며 "어디에서 왔니" 하고 느껴보고, 넓은 논과 밭을 보며 "어디에서 왔니" 명상하자. 어두운 밤하늘로 쏜살같이 날아올라 칠흑 같은 어둠도 느껴보고, 불어오는 바람 속에 들어가서 "어디에서 왔니" 속삭여보고, 구름에 올라보며 "어디에서 왔니" 선입견 없이 무심으로 모든 것을 느꼈듯이 사람도 느껴보자. 사랑으로 하늘의 마음으로 앞의 한 사람을 보며 마음속으로 "어디에서 왔니"를 느껴보자. 해와 달을 보며 또 물어보자.

해 뜨기 전에 해돋이를 보며 "어디에서 왔니", 해 진 후 석양 노을을 보면서 "어디로 가니"를 진실한 마음으로 사랑으로 운율을 넣어 불러보자. 스마트폰을 보다 눈을 감고 한의 경계를 보고 명상하며 마음속으로 "어디에서 왔니"를 말하며 그 울림을 온 마음과 몸으로 직접 느껴보자. 숨과 불을 멈추고 아랫배로 무심으로 호흡을 하면 해의 도장은 불덩어리로 변한다. 우주공간에서 태양이나 지구가 만들어질 때를 상상해 보자. 누가 일부러 태양을 만들려고 손으로 뭉치고 압력을 가하고 다듬지 않았음을 우리는 학교에서 배워서 알 수 있다. 우주는 진공이며 맑고 밝다. 중력이 거의 없으며, 은하계 중심의 블랙홀과 주변의 수많은 태양들과 서로를 느끼며 넓은 우주를 여행한다. 중력이 거의 없이 맑고 고요한 참진공 속에서, 본성자리에서 나온 근원의 '생명력의 힘 기운과 우주마음'에 의해 서로 알아보고 고요한 가운데 스스로 모인다. 내 안의 공간도 이와 조금도 다르지 않다. 명상은 고요함과 맑음을 만들기 위해서 하는 하나의 방편이다. 우주의 허공과 같이 고요함으로 진공과 같이 내 안을 만들어 놓기만 하면 조화가 내 안에서 저절로 일어남을 깨우쳐야 한다. 몸을 가지고 있으니 힘들다고 생각하지만 몸이 있음으로 무궁한 조화가 내 안의 텅 빈 허공에서 일어난다. 그래서 나는 내 안을 고요한 우주 공간으로 만들기 위해 존재함을 알아차려야 한다. 우주의 일부이기 때문에 얼마든지 할 수 있게 된다. 눈을 감고 나타나는 우주의 허공을 여러 가지 생각으로 혼탁하게 만들면 내 안이 복잡하게 된다. 숨과 불로 생각과 마음, 힘든 몸까지 사라지게 해야 한다. 그 다음 내 안에서 밝고 고요한 허공을 만들면 내 안의 빛은 저절로 나타나고 모이게 되어 있다. 더욱 고요해지면 눈앞에서 태양의 둥근 도장도 나타나며, 이같이 해의 도장도 명상하다가 만들어진 것을 우리는 경험을 통해 알게 된다. 내 안에서 한의 경계가 생겼으므로 더욱 내 안을 고요한 상태를 유지하자. 내 안이 고요해지기 시작하면 저절로 눈에 보이는 우주보다도 이전의 근원이 만들어지고 모이기 시작하는 장관이 내 안에서 펼쳐진다. 나는 내 안을 고요함과 진공을 만드는 일이 우선되어야 한다.

진실한 단 한 번의 숨과 불로 고요함 속에서 충만한 기운 안에서 내 안의 '–'가 살아 날 수도 있겠다. 사랑으로 주위의 모든 것을 관하고 들어가 느꼈듯이 사랑으로 아랫배 속 기바다 암흑어둠과 회색의 경계를 관하라. 숨과 불, 한의 경계 명상으로 무에서 검은색과 회색의 경계를 만들었듯이 그 한의 경계에 '불'로 나는 누구인가? 어디에서 와서 어디로 가는가?를 품고 간절함으로 명상하다 간절함을 잊고, 청정한 고요함으로 새 생명을 창조하자.

눈 감은 내 앞의 태양의 도장이 어둠 아래로 내려가면서 새까만 무의 우주에 한의 경계를 남겼다. 마음속으로 그 한의 경계를 바라보는 것만으로도 몸과 마음의 생활 스트레스가 풀리고 오래된 근심과 슬픔 역시 한의 경계로 멀리멀리 사라진다. 그곳이 바로 나의 시작이기 때문이다.

검은색 기에너지인 아랫배 한의 수평선 경계에 하늘과 땅과 사람의 근원이 살아나도록 마음속으로 응원하고 열망하고 숨을 내쉬며 '불~~~', 숨을 들이마시며 '숨~~~' 하고 마음속으로 운율을 넣어 창을 하듯이 마음속으로 간절하게 부르고, 아랫배 속을 떨게 한 후 말을 멈추고 고요하고 또 더 깊고 청정한 가운데 숨을 고르며 잊고 검은색과 회색의 경계를 바라본다. "어디에서 와서 어디로 갑니까." 눈에 보이는 내가 모습 없는 나의 허공을 부르는 말이며 또 허공에 가득하며 내 안에 충만한 모습 없는 하늘의 본성을 부르는 생명의 거례

말이다. 다른 생각이 일절 들어올 수가 없이 내 안이 맑고 맑은 진공으로 변해야 한다. 사랑과 겸손, 기쁨 등으로 충만한 내 안의 검은 어둠의 경계를 나의 왼쪽에서 본심의 눈으로 바라보면서 기해 호흡과 명상을 한다. 경계가 보였으므로 마음을 다른 곳으로 돌리면 절대로 안 된다. 시선과 온 마음을 다해 진심으로 내가 스스로 감동할 정도로 숨과 불을 부른 후 무심으로 광활한 우주의 경계를 내 안에서 관하고 숨을 쉬는지 안 쉬는지 모르는 깊은 기운의 바다 내면으로 들어간다. 이를 반복하고 또 반복한다.

명상을 기해호흡과 함께하면서 검은색과 회색의 경계에서 기운이 더 충만하고 맑고 고요하게 한다. 생활 속에서 생각, 마음이 분주하면 경계가 흐트러진다. 동아 사이언스에서 설명한 과학자들이 발견한 우주의 시작은 우주 최초의 대폭발 빅뱅(130억 년 전) 이후,

– 쌍생성: 10(−12) ~ 10(−4)초 사이, 물리학의 네 가지 기본 힘이 입자의 탄생으로 분리되며, 빛을 이루는 광자탄생, 광자는 에너지를 품고 전자와 양성자를 만드는 쌍생성을 일으켰다. 이때 쿼크, 전장등 물질의 시초가 될 입자와 암흑물질이 생성된다.

– 재결합시대: 38만 년 뒤, 빛이 물질에서 처음으로 우주에 나왔다. 우주 배경복사로 관측된다.

이같이 과학자들도 우주의 시작은 순서가 있고, 어둠 속에서 빛이 나오는데 38만 년이 걸렸다고 말하고 있다. 또한 지금도 우주는 빅뱅 이후 팽창을 하고 있지만 정확하게 어떤 에너지원인지는 잘 모른다고 한다. 본성의 기운으로 충만한 우주가 생명을 만들고 있음을 과학자들이 체험과 증명을 통해 밝혀주길 바랄 뿐이다. 아랫배 속 검은 어둠이 우주본성의 의지로, 또 숨과 불의 호흡의 기운으로 더욱 충만해지고 뜨거워지는 때가 자주 느껴지면서, 고요함의 절정으로 내 아랫배 속이 참 진공의 맑고 맑은 평안한 상태가 되면 만상이 기운의 바다에서 더 맑게 나타나고 비춰지고 살아난다. 여기에서 다시 조심해

야 할 것은 맑아질 때 나타나는 나의 의식에서 나온 거울이다. 이때 상의 시험에 빠지지 말고 알아차리고 얼른 깨어 나오자. 그리고 내 안의 한의 경계로 의식을 주고 오로지 맑고 고요함을 내 안에서 창조하자. 여기저기 둘러볼 시간이 없다. 빛보다도 빠르게 지나가는 찰나의 순간에 힘들게 얻은 한의 경계를 눈에 보이는 상에 빠져 잃어버릴 수 있기 때문이다. 81자를 읽고 무심으로 아랫배의 기해로 숨 쉬기를 반복하며 고요함과 진공으로 들어가는 어느 순간 한의 수평선 경계(一)의 검은 어둠의 바다에서 "밝고 귀한 존재"가 비로소 그 모습을 내게 보여준다.

"하얀색의 작고 밝은 달, 단 하나의 '하얀 알', 경이로운 '극(極)'이 은은한 달빛을 내며 솟아난다." 내 안의 아랫배 검은 어둠을 뚫고 한의 경계 위에 솟아 올라온다. 검은 경계를 뚫고 하나의 밝은 하얀빛의 "알"이 올라온다.

'알'이 내 안의 한의 경계에서 태어난 것이다. 보름달같이 은은한 빛으로 떠올랐다. 알이 태어난 것이다. 그 알 속은 비어있지만 온 우주의 기운을 품고 있게 된다. 사랑스러운 하얀빛의 '극' 속에 나와 우주가 함께 들어있는 것을 알게 된다. 동그란 하얀빛의 알은 내 안의 검은 어둠의 경계 속에서 창조되어 회색의 허공으로 올라와 아랫배 검은기바다 위의 표면에 홀로 머무른다. 그 장엄한 광경이 내 안에서 하나의 하얀 알과 함께 펼쳐진다.

"밝고 귀한 존재이다.", "하나의 알, 한의 알, 우주의 극, 한알이다."

태초의 알, 분자, 원자, 전자, 중성자, 핵 이전의 암흑물질(dark matter), 소립자, 액시온(axion), 빛의 입자 이전의 근원의 비어있지만 차있는 모습 없는 '알'일 수도 있다. 허공의 기운으로 내 안에서 처음 생겨난 것을 보여준다. 하얀 알은 새로운 하나의 시작이며 눈에 보이는 우주공간(O)을 말한다. 한에서 나온 첫 번째 눈에 보이는 하나의 허공이다.

고조선(古朝鮮)은 기원전 2333년~기원전 108년까지 있었던 한국 민족의 오래전 나라 이름이다. – 한국민족문화대백과 –

아침 조(朝)는 해가 뜨기 전의 이른 아침에 달이 떠 있음을 나타낸 한국 고대문자다. 내 안의 위아래의 경계를 뚫고 해와 달이 솟은 것을 나타내기도 한다. 내 안의 한의 경계에 은은한 밝은 달이 떠올랐다. 이제부터는 아랫배 속을 더욱 따듯한 기운, 기의 검은 구름, 기의 바다를 만들면서 내면의식 또한 더욱 성숙하게 만들어야 한다. 의식은 더 아랫배로 향하며 아랫배 속을 식지 않게 따듯하게 만들어야 한다. 지구의 중심이 에너지를 보존해 뜨거운 것과 같이 숨과 운동, 자세 호흡으로 아랫배 속을 따듯하게 온양하자.

생활 속에서도 내적 외적으로 건강한 환경을 만들기 위해 노력한다. 기운이 탁해지면 힘들게 탄생한 소중한 알이 살아나지 못할 수도 있겠다. 정성이 필요한 시기다. 오래전 한민족의 나라 배달국의 글을 고구려의 재상 을파소가 정리해 적어놓은 '참전(參佺: 온전한 사람이 되는 길에 참여)'에 보면 정성 성(誠)에 대해서 나온다.

정성스러운 사람 성자(誠者)는 충심지소발(衷心之所發)이라,

"정성스러운 사람은 마음 깊은 곳에서 우러나는 것, 즉 참본성을 말한다."

이같이 무슨 일이 있어도 마음 깊은 곳에서 우러나는 참본심의 마음과 같이 아랫배 속에 탄생한 알을 지극정성으로 품어야 한다. 본성(本性)은 마음이 태어난 자리인 근원, 즉 우주 만물의 고향이 된다. 아이를 품은 엄마의 지극한 사랑의 마음으로, 하늘의 마음, 바른 마음을 잊지 않으며, 바른 기운으로 또 양심에 맞게 생활해야 한다. 여러 가지 생각이 많아지면 아랫배의 극(極) 알이 흩어진다. 이 시기는 생활 속에서 함부로 화를 내거나 에너지를 탁하게 하면 안 된다.

바른 마음을 가지면 몸이 바로서서 기운이 안에서 살아나 아랫배가 신령스러워져 몸과 마음이 높은 산과 같이 든든해진다. 더욱 고요함이 필요한 때이기도 하다. 고요함 속으로 들어가 보면 알 속에 내가 있고 알 속의 내 안에 알이 또 살아있음을 보게 된다. 아이를 잉태한 임산부는 얼굴에 고귀한 기운이 흐른다. 욕심으로 숨을 고르지 않아야 빈 가운데도 기운이 생겨 내 안의 작은 곳까지 스며들게 된다. 엄마의 그 사랑으로 맑음으로 밝음으로 강해져야 함이다.

알이 그 자리에 머무를지, 아니면 깨어날지, 속이 비어 껍질만 남을지, 깨어나는 데는 시간이 얼마나 걸릴지, 아무도 모르므로 밝고 귀한 존재 우주의 극(極) "알"을 절대로 잃어버리면 안 된다. 인내와 끈기를 가지고 생활 속에서 사랑으로 나누고 살아야 한다. 양심껏 생활을 잘하고, 기해호흡하고 명상한 사람은 이때에 큰 우주 허공의 덕

을 본다. 알이 사라지지 않기 때문이다.

아랫배에 염념불망 의수기해(念念不忘意守氣海: 아랫배 기해에서 의식을 한시라도 잃어버리지 않는다) 해야 한다. 기해 조식호흡을 "숨~~~ 불~~~"로 마음속으로 말하고 명상해서 검은 아랫배 속의 붉은 태양의 도장이 이제는 도장이 아니라 실제로 따듯하고 뜨겁게 느껴져야 되며, 이 힘으로 기바다의 경계 암흑 위에 떠있는 "동그란 하얀빛의 알"을 은은하게 온양해야 한다. 아랫배를 따듯하게 함으로 몸과 마음은 더욱 건강하고 맑고 고요하게 되며 "알"은 생명의 기운을 받아 분명히 살아 숨 쉬게 된다. 사람은 9달을 엄마 태중에 있다가 태어난다. 이렇게 태어난 아기는 다 자란 후에 결혼을 하고 태아를 만들게 되는데, 한국 통계청의 2018년 평균 출산연령은 31.9세였으니 30살이 넘는다. 태어난 후 30년이 지난 다음에 자신을 닮은 아이를 탄생시키는 것이다. 생활 속에서 무슨 일이 있어도 아랫배 속을 정성을 다해 보호한다. 앉아서 명상할 때는 내 왼쪽에서 본성의 눈으로 아랫배 속을 보면서 명상한다.

'숨'을 쉬며 81자를 읽고 내 안의 한의 수평선 경계의 고요 속으로 들어가면서 맑아지면, 생명력이 살아나게 되어 밝고 귀한 존재, 단 하나의 "알"이 더욱 건강해진다. 알을 품었으므로 태교하듯이 생활 속에서는 모든 일에 바른 마음과 바른 기운으로 시작하려고 노력한다. 바른 마음을 품고 있어야 내 안의 알이 바르게 살아날 수 있어서이다. 숨을 일정하게 깊이 고름으로 내 안이 다듬어지고 성장하게 되어 감정적인 부분과 기운, 행실까지 바르게 살아나는 것을 알아야 한다.

"참전(參佺)에서 정심자(正心者)는 허공의 마음같이 바르게 한다"고 했다.

바른 마음은 태어난 나를 바르게 하는 것이며, 감정에 휘둘리면 바른 마음, 즉 양심을 잃을 수 없으며, 마음을 바르게 해야 허공마음

참본성의 양심이 바르게 서게 된다. 바른 마음은 엄숙한 기운이 일어나 신령스러움과 같으며, 높은 산과 같이 위엄이 서게 된다. 바른 마음을 오래 품고 살게 되면, 마음의 밝음은 지식을 습득해 사물과 나를 아는 힘이 생기고, 마음의 영은 깨달음을 관하여 모든 것을 통하고, 소리를 들으면 정신이 통하고, 마침내 큰 깨우침을 얻어 세상만사의 모든 것에 통하게 된다. 바른 마음은 이같이 모든 일의 기본이다.

바른 마음은 깊은 내면으로 들어가 고요하고 청정해지며, 마음이 어지러운 것을 경계하고 번잡한 마음을 맑게 할 수 있게 되는 것을 말한다. 맑은 마음이 바른 마음임을 알 수 있다. 양심을 살리는 바른 마음, 바른 생각, 바른 행동은 바른 기운에 의해 실제로도 기운의 줄로 연결되어 서로 통하게 된다. 극(極)이 살아나는 것은 양심이 살아 생활에서 바른 행동을 통해 일어난다. 알이 깨어나는 데 얼마나 시간이 걸릴지는 오직 알만이 알고 있다.

찰나지간이나 3일 또는 3년이 걸릴지 모른다. 조건이 맞으면 알은 분명히 살아난다. 내면이 맑고 고요해지고 이에 따라 아랫배 속에 기운이 따듯함으로 더욱 충만해야 한다. 그리고 기다린다. 내가 기운이 조금이라도 있어야 길 가다 힘든 사람을 보면, 생각보다 몸이 먼저 알아서 도와주게 된다. 물론 큰마음이나 사랑은 나하고 상관없이 남을 위할 수 있지만, 그 전에 우리 모두는 누구보다 내가 먼저인 이기적인 사람이다. 그래서 숨을 고르며 기운을 터득해 나를 맑은 기운으로 충만하게 하는 법을 알아야 한다. 어차피 나이 들면 누구나 힘이 없어진다. 어디에 있든 힘든 누군가가 있으면 몸이 가만있지 못하게 양심을 살리자. 사람뿐만 아니라 만물을 볼 때도 똑같이 그 마음을 살리자.

숨을 고르며 내 왼쪽에서 본성의 눈으로 나의 아랫배 속 알을 바라보며 생활 속에서 내 마음과 몸을 보고 바르게 하자. 조식(調息)을 통해 숨을 일정하게 유지해서 아랫배에 기운을 공급하고, 지감(止感)을 통해 감정을 바라보고 내면의 평화를 유지하려고 노력해서 아랫배 속에 더 큰 고요함과 편안함을 주고, 금촉(禁觸)을 통해 나와의 부딪침을 바라봄으로 알을 존귀하게 살리자. 숨과 알 명상으로 내 안의 알이 생명의 뜨거운 아랫배 속의 기운과 진공의 평안함으로 생각이 없어지고 온전해지기를 반복하자.

'알'의 기운이 맑고 밝고 충만해져 때가되는 순간 동그란 하얀빛의 "알"이 마침내 "자기 복제"의 새로운 창조를 시작한다. 하나, 둘, 셋 똑같은 모습의 "알"이 수를 더해간다. 하나에서 둘, 셋으로 나타난다. 새로운 하늘과 땅, 사람 3개의 하얀 알로 한순간에 늘어난다. 아래는 검은색 위는 회색 그 중간의 경계 위에 하얀 색의 알 3개가 창조되어 나타난다. 바로 알이 우주의 극(極)인 것을 알게 된다.

"석삼극무진본(析三極無盡本)"을 보여준 것이다.

무와 한에서 나온 "하나의 알"이 우주 허공, 달, 지구, 수많은 태양, 수많은 은하, 수많은 땅, 수많은 생명과 사람으로 나뉘어도 근본은 없어지지 않는 것이다. 바로 무의 한의 자리에서 나온 '알'이 똑같이 자기 스스로 창조를 했기 때문이다. 한의 경계에서 본래의 한은 수없이 많이 나뉘어도 근본은 그대로 있음이다. 눈에 보이거나 안 보이는 모든 것은 하나의 극에서 나왔음을 알아야 한다.

한국의 국기인 태극기에 보면 가운데 무극에서 태초에 기운이 돌아서 무에서 음, 양이 나오는 태극문양이 있다. 원래 고대 한국에서는 음, 양, 두극에 사람을 더해 삼극이라고 가르쳐 왔다. 삼극은 하늘, 땅, 사람으로 하나에서 셋으로 나뉘어 모든 만물이 창조됐지만 한알의 근본은 다함이 없다는 "석삼극 무진본(析三極無盡本)"이다. 힘들거나 안 될 때 힘이 다해서 힘들다라고 한다. 다함이 없다는 많다로도 알 수 있어서 근본은 언제나 그대로 변함이 없다고 할 수 있겠다. 극(極)은 다하다, 극진하다 또는 거리의 끝으로 북극, 남극 등등을 나타낸다. 또 최상의 뜻도 있다. 벼락명상에서는 내 안의 하늘(一)과 땅(一)의 끝을 사람(人)안의 구멍(口)을 통해 연결함을 나타낸다. 하나가

셋으로 나뉜 것이 바로 삼극으로 삼태극 문양이다. 그래서 삼태극 문양이 한국전통가옥의 대문이나 석조건물에도 많이 나와 있다. 문에 그려 넣었으니 다른 시, 공간으로 들어가는 의미도 포함한다. 그래서 예전에 서울 지하철역에 삼태극 문양을 넣은 것일 수도 있겠다. 아랫배 속 내면의 세계에서 하얀 극 3개는 눈에 보이는 공간, 땅, 사람 삼극이다. 검은색과 회색의 허공과 하늘, 땅, 사람이 공존하게 된다.

"천일일 지일이 인일삼(天一一地一二人一三)"

내 안에서 모습 없는 무의 한의 경계에서 나온 삼극은

첫 번째로 눈에 보이는 우주 허공(O)을 만들고,

두 번째로 별과 땅(ㅁ)을 만들었으며,

세 번째로 생명, 사람(△)을 만들었다.

내 마음 속의 하얀빛의 밝고 귀한 존재인 극(極), '알' 하나만 체득해도 어두운 내 안이 밝아지며 의식이 밝게 성장한다. 내 안에서 빛이 탄생했으므로 귀한 빛이 된다. 그 뒤를 따라 하늘과 땅과 사람의 건강하고 바른 조화 속에 무의 자리 한의 도움으로, 찰나지간에 밝고 귀한 생명 빛의 존재인 동그란 하얀빛의 '알'이 마침내 본성의 빛으로 창조를 통해 내 아랫배의 한의 경계 위에 나타나게 된다.

알들은 이같이 진공 본성의 사랑으로 스스로 복제를 하면서, 세 개의 극(極), 알은 다시 복제를 통해 여섯으로 열둘로 스물넷, 마흔여덟, 수백, 수천으로 내 안에 무한대로 늘어난다. 내 안에서 참사랑과 환희가 올라온다.

내 아랫배 속 암흑과 회색의 한없이 넓은 경계 사이를, 동그란 하얀빛의 수많은 '하얀 알', '우주의 극'으로 가득 채운다. 알은 내 안에 죽어 있던 것이 아니라 살아 있었음을 알게 된다. 여자, 남자, 어른, 아이 나이 상관없이 모든 사람이 본성의 극(極), 알을 배는 일이 내 안에서 일어난다. 이 알들은 생명의 전사들이다. "도라지 도라지 백도라지 심심산천의 백도라지 한두 뿌리만 캐어도 대바구니 처얼처얼

처얼 다 넘는다. 에헤요 에헤요 에헤요 에아라 난다. 지화자 좋다 얼씨구 좋구나 내 사랑아."

도라지 타령 한국 민요다. 도라지 한두 뿌리를 캤는데 대바구니가 다 넘는다고 했다. 심심산천 내 안의 깊은 곳에서 '하얀 알' 백도라지는 하나만 캐어도 본성 허공의 사랑으로 내 안에 복제를 통해 철철 넘치게 됨을 보여준다. 이는 '일적(一積)'을 보여준 것이다. 적(積)은 사전에서 보면 쌓다, 많다, 머무르다 등으로 똑같이 생긴 것이 많이 모임을 뜻한다고 나온다. 한의 경계에 숨과 불로 기운이 쌓일 뿐만 아니라, 한의 경계에 '하얀 알' 하나의 무궁조화로 똑같은 자기복제를 통해 무한대로 증가함을 나타내기 위한 글자임을 알 수 있게 된다. 어두운 우주의 암흑물질의 기에너지, 내 안의 암흑물질 검은 기해에서 마음의 눈을 떠서 참본심의 눈으로 바라보고 사랑을 주고 호흡하며 무심으로 무에서 유, 또 어둠에서 밝은 빛의 생명을 창조한 것이다. 참으로 기쁜 일이 아닐 수 없다. 도라지 타령이 저절로 나온다. '에헤요 에헤요 에헤요 에아라 난다. 즐겁고 좋을 때 에헤요한다. 내 안에서 나온다. 내 안에서 난다. 지화자 좋다 얼씨구 좋구나. 내 사랑아.'

내 안에서 얼의 씨가 나왔구나 좋구나. 얼의 씨는 극(極)이며 알을 말한다. 자신이 바라보는 모든 곳에 나의 시선이 가는 곳에 온 우주의 사랑이 달려감을 알아야 한다. 참빛이고 살아 있는 빛 '동그란 하얀빛 알'은 밝은 빛의 하얀 귀한 존재이고 우주 허공의 극(極)이고, 백도라지이며, 아랫배 기의 바다, 생명바닷물의 사랑과 고요함의 극치다. 어둠 속에서 나온 첫 번째 보름달 하얀 '알'이 진공의 우주생명의 사랑 기운을 얻어 '하얀 알'을 무한대로 창조하는 것이다.

내가 '한알'을 만들고 보는 것이 아니라, 고요하고 청정한 맑은 본심의 상태에서 무심으로 숨을 고르며 허공의 진공으로 명상한 나에게 우주의 근원인 모습 없는 하늘이 어둠 속에서 처음 빛으로 사랑으로 내 안에 나타나 선물로 준 것임에 깊이 감사해야 한다. 더욱 모습 없는 하늘, 본성의 한에 감사하고 겸손해져야 한다.

한국벼락명상법

❶ 회오리운동. 앉아서 1분.

❷ '호흡'을 내리고 아랫배를 바라본다. 5분.

❸ 나의 왼쪽에서 앉아있는 나를 본다.

❹ 나의 형상이 보이면 아랫배 속을 무심으로 관한다.

❺ 아랫배 속의 아래는 검은색 위는 회색으로 나누어진 경계를 본다.

❻ 자세호흡과 명상수련한다.
(숨을 상상하고 숨을 내쉬고 들이마신다.)

❼ 더욱 고요하고 청정한 맑은 상태를 유지한다.

❽ 어둠 속의 밝고 귀한존재 하얀 "알"의 출현에 감사하며 호흡으로 아랫배를 온양시킨다.

❾ '알'이 바른 마음과 양심, 우주 본심의 사랑으로 똑같이 복제되고 끝없이 창조된다.

09

밝고 귀한 존재 '한알' 전사

하와이 호놀룰루는 하와이어로 "보호받는 쉼터"란 의미의 평화로운 곳이다. 태평양 바다 한가운데서 500만 년 전에 섬이 형성됐으며, 사람은 2,500년 전부터 살고 있었다고 한다. 호놀룰루 도심을 벗어나 조금만 들어가면 산이며 바다며 한국이나 미국과 전혀 다른 느낌이다. 말 그대로 보호받고 쉬는 곳이다. 열대림 속은 마치 다른 세상으로 들어가는 문과 같았으며, 카메하메하왕과 호놀룰루 오하우섬 주민과의 전투로 유명한 누아누팔리 전망대의 '바람의 언덕'은 그 옛날 하와이 전사들의 숨결이 느껴져 거센 바람과 함께, 또 다른 깊은 힘을 느끼게 해준다. 마후이섬에는 10,023ft 높이의 할레아칼라 산이 있는데 도로가 정상까지 나있어 차를 몰고 올랐는데 오르는 길 초입에 라벤더 농장이 있어서 한동안 그 향에 취해 올라갔다. 산 정상은 구름 위에 있는 또 다른 세상을 느낄 수 있었으며 평화로웠다. 할레아칼라는 "태양의 보금자리"라는 의미라고 했다.

하와이어 중에 '포우니우에나(Poniua'ena)'란 말이 있다. "찬란한 빛에 휩싸여 보이지 않는 회전하는 창조의 원천"이란 의미의 글이다. "미국 애리조나대학과 미국립광학, 적외선 천문학 연구실의 양진이 박사팀이 130억 년 전 탄생한 거대 블랙홀을 발견했는데 하와이의 천문대에서 발견해서 이름을 포우니우에나라고 명명했다." (천체 물

리학 저널회보: The Astrophysical Journal Latter) 이 블랙홀의 가상도를 보면 빛이 회전하는 것을 볼 수 있는데, 하와이의 원주민들이 오래전에 어떻게 이와 같은 의미의 단어를 만들었을까가 더 궁금해진다. 밝고 귀한 존재인 '한알'의 출현과 복제를 진실로 좋아하고 사랑한다면 지금부터 내가 해야 할 숙제가 있다. 몸과 마음과 기운을 바르게 하는 정기(正氣)와, 바른 행동 정행(正行)을 통해 속사람이 성장해야 한다. 살아있는 동안 바르게 성장하기 위한 평생의 행동명상 숙제이다.

'평범'(average)은 가족과 친구들이 왜 더 성취하지 못했느냐고 물을 때 실패자가 대는 핑계다. '평범'은 밑바닥의 꼭대기, 가장 나쁜 것 중의 가장 좋은 것, 꼭대기의 밑바닥, 가장 좋은 것 중 가장 나쁜 것이다. 당신은 그중 어느 쪽인가? '평범'은 뻔하고 그저 그렇고, 있으나 마나 한, 시시하고, 별 볼 일 없다는 뜻이다. '평범'은 게으름뱅이가 인생이라는 무대에 당당히 설 배짱도 없이 그냥 되는 대로 살아가면서 하는 변명이다. '평범'은 아무 목적도 없이 공간만 차지 하는 것, 인생에 무임승차하는 것, 자신에게 투자한 신에게 이자 한 푼 지불하지 않는 것이다. '평범'은 삶으로 시간을 흘려보내는 게 아니라 시간으로 삶을 흘려 보내는 것, 죽을힘을 다해 일하는 게 아니라 그냥 시간을 죽이는 것이다." – 에드먼드 가우데트(Edmund Gaudet) –

실패한 사람은 도전하고 행동한 까닭에 나중에 내 안에 한이 없게 돼 의식이 풀어지게 된다. 우리 대부분은 평범한 사람들이다. 평범함 그 속에 모습 없는 힘이 있고 평범한 사람들이 세상을 만들고 수천, 수만 년간 삶을 이어왔다. 특별하지 않다고 걱정할 필요는 전혀 없다. 대부분의 평범하다고 느끼는 많은 사람들이 이같이 오랜 세월 조용히 사회를 만들고 이루어간다. 하지만 그 평범함 속에 있는 참된 진실은 우리 모두 각각의 개개인은 하나도 평범하지 않다는 데 있다.

이 넓은 우주에서 사람으로 태어난 이상 평범한 생일이 아니라, 고귀한 생신(생일의 높임말)의 삶을 살고 있는 것이다. 태어나 숨 쉬는 사람이라면 누구나 평범하지만 온 누리에 하나뿐인 너무나 큰 특별한 나만의 짧지만 영원한 여정을 가지고 있는, 단 하나의 밝고 귀한 존재 우주의 극(極) "한알"임을 알아야 한다. "자신의 참모습을 찾고 잠재력을 모두 실현하는 것이 인생의 유일한 목표다"는 로버트 루이스 스티븐슨(Robert Louse Stevenson)의 유명한 말이다.

인생의 유일한 목표라고 하니 너무 거창해서 힘들지도 모른다. 그렇지만 자신의 참모습을 찾으려고 바르게 노력하다 보면 내가 가진 잠재력은 저절로 모두 나오고 그 속에서 기쁨도 슬픔도 고통 또한 모두 본성의 자리에서 바라보면 행복한 것임을 알게 된다. 요즘은 자살을 많이 한다. 얼마 전에도 한국의 젊은 연예인이 꽃다운 나이에 자살했다. 그 후 또 따라서 어떤 연예인이 자살을 했다. 아마 지금도 누군가는 그들을 따라서 자살을 하겠다. 얼마나 힘들면 자살을 선택할까 생각도 많이 해보지만 죽은 사람을 탓할 수는 없는 일이다.

죽기 전에 살아있는 사람부터 교육하고 깨우치게 해야 한다. 학교에서 가정에서 분명히 어렸을 때부터 가르쳐야 한다. 태어나는 것은 내 뜻대로 할 수 없었지만 앞으로의 삶은 어느 정도 내가 결정할 수 있다. 사실은 삶 또한 내가 원하는 뜻대로 잘 되지 않는다. 그렇지만 사람으로 태어난 이상 내 안의 참본심, 참존재를 온전하게 살려내야만 한다. 그런 후에야 비로소 내가 온 곳으로 돌아가는 길이 열리기 시작한다. 그래서 우리는 우주의 모습 없는 허공이 내려준 밝고 귀한 존재의 극치인 "알"을 나의 지금의 몸과 마음의 생명이 다할 때까지 살아내야만 한다. 귀하고 귀한 시간을 젊은 시절 자살로 마무리 하기는 참으로 아깝기 때문이다. 또한 나의 평범한 것이 가장 비범하고 특별하기에 무엇보다 아름다운 것은 숨길 수 없는 진실인 것이다. 내가 살아있음으로, 숨 쉼으로, 지금 있음으로 증명된 것이며 내 안에 잠재해있는 나의 참본성을 나타내고 발현하는 것이 진정한 평범함이 되어야 한다.

"누구나 비범함의 씨앗을 품고 있다. 우리가 주저하지 않고 성장을 위해 노력할 경우 그 씨앗이 자라 우리 삶에 열매가 열린다. 어디 그뿐인가. 우리 안에서 변화가 일어나면 주변 사람에게 변화를 권하고 싶고, 또 우리 안에서 성장이 일어나면 다른 사람도 성장할 수 있다는 믿음이 생긴다. 우리가 처한 환경에서 그런 일이 일어나, 모든 사람이 발전하고 성장하면, 무관심이 관심으로 바뀌고, 관심은 변화로 이어진다. 그러면 온 세상이 바뀌기 시작한다." – 존 맥스웰, '사람은 무엇으로 성장하는가(The 15 Invaluable Laws of Grouth)' –

내가 먼저 무슨 일이 있어도 기필코 이번 한 번뿐인 일생의 기회에 본성의 자리에서 나오는 무한의 기운 에너지에 의해 내 속사람이 끝없이 성숙하게 변화해야 하는 것이다. 그 삶의 기회는 절대 두 번도 없고 세 번도 없다. 바로 지금 이 순간 책을 읽고 있는 지금밖에는 없다. 현재는 영원히 다시 오지 않기 때문이다. 삶에서 감동의 순간이 오면 몸에 기운의 전율이 흘러간다. 대부분 몸의 피부에서 느끼는 전율의 기운은 머리 정수리가 다시 열리기 전에 피부에서 느끼는 감각이라 느끼자마자 조금 있다가 사라진다.

자동차에 벼락이 내리쳐 차가 망가진 것 같은데 안에 있는 사람은 멀쩡하게 나와서 걸어가는 동영상을 봤다. 자동차나 비행기는 벼락이 치면 내부로 흐르지 않고 전기 작용을 통해 표면을 지나 흘러가게 된다. 감동은 몸과 마음을 자극해 몸 주변의 온 우주에 가득 찬 기운을 피부로 느끼며 흘러가게 한다. 그 느낌이 전율로 다가온다. 그 느낌을 몸과 마음의 깊은 내면의 영혼으로까지 흘러가게 살리려면 몸과 내면에서 깨어 나와 허공과 통해야 한다. 삶의 매 순간을 통해 나올 수 있다. 내 안의 '알'들이 태어나는 것을 알게 된 일이, 어쩌면 나의 부모, 조부모 그 이전 인류 생명의 시작 이전부터 수십, 수백만 년 만에 나의 참본심의 내면에 처음으로 살아 나타났을 수 있다. 내 안의 '알'이 탄생해 성장하고 성숙해져야 한다. 시금 이 순간 더 성장하길

원하는 모든 사람들은 기쁜 마음으로 혼신의 힘을 다해 명상의 자리에서 일어나 몸을 움직여 행동해야 한다. 그래야 큰 밝음으로 내 안의 깊은 곳에 살아있는 나도 모르는 고요한 밝은 빛의 따듯한 양심, 본심이 살아난다. 그러기 위한 숙제가 "벼락행동명상"이다.

내 몸과 마음이 아프고 인생에서 가장 힘든 때가 지금이라도 핑계가 되지 못한다. 핑계를 대면 안 된다. 손가락 하나, 눈꺼풀을 움직일 힘만 있어도 움직여야 한다. 손가락 하나라도 움직여 얼마든지 나 자신과 누군가에게 이로운 좋은 일을 할 수 있기 때문이다. 한국벼락명상책을 읽는 사람이라면 대가 없이 누군가 만물에 도움이 되는 일을 몸을 지금 바로 움직여 꼭 해야만 한다. 반드시 기꺼이 내가 해야 한다. 살아있으므로 내가 해야 할 일이다. 생각한 일이 있으면 행동해야 하는 그날이 바로 지금 이 순간 오늘이다. 결전의 오늘이다. 그냥 하는 게 아니라 벼락같이 달려들어 몸과 마음을 폭풍과 같이 질주해서, 남에게 피해주지 말고 이왕이면 무엇이든지 주위에 도움을 주기 위해 몸을 움직여 해봐야 한다. 망설이지 말고 누구보다 내가 제일 먼저 행동으로 해야 한다. 불길 속의 아이를 구하러 뛰어드는 엄마처럼 움직여보자.

물에 빠진 딸이나 아들을 구하러 뛰어들 때처럼 머뭇거림이 없어야 한다. 생각하기 전에 내 가슴이 시키는 대로 주위에 헌신하고 봉사할 정도가 돼야 한다. 주위에 도움을 줄만한 곳이 없으면 걱정마라. 가까이 돌아보면 얼마든지 쉬운 일도 있다. 집안일 청소와 도와주기, 신발정리, 집근처 청소, 길거리 휴지 줍기, 직장에서 정리하기 또는 힘든 곳에 방문해서 무엇이라도 해야 한다. 엄마, 아빠, 아들, 딸 서로 다가가서 웃고 대화하기, 어깨를 주무르기, 회사직원 도와주기, 밝은 웃음 짓기 등등 수없이 많다. 내가 있는 곳에서 무슨 일이든지 내 손으로 내 몸을 움직여 대가를 받지 말고 헌신해라. 최소한 1-21일간 해보자. 그래야 내 안의 '알'들의 빛이 더욱 살 수 있다. 그렇게 움직이는 행동명상으로 내 안의 속사람이 성장해, 밝고 귀한 존재의 빛 '한알'이 스스로 살아나게 된다.

내 속에 많은 생각이나 감정으로 머뭇거림이 있다면, 자리에 앉아서 명상과 호흡만으로는 생명의 빛 '한알'들은 전사가 되지 못한다. 내가 여러 가지 다른 생각 속에 있다면 설령 전사가 되어 한알 빛으로 살아나더라도 쉽게 어두워지고 없어지고 만다. 그래서 생각과 마음을 멈추고 그냥 달려들어서 움직임으로 "벼락행동명상"이다. 내 안의 빛의 전사 '알'은 나의 행실과 행동에 달려 있다. 그러니 함부로 몸과 마음을 사용해서는 안 된다. 시간이 얼마가 걸릴지 모른다. 평생 헌신, 사회에 공헌을 해도 한알이 살아나지 않을지 모른다. 예전에 누군가가 물어봤다. 어느 정도 내적인 수준이 높아지려면 시간이 얼마나 걸리는지 물어봤다. 그건 아무도 모르는 일이어서 평생을 해도 생각하는 수준으로 안 될 수도 있고 바로 지금 이 순간에 찰나지간에도 본성의 자리에서 바라볼 수도 있게 된다. 원래 우리 삶이 내가 뜻한 대로 다 이루어지지 않는다. 다만 내가 진실한 마음으로 가까이 있는 옆의 사람에게 감사하며 헌신하고 먼저 다가가 진실하게 행동을 반복하고 또 한다면 수많은 '한알'들이 살아날 기회는 분명히 온다. 그러면 얼마든지 지금 이 순간 빛의 전사로 깨어나 살아나게 되어 아랫배 속 기(氣)바다의 경계에 머무르는 수많은 '한알'들이 맡은 소명인 자기 일을 하게 된다. 한국벼락명상은 나의 왼쪽에서 나를 보며 시작했다. 나를 바라보는 모습 없는 참본심, 모습 없는 허공의 눈과 앉아서 명상하는 지금 현재의 몸과 마음을 가진 내가 있다.

나는 기쁨과 슬픔, 여러 가지 기운, 몸의 느낌을 아는 내 몸과 마음이기도 하지만, 본래의 나는 허공 속의 모습 없는 나와 연결되어 있으며, 나는 나를 바라보는 모습 없는 허공 속의 본래의 나와 같은 것을 알게 되면 지금의 나는 자유로워진다. 허공 속의 근원의 나는 원래부터 그 자리의 고요함에 영원으로 있었기 때문이다. 또 지금도 앞으로도 영원히 그 자리에 있을 것이다. 지금의 나는 허공 속의 근원의 나와 둘이 아님을 알 수 있으며, 이 둘은 맑은 우주 허공에서 서로를 바라보고 느끼며 존재하며 영원으로 산다. 내가 충분히 몸으로 행동하고 숨과 불의 호흡으로 더욱 고요해지면 기운이 무르익어, 기해 생명수와 뜨거운 기의 태양이 아랫배 속 검은 바다 아래에 충만하게 돼 그때 내 안의 '알'이 참된 움직임을 시작한다. 아랫배 참생명수의 샘, 기의 바다에 눈앞의 태양 도장이 내려가 들어갔으므로 이제 그 위에 가득 찬 생명의 빛 '한알'들이 생명을 얻어 살아나게 된다. 가슴에서 우러나는 참다운 행동 "벼락행동명상"을 통해, 본래 참본심의 나를 가리고 있는, 거짓의 나인 집착, 감정, 생각과 탐욕, 분노, 어리석음, 등을 하나둘 사라지게 함으로 내 안의 내가 모습 없는 근원의 나로 더욱 성장하고 성숙하게 된다. 근원의 내가 발현하게 되는 것이다. 눈을 감고 마음속으로 말을 해야 '한알'들이 살아나고 하늘과 통하고 교류할 수 있는데, 그 내면의 말은 '숨, 불'이며 이를 통해 아랫배 속을 따듯하게 만들어야 하며, 한 번 말한 후는 숨을 잊고 말을 멈추고 무심으로 내 안으로 바라보며 숨을 통해 고요 속으로 들어간다.

이 모든 명상을 왼쪽 옆에서 유리알 속을 보듯이 내 안을 지켜보고 있음을 알자. 벼락행동명상한 후는 눈을 감고 명상하면서 알들을 느끼며 무심으로 숨을 고르자. 숨을 고르며 바르게 행동명상하면 아랫배의 경계 아래 기의 바다에 맑은 기운이 축기되고 축적되어 속사람이 변화되어 조금 더 성숙한 인격의 사람이 된다. 이를 참된 복이라고 선조들은 말했다.

"복(福)은 삶에서 누리는 큰 행운과 오붓한 행복, 행운이며 한국 사람은 복을 비는 가운데 태어나 그 마음속에서 자라나 성장해서 살다가 복을 비는 마음으로 죽는다고 해서 한국인의 삶을 그 밑바닥에서 움직이고 있는 가장 끈질기고 보편적인 동기"라고 한국민족문화사전에 나와 있다.

복(福)자의 글자에서 복자를 파자 하면 示, 一, 口, 田이 된다.

복(福)을 벼락명상으로 보면

시(示)는 보인다의 뜻으로 사람의 왼쪽에서 보이게 된다.

복(畐)은 一, 口, 田이 되는데 一은 경계, 여기에서는 머리 위의 경계이며, 본래의 시작도 끝이 없는 본성의 한의 자리이다. 口는 입, 여기에서는 사람의 머리의 구멍을, 田은 아랫배의 몸통, 밭, 기해의 밭을 말한다. 아랫배의 밭이 기운으로 축적되어 뜨겁게 가득 차게 됨으로, 아래의 경계를 뚫고 올라오는 것이며 이를 통해 머리의 경계까지 맑게 가득차서 보이는 게 바로 참된 복이라고 할 수 있다. 참된 행복도 내 안에서 시작한다. 오래전 예로부터 한민족은 백의민족이라 부른다. 하얀 옷을 입은 사람이 많아서 인 것도 있지만 내면의 달이자 알은 분명 "순백색의 하얀 옷을 입은 알로서 새로운 사람이다." 내 몸과 마음이 벼락행동명상과 "숨~~~불~~~"로 숨 쉬며 81자를 읽고 명상으로 충분한 준비가 되어야 한다." 이같이 숨과 불로 아랫배의 뜨거움을 살아있게 하면, 내 안의 알은 가벼우면서도 깨지지 않는 빛의 하얀 돌 "광백석(光白石)"으로 변화되어, 어두운 내 몸, 마음, 관념, 망상, 사념 등을 흡수해 가둘 수 있게 변화해, 내 안과 허공의 경계 사이에서 빛의 전투를 준비하게 된다. 하얀 한알들이 성숙해져서 빛이 나는 내면의 전사 '광백석'이 되어 단단해진다. 아랫배로 숨을 쉬고, 벼락같이 움직이며 행동으로 명상하면, 배 속뿐만 아니라 몸통 속의 여러 부분까지 진공으로 변화한다. 내 안의 머뭇거리는 몸과 마음, 슬픔, 성냄, 탐욕, 등의 감정적인 부분까지 진공으로 사라져야 한다. 또 머릿속까지 복잡한 생각이 벼락행동명상으로 없어져야 하며, 만약 시간이 없어서 명상을 못 한다면, 지금 하는 일에 장인이 될 정도의 프로 근성을 키워 하나의 일에 집중하면서 숨을 고르며 생각이 단순하게 변화해야 한다. 머리와 몸속까지 고요함과 맑음으로 진공으로 변화하는 일이 내 안에서 일어나야 한다. 하얀 한알 속으로 내 안의 모든 사념과 고통, 어둠은 녹아들어가게 된다. “벼락행동 명상으로 몸을 움직이며 명상하고 내 안의 몸과 마음과 기운이 맑고 맑아지는 때가 되면 내 안의 한알들이 성숙해져 마침내 살아난다.” 내가 내적, 외적으로 충분히 성숙해지고, 깊은 기해호흡으로 아랫배 속이 살아 몸과 마음이 편해지고, 정(精)이 충만해지면 그 느낌이 알들에게 진심으로 전해지기 시작해, 알과 내가 하나가 된다. 그러면 알 속에 내가 들어있음을 알게 된다. 수많은 알들은 몸과 마음과 본래 마음의 근본자리로부터 사랑을 받아 스스로 일을 하기 시작한다.

아랫배 검은 기해, 어둠의 한 경계 위에 철철 넘치도록 가득 찬 백도라지 ‘알’들이 아랫배 속의 기운덩어리와 ‘검’에서 생명력을 받아 하얀빛의 전사, 빛의 하얀 돌이 되어 스스로 회전하게 된다. 수많은 한알의 한가운데 맑고 비어있는 고요한 중심에서부터 알들이 천천히 공전하기 시작한다. 마치 은하계가 내 안에 펼쳐지는 것과 같다. 알들이 은은한 빛을 내며 내면의 검은 바다 위에서 공전한다.

태극과 삼택극 같이 회전을 한다. 서서히 공전하다 기운이 더욱 충만해지면, 가운데 ‘하나의 극, 알’이 서서히 검은 기의 바다 위를 박차고 기운을 타고 천천히 그리고 힘차게 솟아 날아오른다. 최고의 상승법이다. 내면이 성장하고 성숙하게 되는 순간이 오면, 언제든지 빛의 전사 ‘극’, ‘알’들은 기의 바다 위에 머뭇거리며 평범하게 머물기를 멈추고 내 안의 우주 허공을 향해 ‘빛의 하얀 돌’이 되어 평범하지만 비범하게 스스로 날아오르기 시작한다. 가장 먼저 위로 날아오르는 단 하나의 ‘알’, ‘밝고 귀한 존재 동그란 하얀빛의 전사’, ‘광백석’, ‘하얀 알’이 있어야 한다. 그 빛의 전사가 새로운 시작이니 바로 모습 없는 ‘나’여야 한다. ‘알’이 기운을 타고 진공의 내 안에서 회전한다. 위로 상승할 때는 언제 시작할지 모르게 상승한다. 그래서 항상 깨어 있어야 한다.

내가 본성자리의 눈으로 왼쪽에서 바라보고 명상하지 않는다면,

알은 영원히 살아서 오르지 못할뿐더러, 설령 깨어나 올라가더라도 왼쪽에서 바라보는 본성의 모습 없는 눈빛이 없다면 알아 볼 수도 없어서 무슨 일이 일어났는지 모르게 된다. 수많은 '알' 중에서 바로 단 하나의 '한알'이 '빛의 하얀 돌'이 되어 스스로 깨어 운행하고 솟아나 살아나면 그때가 준비된 때이다.

아랫배 속 생명수, 검은 기해 속에서 사랑으로 탄생해 아랫배의 경계에 머물며 '알'의 창조와 복제를 통해 내면을 막고 있는 걸림들을 없애고 성숙해지기를 오랫동안 기다린 알들이다. 어둠의 기운 바다 위에 한 아름 가득히 머물던 수많은 빛의 전사 '광백석' 알들은 진정으로 온 우주와 통하기를 원한다. 처음 하나의 '하얀 알'이 회전하면서 날아오르기 시작하자, 그 뒤를 둘, 셋의 '하얀 알'들이 뒤따르기 시작한다. 잠시 후 약속한 듯 서서히 다른 알들도 따라서 올라가기 시작한다. 수십, 수백, 수천의 밝고 귀한 존재 '알'들이 뒤를 이어 날아오르기 시작한다. 그냥 날아오르는 게 아니라 회전, 공전하고 돌면서 회오리를 그리며 내 안의 진공으로 올라가기 시작한다. 기운은 가득차면 돈다. 모습 없는 하늘은 에너지가 쌓이면 회전으로 나타난다.

눈에 보이는 태양계와 은하계도 이와 같다. 그 뒤를 따라 알들이 꼬리에 꼬리를 물고 날아오른다. 수많은 '빛이 나는 동그란 하얀 돌' 전체가 소용돌이를 치면서 오른쪽으로 돌아서 내면의 회오리바람을 일으키며, 내 안의 아랫배 암흑의 바다 위를 돌면서 날아오른다. 어느 한순간 바로 찰나지간에 일어난다. 일단 움직이기 시작한 '광백석'들은 절대 머뭇거리지 않는다. 바로 내 안의 기의 바다에서 알들이 오른쪽으로 회전하면서 회오리로, 용오름, 허리케인이 되어 살아난 것이다. 내 안에서 깊이 잠자던 평범한 내가 깨어나 의도적으로 숨을 고르고 몸으로 벼락과 같이 행동함으로 인해 조금 더 내 안을 고요하게 만들어 날아오를 조건을 만들어준 것이다. 내가 평범하지만 비범한 '알'인 것을 깨우쳐 성숙하게 변화함으로써 '알'이 살아나 내 안의 진공으로 변한 허공을 뚫고 올라가는 것이다. 진정한 내 안의 비상이다. 그 올라가는 모습을 아래에서나 머리 위에서 보면 태극이며 삼태극의 모양이고 여러 은하의 모습과도 같이 천천히 회전하는 것을 볼 수 있다. 동그란 하얀빛의 '광백석'들이 연이어 아랫배 기의 검은 바다를 박차고 날아올라 오른쪽으로 은은한 약한 빛을 내며 돌면서 배와 가슴 몸통을 회전하며 거침없이 나선을 그리며 돌아서 위를 향해 올라간다. 이 모든 과정을 왼쪽의 모습 없는 본성의 눈빛이 사랑으로 응원하며 바라보고 있다. 아랫배 속을 회전하며 배 안에 있던 몸의 기운을 정화하고 막힌 부분을 수많은 한알 광백석들이 부딪치며 흡수하고 통하고 쓸듯이 휘몰아치며 나아간다. 여기저기 둘러보질 않으며 오로지 자기가 가야 할 곳을 알고 있듯이 그곳을 향해 올라간다.

아랫배를 한알 빛으로 휘감아 돌아가면서 내 안의 걸리는 몸의 불편함, 가슴속에서는 오래된 마음의 집착, 감정적인 기운까지 풀어내고 또 흡수하고 올라간다. 한알들 속으로 몸과 마음의 어둠들은 흡수되어 가두고 소멸된다. 바로 "찬란한 빛에 휩싸여 보이지 않는 회전하는 창조의 원천"이기도 하다. 일적십거(一積十鉅)를 보여준 것이다. 한의 경계에 하나가 쌓여 경계를 뚫고 나와 회전하며 자라나 커지는 창조의 원천을 말한다. '한알'들은 빛으로 커다란 회오리를 만들며 가슴속을 통과해 위로 올라가 목을 지나 머릿속으로까지 돌면서 거침없이 들어간다. 아랫배 속에서 몸을, 가슴속에서 감정과 부딪혀서 때리며 풀어내고, 머릿속에서 여러 가지 생각을 빛의 하얀 돌로 때리며 흡수하고 가두며 지나간다. 처음으로 내 안의 목을 통과한 동그란 하얀빛의 전사 '한알'은 깨지지 않는 빛의 가벼운 동그란 하얀 돌 '광백석'이 되어, 전속력으로 알을 날려 머릿속의 잡념들을 흡수하고 통과해 마침내 머리의 딱딱한 정수리 두정 백회 혈자리를 머리 안에서 위로 쿵하고 올려친다. 부풀어있는 바로 그곳을 찾아낸 것이다. 백회는 머리 정수리에 있는 우주 허공과 통하는 천문(天門)이다.

백회 혈자리는 독맥의 혈이며, 백 가지 기운이 모이는 자리이며, 머리부터 발까지 거의 몸 전체를 통해 있다고 보면 된다. 태어난 아기의 머리 정수리를 보면 올록볼록 움직인다. 아이 때는 절대로 다치면 안 되는 자리이다. 머리 정수리에서 한알이 때리는 자리가 실제로 툭, 툭거리며 위아래로 조금 떨림으로 느껴지며 움직인다. 진짜 내 머리를 쿵하고 치는 느낌으로도 다가온다. 하나의 '한알 광백석' 전사에게 단 한 번의 머리 정수리를 때리고 통과할 기회가 주어진다. 모습 없는 참본성의 눈으로 왼쪽 옆에서 바라보고 알았으며 직접 느낀 것이기 때문이다. 회전하며 온몸과 마음을 돌아 올라온 빛의 전사 한알들에게 감사할 뿐이다. 허공의 눈빛의 사랑으로 나의 몸과 마음의 속사람이 성숙하게 익지 않으면 한알은 올라오지 못할 뿐만 아니라, 머리 정수리 부풀림의 부분과 머리를 둘러싼 딱딱한 막은 열리지 않는다. 이 딱딱한 막은 우주와 나의 참경계(_)이며 통로로서, 영원을 향해가는 시작의 길이기 때문이다. 그래서 몸수련공부와 마음수행공부, 한국벼락명상과 기해호흡, 생활에서 실천공부, 벼락행동명상을 항상 같이 해야 한다. 몸공부는 생활 속에서의 모든 일을 통해 할 수 있으니 어떤 일을 하든 관계없겠다. 중요한 것은 내가 지금의 삶 속에서 하고 있는 일을 통해 나와 만물이 이롭게 되고, 행복하고, 내가 성장하고 성숙해지기 위해 일한다는 마음 하나면 된다. 그 마음 하나면 내가 알고 허공의 모습 없는 참주인도 알게 된다. 그 다음은 내의지로 숨 쉬는 호흡과 몸과 마음의 단련이다. 벼락행동명상으로 내 몸으로 행동하며 움직이고 나와 주위의 사람을 이롭게 하며 내 안의 내면이 성숙하게 익어야 한다. 오직 그때가 됐을 때 내 안의 하얀빛의 전사 '한알'은 단단하지만 가벼운 빛의 하얀 돌이 되어 스스로 날아올라 나의 머리를 덮고 있는 막을 향해 주저하지 않고 올라간다. 그 전에는 올라갈 수 없을 뿐더러 설령 올라가더라도 아무런 일이 일어나지 않는다. 괜히 욕심을 내서 숨을 멈추고 힘을 배에 힘을 주게 되면, 뜨거운 열이 머리로 올라가 몸과 내면이 상하게 된다. 머리에 열이 오르면 두통밖에는 오지 않으니 생각조차 하지 말아야 한다. 항상 편안하고 깊은 호흡을 '숨과 불' 아래로 아랫배 속으로 내린다. 고요함과 맑고 밝은 가운데 숨과 명상과 벼락행동명상으로 알이 살아나야 한다. 첫 번째 머리 위에서 부풀어 오른 경계막은 수많은 영감 있는 행동과 생각을 통해 저절로 각성되어 열린 분들이 많이 있다. 또 누군가의 도움으로 각성될 수도 있다. 그래서 몸 주위의 가까운 기가 피부에서의 느낌으로 살아나게 된다. 그렇지만 그 위에 내 머리를 덮고 있는 머리 정수리와 우주 본심자리의 허공과 '경계막'은 오직 내 안에서 때가 됐을 때만 열 수 있기 때문에 내 안의 참본성인 모습 없는 내가 성숙하게 성장했을 때 열려야 한다. 어느 누구도 미리 대신해 열어 줄 수 없음을 알아야 한다. 풀밭으로 또 맑은 물가에 데려갈 수는 있지만 풀을 먹고 물을 마시는 것은 스스로 해야 하는 것이다.

"처음 전속력으로 날아올라와 내 머리 정수리의 우물 두정을 친, 나의 첫 번째 동그란 하얀빛의 한알 '광백석' 전사는, 한번 '쿵' 부딪히고는 힘없이 머리 안으로 아래로 그대로 떨어진다." 나의 지금 모습과 관념, 한계, 나의 틀, 삶의 모든 정보, 자의식, 자존심, 자만, 탐욕, 성냄, 부끄러움, 어리석음, 어두움 등이 나를 온전한 순수하고 맑은 진공의 우주로 가는 길을 가로막고 있음이다. 지금 내가 막고 있다. 그 다음으로 둘, 셋 머리 정수리에 돌진한 혼신을 다한 한알들은 부딪친 후 다 튕겨져 내려와 머릿속 아래로 아랫배까지 떨어진다. 다섯, 여섯,,, 내면의 머리와 한알이 부딪히는 소리가 쿵~~, 쿵~, 쿵~~~ 하고 울리는 커다란 소리를 고요한 가운데 내면의 명상 속에서 들을 수 있게 된다. 그러나 내 머리끝 정수리에 실제로 밖에서 느껴지는 느낌은 툭, 툭, 툭, 가볍게 살짝 두드리는 정도로 아주 미미하게 다가온다. 실제로 내 안에서 한알의 전부를 건 비상의 부딪힘은 몸 밖에서 내 몸에는 약하게 느껴진다. 혹시라도 책을 읽다가 또 생활과 호흡과 한국벼락명상 중에 몸이나 마음에서 아주 작은 마음의 변화나 공허함, 답답함, 비어있음, 충만함, 감동, 또는 몸의 떨림이나 열감, 시원함, 전기, 전류, 자기장, 여러 가지 감정 등의 느낌이 온 적이 있다면, 그 안의 내면은 모든 것을 걸고 목소리를 내고 있음을 알아야 한다. 아주 작은 소리나 느낌에도 기뻐하고 감사할 일이다. 그 미미함 속에도 크게 감동할 수 있도록 살아있어야 하며 언제나 깨어 있어야 한다. 두 번째, 세 번째, 네 번째, 다섯 번째… 한알들은 머리 정수리 백회를 안에서 위로 온몸을 날려 '쿵 쿵 쿵' 때렸지만 머리 정수리의 한의 경계 '참막'을 여는 데 실패하고 아래로 힘없이 모두 다 떨어지고 말았다.

우리는 수많은 도전을 한다. 엄마의 난자 알을 뚫고 들어가기 위해 엄청난 경쟁을 통한 도전으로 내가 태어났다. 학교의 수많은 시험, 운동, 연습, 경쟁, 또 졸업 후의 치열한 경쟁, 사회에서의 도전들 그리고 살기 위해 끝없이 움직인다. 내가 생각하는 것을 이루기 위해 하지만, 어떨 때는 생각을 가지고 일을 하기보다는 본능으로 온몸을 던져 움직여야만 하는 것을 알고 있다. 모두가 한 곳을 향해 한 번씩 모든 것을 걸고 돌진한다. 후회는 없다. 내 모든 걸 걸고 할 때 조그만 나의 한 조각 내 공간이 열려, 내게로 다가와 평안을 준다. 아니 온다기보다는 내가 움직일 때 내 안의 극(極) 알이 움직여 함께한다. 그때 모습 없는 허공의 도움으로 조그마한 나의 하늘이 열리게 되어 그곳에서 큰 자유함을 얻는다.

"운삼사성환오(運三四成環五)"를 보여준 것이다.

한알 사람들이 군사가 되어 팀을 만들고, 마침내 움직이고 날아올라 공전하며 힘을 모아 한뜻으로 나아가, 나와 우주의 허공을 가로막는 경계를 통과하기 위해서의 모든 움직임이다. 내가 혼자 하면 할 수 없기에 또 함께 이루어야 하는 끝없는 과정이기도 하며, 이는 삶에서 도전하고 이루어내는 작거나 커다란 일이 반복되는 삶을 나타낸 것이기도 하다. 이같이 운삼사는 아랫배 속 한의 경계에서 한알이 살아나 한알의 복제를 통해 늘어난 순백색의 하얀색 한알군사들이 모여, 운의 움직임을 통해 하늘의 사랑으로 아랫배의 경계에 복제되고 만들어진 후의 움직임이다. 여기 기의 바다에 자리 잡은 한알군사들의 진정한 성장, 성숙과 이룸을 위해 경계를 박차고 날아 올라가는 과정을 나타낸다. 하늘에서 내려왔지만 내 분별심과 살아온 모습에 의해 몸과 마음을 통해 다시 하늘로 통하는 길을 찾아내는 것이다. 하늘(ㅇ)과 땅(ㅁ)이 사람(ㅿ)을 통해 이어지게 된다. 우리가 삶 속에서 성장하기 위해서 일어나는 여러 가지 일도 포함된다. 많은 사람들은 자신의 일생의 삶에서 운삼사의 시기 동안 멈춰있어도 고정되지 않으며, 우주의 움직임에 의해 큰 틀에서 변화 성장한다. 또 마음이 힘들거나 일이 되지 않을 때 지쳐서 힘이 없을 때일수록 더욱 내 몸과 마음을 움직여야 한다. 그때도 성장하고 성숙하게 변화하고 있음을 알아야 한다. 다만 내가 움직임을 통해서 더욱 변화할 수 있음이다. 내 안의 한알군사는 우리 자신들을 말하며 생활 속에서 나와 만물을 널리 이롭게 하는 홍익인간을 실천함으로 저절로 내 안의 내가 살아나며, 사람들이 서로 돕는 반복의 과정이 필요함을 나타낸다. 함께 사는 생활을 통해 하늘의 이치를 삶에 응용하며 성장하는 재세이화(在世理化)의 전 과정이며, 바로 세상에 있으면서 함께 살아가며 자신의 삶을 다스리게 된다. 이러한 삶의 운행을 통해 부딪히고 깨지고 성장하고 마침내 성숙하게 되는데, 이 과정을 통해 내 안의 속사람이 변화되는 것이다. 내 안의 몸과 마음이 전부인 줄 아는 삼사(三四)의 수많은 삶의 과정을 통해 내 안에서 알이 깨어나면 몸과 마음을 움직이고 날아올라서 마침내 허공과 통하는 본래의 내가 또 있음을 알게 되면서 속사람이 살아난다. 오(五)는 우주의 허공과 통하기 위한 일생의 준비 단계이다. 오(五)는 내 안의 의식이 터지지 않은 상태로 내 몸 안에서의 기운의 변화로 아랫배와 가슴속, 머리끝과 하늘과 땅의 경계를 오르락내리락하는 내 기운 알의 모든 몸의 순환의 과정이다. 또한 생활 속에서 한알군사가 삶의 모든 과정을 통해 순간순간 머리끝을 때리는 과정을 반복하게 된다. 오직 삶 속에서 참된 일을 통해 의식이 맑고 청정해짐으로 내 몸과 마음 안에서 빛의 한알이 탄생해 대자유의 허공으로 나아갈 수 있기 전의 수많은 반복의 길을 보여준다. 사람 안에서의 모든 일, 삶속의 일, 삼사오(三四五)다. 그냥 힘으로 잡념으로 상상으로 몸과 마음의 한경계를 통하려 하면 평생을 해도 열리지 않으며, 욕심을 내면 머리로 식지 않은 내열이 올라가 잡생각이 들고, 헛된 상상을 통해 관념으로만 명상이 된다. 그러니 욕심을 버리는 일정한 고른 호흡을 통해 아랫배 속에 정신을 충만하게 해 생활 속에서 고요함을 만들어 바른 마음과 바른 생각과 바른 움식

임으로 바른 기운(正氣)을 세워야 한다.

우리는 너무 일찍 절망하고 포기하고 단념하기 때문에 근원의 큰 빛과 더 커다란 자유를 포기하고 어둠의 길로 내려간다. 힘들게 내 안에서 탄생한 '한알'의 꿈을 믿고 그 안에 나와 우주의 참본성이 있음을 느끼고, 허공의 눈과 마음으로 응원하며 담대히 나아가야 한다. 내가 태어났을 때 온 우주가 사랑으로 반겨주었듯이 그 힘으로 살아나가고 이루어 내야 한다. 처음으로 올라가 정수리에 부딪히고 아래 몸속으로 떨어진 '한알'이 아랫배 속 '검'의 기운으로 다시 살아난다. 한알은 혼자가 아니라 이미 수없이 많은 자기와 똑같은 한알들을 아랫배 한의 경계 위에 한아름 가득히 창조해 놓았으므로, 한알 뒤를 따르는 수많은 한알 빛의 전사들 모두가 내 안에서 까마득히 날아서 올라오고 있으니 이제 걱정이나 실망, 포기는 없다. 떨어진 한알들이 숨과 불, 호흡으로 뜨겁게 축적된 내 안 아랫배 속 근원의 검은 진기운을 받아 다시 회전하면서 뒤따라서 올라오고 있다. 내 안의 우주 암흑에너지인 검은 기운의 바다, 한의 경계에서 생명력의 진기를 계속해서 공급받는다. 우주생명수인 검은 바다 위의 하얀 한알이 우주의 응원을 받으며, 그 영원한 동그란 하얀빛의 힘으로 쏜살같이 힘차게 다시 올라오며, 함께 위로 밀어 올리고 있다. 아래 있던 하얀빛의 전사 '한알'들이 함께 날아올랐고, 떨어진 한알들은 또다시 올라온다. 절대로 멈출 수가 없는 일생의 단 한 번 "한알 전사들의 전부를 건 빛의 전투"가 된다. 아랫배의 기의 바다로부터 머리 정수리 두정 백회까지 동그란 한알 빛의 전사들로 가득 차 하나의 거대한 회오리와 태풍같이 연결되어, 그 모두의 힘을 하나로 만들어 오른쪽으로 휘감아 돌면서 돌아가고 있다. 모든 한알들이 휘몰아치듯이 오른쪽으로 돌아서 위로 올라오고 있다. 아랫배 속의 불덩이와 검은 기해의 기운을 더욱 받아 한알들은 몸속을 통과해 위로 계속해서 올라간다. 머리 밖에서는 한알들의 목숨을 걸고 부딪히는 소리 궁궁, 퉁퉁, 툭툭대는 소리를 듣고 오래전부터 왼쪽 옆에서 사랑으로 지켜본, 모습 없는 참본성의 눈에서 나오는 큰사랑의 눈빛의 힘을 머리끝으로 보내며 응원한다. 내 안을 휘모리장단에 맞춰 점점 빠르게 올라가는 하얀빛의 돌 '광백석'들은 끝없이 올라오며 머리를 안에서 때리고 또 때린다. 수없이 부딪히고 떨어지고 또 떨어지고 또 올라간다. 절대 포기할 수는 없다. 무의식적으로 전부를 걸고 때리고 올라가고 또 올라간다.

"줄탁동시(啐啄同時)란 계란에서 알이 부화할 때 알 속에서 밖으로 나가기 위해 껍질을 두드리는 소리를 어미닭이 듣고 위에서 부리로 쪼는 일이 동시에 일어나야 한다는 얘기다. 줄(啐)을 벼락명상으로 풀어보면 입구(口)는 입으로 내는 소리이기도 하지만, 머릿속에서 소리 나는 내면 한알의 전부를 건 두드림의 울림이며, 백회구멍이 허공과 내 안으로 내는 떨림이다. 졸(卒)은 아랫배 한의 경계(ㅡ)를 뚫고(ㅣ) 올라온 한알사람들이 마침내 아랫배 한의 경계를 뚫고 올라와 수많은 복제를 통해 늘어나서 성장해, 내 안의 진공을 날아올라 머리의 한의 경계를 뚫고 나와 그 일을 마치고 새로운 시작을 하는 위대한 내 안의 한알을 말한다.

탁(啄)은 어미닭이 쪼는 것뿐만 아니라 내 안에서 먼저 마음이 성장해 양심이 펄펄 살아 스스로 행동이 일어나 반복하고 또 하고, 또 움직일 때 큰 우주의 원리에 의해 모습 있는 하늘의 하늘, 모습 없는 하늘이 사랑의 눈빛으로 나를 도와줄 수 있다는 말이다. 더 일찍이나 또 나중에는 절대로 아무도 나를 도와줄 수 없음을 말한다. 내가 먼저 움직이고 두드리면, 모습 없는 하늘의 눈빛이 분명 나를 도와준다.

시간이 얼마나 흘렀는지 알 수 없을 찰나지간에 마침내 뒤를 따르던 밝고 귀한 빛의 전사 '한알'들의 끝없는 부딪힘과 참본성의 사랑의 눈빛의 힘으로 내 머리 두정을 덮고 있던 단단한 막이 마침내 몸을 날린 단 하나의 하얀 돌 '광백석', '한알'의 부딪힘에 백회가 안에서 머리 위 허공으로 '쿵', '꽝', '쩍' 하고 찢어지고 터지며 폭발로 진

통하며 열렸다. 순간 몸과 마음, 기운이 끊어진다. 우주 허공의 진공과 내 안의 내공이 교류와 진정한 통합을 위한 머리 정수리의 한의 경계막이 열림으로 우주압력의 감이 살아난다.

내 몸과 마음은 의미가 사라지며 허공과 하나 되는 순간, 큰 맑고 텅 빈 청정한 고요가 온전히 내 존재로 들어와 허공과 하나 된다. 내 안으로 허공이 들어와 허공의 눈으로 바라보게 된다. 내 몸과 마음의 내압과 순수한 0 우주진공의 우주압차이에 의해, 내 안의 "빛의 전사 한알"들은 허공으로 순식간에 우주로 빨려들듯이 들려 올라가 검은 우주로 날아간다. 내 주위로, 또는 위로 들려서 올려갔다. 일부는 아주 멀리, 더러는 머리 안에 또 한알 하나는 머리에 난 통로에 또 내 몸 안에 아랫배에 머물러 있다.

내 안에 있던 우주의 진면목인 극(極)이 끝없이 퍼져 나간다. 내 옆 사람으로부터, 지상의 모든 것, 바위, 풀, 나무, 물속 물고기와 하늘을 나는 새, 달, 해, 은하, 온 우주로 나갔다. 가까이 있는 옆 사람 속으로 내 안의 알이 들어가서 하나가 된 것을 말한다. 옆 사람의 눈 속에 내가 있고 그 눈과 마음을 느껴야 한다. 누군가로 인해 성내고 다투고 있다면 그 속으로 들어간 알이 있음을 알고 부딪힘을 멈출 수 있는 길이 보이게 될 것이다.

첫 번째 백회가 들썩이며 "부풀림"에 의해 부풀려진 이후, 두 번째 아랫배 속 한의 경계에서 찬란한 '한알'의 탄생에 이은 내면의 큰 폭발이다. 머리의 우물 두정(頭井) 백회(百會)에 한의 경계에서의 참된 진통(眞通)이며 깨어남이다. "일적십거 무궤화삼(一積十鉅 無櫃化三)"과 "운삼사성환오"에서 "육(六)"까지를 나타낸다.

"하의 경계에 똑같은 기운이 쌓이고 축적되어 사람에게 이로운 행동을 하면서 호흡과 명상하면, 내 안이 진공이 되고, 내면과 외면의 준비가 되어 한알이 날아올라 회전하며 위로 올라가 내면이 크게 성숙해 성장을 향해 가는 것이며, 몸과 마음의 궤가 없어져 허공과 하나

되어 모습이 없는 참 사람이 되는 것이다." 한국민족의 고대어 단(檀)을 사전에서 찾아보면 뜻을 나타내는 나무 목(木)자와 소리를 나타내는 믿을 단(亶)자가 합쳐진 밝달나무를 나타내는 형성자라고 나온다. 자작나무라는 얘기도 있지만 사전에는 밝달나무로 나온다.

밝달나무 단(檀)을 한국벼락명상으로 풀어보면 나무 목(木), 믿을 단(亶): 아침 단(旦), 돌 회(回), 돼지해머리 두(亠)이다.

"아랫배 속 경계위에 한알태양이 솟아올라, 돌고 회전하며 위로 올라, 마침내 머리 위 한의 경계를 뚫고 원래의 자리로 돌아가, 머리에 밝은 한알이 솟아나며, 우주의 모습 없는 하늘이 머리에 난 경계의 구멍을 통해 팔, 다리, 몸과 마음에 내려와 생명이 살아서 움직이는 나무이며, 우주 본성이 내 안에 내려온 맑고 밝은 사람을 말한다." 바로 "찬란한 빛에 휩싸여 보이지 않는 회전하는 창조의 원천을 품은 사람"이 된다.

단(檀)은 한국의 4300여 년 전 국가 조선(朝鮮)의 47분 지도자들의 명칭이다.

"조선(朝鮮)은 기원전 2333년 제1대 단군왕검(檀君王儉)부터 시작해, 제 47대 단군 고열가(檀君 古列加)까지 2096년간의 역사이다."
– 고동영 역사학자 –

"나라는 형체와 같고, 역사는 혼과 같으니 형체가 그 혼을 잃고 어찌 보존될 수 있겠는가 형체와 혼을 함께 키워나가는 자는 "나"이므로 천하만사는 무엇보다 나를 아는 데 있다. 나는 온전히 성품과 목숨과 정기를 조화시켜 한마음으로 안정되면 진아(참나)가 된다. 바로 하늘과 땅과 사람이 하나 되어, 마음과 기운과 몸이 없어지며 영원히 존재하게 된다. 오래전에 신시에 나라를 연 이후로 국통이 있어 세워지고, 흥하였으므로 역사를 배우는 것이 어찌 소중하지 않으리오? 개천(開天)1565(기원전 2333)년 음력 10월 3일에 왕검단제께서 조선을 건국하셨고, 3세 기륵 단제, 경자2년(기원전 2181)에는 지방마다 말이 틀려 참글이 있다 해도 열 집 사는 마을에도 말이 통하지 않고, 글을 서로 이해하기 어려워, 을보륵에게 명하여 정음 38자를 만들어 이를 가림토라했다."

이암의 저서 '단군세기' 서문과 본문에 나오는 내용이다.

역사를 바로 아는 것이 나를 바로 세우는 것이라 했듯이 한국 민족은 오래전부터 각 집안과 나라의 족보를 만들어 나의 존재를 알게 해온 것을 알 수 있겠다. 참된 자신을 아는 일이 이같이 중요하게 생각했음을 선조들의 기록을 통해 알 수 있음이다. 밝달나무 단(檀)을 사용한 고조선 1대 왕검단제을 비롯한 47분의 단황제는 살아있는 생생한 역사임을 알 수 있다. 이는 학자들이 철저한 고증을 거쳐, 역사시대로 자세히 알려져야 한다. 그래야 한국 사람의 내적 외적 힘이 살아난다. 곰과 호랑이 신화도 긍지가 되지만, 바른 역사는 더 큰 내면의 힘에 줄을 만들어 한국인들의 내적 외적인 든든한 혼이 되고, 나라의 형체를 끝까지 지켜 나가는 버팀목이 된다. 해외에서 외국인들과 대화할 때 오천 년 역사라고 하면 어떤 역사가 있었냐고 물어보는 사람이 가끔 있다. 자세히 말을 못 한다. 사실 오천 년 전의 역사는 학교에서 배우지 못했고, 다른 역사책을 보고 알았다.

세계 역사 연표를 찾아보면 우리가 단군신화라고 말한 그때를 지나족 중국은 황하문명이라고 해서 우리 한국 선조 동이족이 세운 하나라, 상(은)나라를 거쳐, 주나라, 춘추전국시대라 부른다. 또 그때는 메소포타미아 문명도 아카드 왕국, 우리가 잘 아는 이름 바빌론, 앗시리아, 신바빌론, 페르시아 제국, 알렉산더 제국으로 이어진다. 한국은 이때를 "덴마크의 크리스티안 위르겐센 톰센이 제창한 선사시대 역사 구분법 중의 하나인 금속제련에 구리를 만들던 시대(위키백과)"를 받아들여 청동기, 철기시대라고 또 신화라고 더 잘 부른다. 이같이 우리 한국민족과 함께한 단(檀)은 오래전 밝달나무로 만든 강한 전쟁무기와 절구, 홍누깨 등등 많은 곳에 유용하게 쓰였던 단단하고 신성한 밝달나무를 나타내는 일반적인 한국 고대문자일 뿐만 아니라, 한국의 선조가 후대에게 물려준 내면의 참본성과 우주 영원까지의 끝없는 성숙을 모두 포함한 창조의 원천을 품고 있다.

"천이삼 지이삼 인이삼(天二三 地二三 人二三)"은

"하늘(O) 우주 허공에서 땅(二)과 사람(三)이 만들어지고, 땅(ㅁ)에서 땅(二)과 사람(三)이 나오며, 사람(△)에게서 땅(二)과 사람(三)이 나오게 된다."

본성의 자리 무의 한에서 우주 허공, 땅과 사람이 나왔지만, 삶을 통해 순간순간 알아차리지 못해 성장하고 성숙하지 않은 사람은, 땅과 사람을 만들어 돌아가게 되며, 다시 땅과 사람으로 태어나는 생을 반복해서 살게 됨을 나타낸다. 하늘로부터 나와서 숨은 쉬고 살지만, 땅의 기운으로 태어난 몸을 가진 사람이 땅에도 속함을 나타낸다. 내 안에 우주의 기운이 쌓여 성장해 지금 가진 몸과 마음을 통해 하늘과 연결하게 해야 한다. 그때 비로소 땅의 기운에서 하늘의 기운이 되살아난 하늘사람으로 변화가 시작되어, 다시 탄생한 새로운 시작 '육생(六生)'의 삶을 살게 된다. 한알의 휘몰아치듯 돌아가는 운동의 휘모리 움직임에 의해 새로운 삶을 위한 내 안의 몸과 마음의 큰 청소와 성장이 일어났음을 알 수 있다. 처음의 두려운 마음은 사라지고 저 멀리와 내 머리에 난 백회의 구멍 속에는 하나의 한알이 지키듯이 머물며, 또 내 머리 주위에 '밝고 귀한 존재' 한알들이 은은하게 빛을 발하고 있음을 느끼며 이를 왼쪽에서 바라본다. 머리 정수리에 우주와의 경계가 열려 통해 있음을 다시 느끼며 빛의 전사 한알들이 백회통로와 머리 주위에서 항상 머물고 있었고 하나의 한알이 머리 정수리 백회에 머무르면서 위아래로 통하는 하나의 관문을 만들어 놓았다. 머리는 맑았고 허공의 바람이 머릿속을 지나가고 있었다.

머리의 백회로 맑고 청량한 우주기가 한알을 통해 조금씩 흘러 들어온다. 처음 부풀림으로 인해 느낄 때보다 조금 강하기도 하지만 더 맑아지고 성장한 느낌이다.

이제 밝사람기(park human ki)는 머리 밖에서 한알을 통해 들어오는 밝우주생명력기(park cosmic ki)로 새로운 기의 변화가 시작된다.

밝사람우주생명기흐름 pckf(park cosmic ki flow)

밝사람기감동 phkm(park human ki moved)

밝사람기부정 phkn(park human ki negative)이라고 정의했다.

"밝우주생명흐름= 밝사람기감동 / 밝사람기부정"

"PCF = Pm/Pn"로 쓸 수 있다.

처음 부풀림 때보다 내면의 전압이 성숙해져 한알을 통해 기운의 흐름이 많이 올라가 우주기도 큰 느낌, 더 큰 힘, 더 넓은 영향력으로 한알로 다가온다. 만약 누군가의 글을 읽고 큰 감동을 받아 사회에 좋은 일을 하고 공헌한다면 그 글을 쓴 저자와 읽고 실천한 독자의 우주생명흐름의 힘은 크게 되어 성숙한 홍익인간 사람이 된다. 또 누군가가 길거리 청소를 하면서 진정 사회의 건강을 위한 마음으로 헌신했다면 청소한 사람의 우주생명의 힘은 크게 되어 홍익인간이다. 아이가 집안일이나 청소를 도와주어 가족이 즐겁고 행복하다면 아이의 우주생명 흐름의 힘은 홍익인간을 실천한 것이 된다. 누군가의 음악을 듣고 감동되어 주변사람과 즐겁다면 이 역시 연주자와 관객의 우주생명흐름의 힘은 크게 되며, 누군가의 그림을 보고 감동받아서 내가 마음이 풀리고 즐거우면, 나의 우주생명흐름의 힘도 커진다. 사람과 자연에 유익한 세계적인 명화, 음악, 글, 책, 발명품, 상품 등의 경우를 다시 보자. 이 자체는 이미 타인과 사회의 많은 사람에게 감동과 공감과 평안을 주어 큰 우주생명흐름의 힘이 있게 된다. 그러므로 어떤 일을 하든, 그 일을 하는 사람의 마음과 태도, 나눔에 따라 그 사람의 우주감동 기운이 압력이 상승해 우주생명력의 흐름 또한 높아져 밝은 한알이 새롭게 태어난 사람이 된다. 사람은 우주 허공과 지구 땅의 기운이 합쳐진 상태로 세상에 나온 것을 잘 나타내고 있는 글자가 생신이다.

한국 오랜 고전에는 사람이 태어나면 별이 뜨고, 죽으면 별이 진다는 내용이 자주 나온다. "대삼합육생(大三合六生)"의 육(六)은 땅에 속한 사람들에게 본성 허공의 신령함을 내려주기 위한 재탄생의 시작이다. 아랫배 경계를 뚫고 올라온 한알은 백의민족 사람(人)이다. 사람들이 합심해서 도우며 자신과 세상모두와 만물에게 이로운 일을 할 때, 합심대도(合心大道)의 큰길이 한알의 회전통로와 같이 하늘로 올라가는 길을 내 안에서 만들 수 있음이다. 그 길은 하늘과 땅과 모습 없는 본성의 도움을 받아 모든 사람이 합심해야만 가능한 것을 한국벼락명상을 통해 보여준 것이다.

"육생(六生)은 새롭게 변화하기 시작한 처음 과정이다."

부풀린 머리 정수리 한가운데 엄지손가락보다 조금 굵은 구멍이 생겼다. 밝고 귀한 존재 "한알"이 그곳에 머무르고 있으며, 한알을 통해 우주생명의 기가 약하게 흘러 들어와 온몸을 유주한다. 몸 안에서의 내 기운은 저절로 움직임이 일어난다. 머리나 백회가 수련이나 명상 중에 열린 분들은 맑은 한알 하나를 백회에 놓아야 한다. 그래서 한알군사가 백회의 한경계를 지키는 일을 하게 해야 한다. 한알이 자리를 지키면서 명상을 하면 더욱 고요해지면서 맑아지기 시작한다. 허리와 생명의 힘이 바로 서는 대맥 명상을 한알의 기운을 받으며 해본다. 머리는 시원하고 아랫배 기해로 숨을 고르면 아랫배가 뜨거워진다.

아랫배로 "숨~~~불~~~" 하고 무심으로 호흡을 하면 뜨거운 기운의 불덩어리가 더욱 충만하게 만들어져 아랫배 속 한가운데 머물고 있게 된다. 때가 되면 기운도 스스로 움직인다. 일부러 움직이지 말아야 한다. 오직 아랫배에 뜨거운 마음을 모은다. 기운은 충만함으로 저절로 움직여진다.

일반대맥 체험명상

"아랫배 속 한가운데 붉은 불덩어리가 용암이 될 때까지 숨, 불, 호흡으로 머무르게 한다. 그 머무르는 과정을 즐기며 아랫배 속을 관한다. 배가 따듯해지면 편안함과 몸의 균형이 맞아 행복감이 밀려온다. 더욱이 대맥으로 불의 물이 돌면 인체는 더욱 안정적이고 명상은 고요함으로 한 발짝 더 나아간다. 이를 느끼고 관한다.

허리가 바로 서게 됨으로 어깨는 가벼워지고 눈은 맑아진다.

대맥 명상을 하는 도중 불덩어리 용암이 사라지면 다시 처음으로 돌아가 태양의 도장을 아랫배 속에 만들어야 한다. 그래서 일부러 기운용암을 움직이지 말고 기다려야 한다. 대맥명상은 우리 몸의 위아래로 흐르는 여러 기운들을 묶어서 아랫배 속의 태양도장의 자리를 잡게 해준다.

아랫배 속이 내 진기의 충만함으로 뜨거운 불덩어리가 용암으로 머무르다 내 안이 고요하고 맑아지고 충만해지면 저절로 운행한다. 이때까지 기다리고 또 기다린다. 내 안의 행복감을 느끼며 더욱 아랫배가 충만해지면 저절로 용암이 길을 찾아 관으로 아래로 흘러 내려 간다. 자세한 법은 부록에 있다."

한알대맥명상

"머리의 한알로 들어온 우주기가 머리에서 온몸을 타고 둥그런 허리의 대맥을 원통으로 내려와 아랫배 속으로 들어간다. 머리의 약한 우주기운은 생활 속에서 청정함으로 기쁨과 감동을 선사한다. 대맥을 통해 머리의 시원한 우주기운이 내려와서 내 기운을 만나 온화한 생명으로 변한다."

탐욕과 화냄, 어리석음과 감정, 몸의 습기, 성질, 성깔 등이 맑은 우주기에 의해 감응되어 몸과 마음과 하나 되어 내 안을 흘러 다닌다. 내 안에서 내가 느끼는 모든 몸과 마음이 우주기에 의해 각성되고 천천히, 조금씩 정화되고 있음을 알 수 있다. 안 좋은 나쁜 습관들은 이때부터 조금씩 사라진다. 우리 스스로 어찌할 수 없었던 개인의 도박, 범죄 등의 근절이라기보다는 그 자체의 의미가 서서히 퇴색된다. 내 몸과 마음의 에너지에 한알로 들어오는 우주의 생명력이 조금 더해 맑은 에너지가 생긴 것이다. 이때는 오래된 몸과 마음의 병이 우주자장의 흐름과 함께 흘러가 점차 치유된다.

이때 백회의 한알로 들어온 우주기는 약하게 들어와 처음에는 몸과 마음의 필요한 곳으로 주로 흘러간다. 아프거나, 오래전 다친 곳, 응어리진 몸과 나도 모르는 깊은 상처, 깊은 마음속으로까지 필요한 곳을 찾아서 먼저 저절로 간다. 처음 흐르는 내 안의 기운은 미세하고 조절이 어렵지만 시간이 지나면 내 의지로 조금씩 움직인다. 이제 내 마음이 원할 때 우주기가 허공에서 한알로 내 머릿속으로 미세하게 내려온다. 그래서 지금의 나는 나의 마음과 생각이 만들어낸 모습으로 나의 우주 마음이 만들어낸 내면세계의 형상화된 모습인 것이다. 그러니 바른 마음, 비른 생각, 바른 행실, 바른 기운이 얼마나 중요한지 다시 한번 알 수 있겠다. 지금부터는 함부로 마음을 자극하면 안 된다.

교만하지 않으며 더욱 겸손하기로 마음먹고 웃으며 말하고 행동해야 한다. 그렇게 함으로 내 안에서 내가 얼마든지 더욱 성장하고 성숙하게 변화할 수 있기 때문이다. 제레미아 할아버지는 미국 뉴저지에서 알던 분이다. 얼마 전 100세 생일을 두 달 지나서 돌아가시기 전까지 거의 10년을 알고 지냈다. 내가 약간의 호흡과 명상법도 가르쳐 드렸지만 원래 밝게 잘 웃고 말씀도 즐겁게 하시는 분이다. 할아버지의 아버지는 헝가리 이민자다. 어린 시절 전 세계에 경제공황이 와서 할아버지는 뉴저지 산속의 농장에서 친척들과 온 가족이 농사지어 먹고 살았다고 했다. 나중에 공황이 지나가자 할아버지의 아버지는 건축업으로 가든 아파트를 지어 생활했다고 한다. 할아버지는 자신이 예전에 살았던 뉴저지 산속의 학교에 매년 기부를 하신다고 했다. 사회에 환원하시는 할아버지는 참으로 밝고 멋진 분이다. 오래전에 할아버지가 집 앞에 앉아 있는데 한국인이 몇 분 지나가서 '하이' 하고 인사를 했더니 한 번 쳐다보고는 굳은 표정으로 고개 돌리고 그냥 지나가더란다. 얼마 후에도 똑같이 인사를 하면 10명 중 다섯 여섯만 웃으며 받아 준다고 했다. 물론 지금은 거의 모두 밝게 인사를 한다고 했다. 어느 날 할아버지를 만났는데 그런 얘기를 하셨다. 만약 당신이 웃으면 온 세상이 너에게 달려오지만 당신이 웃지 않으면 고독해진다는 얘기를 하시면서 할아버지 동네의 조금 무뚝뚝한 한국 이민자들이 더 많이 웃었으면 좋겠다고 말했다. 그 후로 나는 더욱 잘 웃는다. 진실한 사랑의 마음이 담긴 웃음이야말로 내 안의 우주흐름이 가장 좋아한다. 바로 내 웃음의 상대에게 또 내 자신 안으로 우주흐름이 그대로 날아가서 마음속으로 우주 허공이 되어 들어간다. 그러니 진심으로 웃으며 행복해하자.

벼락행동명상

명상보다 먼저 생활 속에서 행동으로 움직인다. (3일 이상)
(할 수 있는 모든 일을 찾아서 몸을 움직여 내 손으로 내 발로 서로 서로 도움을 준다.)

행동한 일을 적어본다.

1. ______________________________
2. ______________________________
3. ______________________________
4. ______________________________
5. ______________________________
6. ______________________________

10

살아있는 검은 구름과 황금번개

어린 시절 명상을 자주 하시던 할머니 모습을 볼 수 있었음에 감사함을 느낀다. 할머니는 늘 머리를 귀하게 여기셨다. 머리로 모습 없는 하늘의 지극한 기운이 크게 내려오고, 하늘의 신령함이 조화를 이루고 영원히 머무는 곳이라고 자주 말씀하시며 명상하셨다. 우리는 유전자를 통해서 선조들의 정보를 물려받을 수 있음을 알고 있다. 그래서 요즘은 DNA 유전자를 분석해 언제쯤 어느 곳에 몸의 문제가 있을지 혹은 암이나 다른 질병에 걸릴 확률이 높은지 알 수 있다. 어느 여배우가 자신의 유전자 지도 분석을 보고 유방암 가능성 때문에 가슴 절제수술을 한 것은 유명한 일화이다. 또 유전자 발현 과학을 통해 나이 들어 노화한 유전자를 젊은 시절의 유전자로 발현시켰음을 증명한 제품들도 오래전 나왔다. 우리는 우리의 유전자가 선조에게서 물려받은 것은 어쩔 수 없이 당연하게 여기지만, 내 유전자의 발현은 심각하게 받아들여지고 있지 않다. 사실은 이 부분이 더 중요하다. 내가 제일 중요한 것은 내가 그동안 해온 일과 지금 생각하고 하는 일을 통해 나의 유전자는 발현되어지고 내 후손에게 에너지로 전해지기 때문이다. 그 얘기는 아이가 태어날 때 물려준 유전물질뿐만 아니라 그 이후에도 나의 분위기와 에너지, 여러 주위의 환경이 에너지 즉 기운으로 아이에게 직접적으로 커다란 영향을 끼쳐 아이의 유전자 발현과 연결되어 영향을 줄 수 있다는 얘기다. 좀 더 나아간다면 우리와 관계없는 누군가 또한 서로서로 영향을 주고받으며 유전자는 발현된다. 좋은 환경, 글이나 가르침과 함께 선조들의 영적인 힘을 통해 후대는 내적 외적 성장을 한다.

과거 한국은 일본이 강제 점령한 후에 개인의 이름을 일본식으로 바꿔 언어를 차단했고, 역사를 말살해 의식과 뿌리 없는 사람들로 만들기 위해 일본제국주의 강점 35년 동안, 한국의 오래된 5000년 이상의 역사를 멋대로 바꾸고 수정했고, 수많은 한국역사서적을 거의 다 불태웠음을 알고 있다. 75년이 지난 지금도 그때의 의식적 역사적 잔재는 수없이 많이 남아있다. 이같이 과거 여러 나라들은 다른 나라를 점령한 후에 언어를 첫째로 말살했으며 둘째로 역사를 말살해서 의식의 흐름을 끊어버렸다. 이러한 일련의 과정들을 통해 선조들의 흐름을 알 수 없게 하기 위함은 자명하다. 그렇지만 사람의 혼과 DNA에는 원래로 돌아가고자 하는 의식이 내장되어 있다. 그 길을 따라 내 안의 모든 의식은 성장을 한다. 그래서 피는 물보다 진하단 얘기를 한다. 나의 DNA는 아버지 어머니 할머니 할아버지… 위로 그대로 연결되어 정보를 전달해 내려왔음을 알 수 있다. 그 속에는 에너지와 기운이 살아있어서 내 DNA는 어디에 있던지 시간과 공간을 넘어 선조의 선조로 줄로 연결되어 빛을 낸다. 이러한 것을 에너지의 줄이라 한다. 이 줄을 따라 연결되어 올라가다 보면 하늘과 땅과 인류의 모든 사람은 하나로 연결되어 깊은 내면 안에 살아있음을 알게 된다.

인류는 최근에 정보적으로 비약적 성장을 하고 있음을 알 수 있다. 호흡과 명상을 하면 나는 평안함을 느낀다. 분명 선조들이 어떤 의식 속에 있었든지 자손들은 그런 의식을 느끼게 됨을 알 수 있게 된다. 우리의 올바른 의식이 살아있어야 한다. 우리가 근본 의식을 알고 깨우치고 변화해 나가는 때가 와야 한다. 어머니와 아버지는 나를 낳아준 분들이다. 그분들의 에너지를 받아 태어났기에 그 줄을 찾아서 올라가보자. 진심을 다해 다시 불러보자.

엄~~마~~~아~~~ 하면 내 안의 내가 살아난다고 했다.

엄마와 아버지의 위는 할머니와 할아버지라고 부른다.

나의 경계를 넘는 엄마, 아빠, 두 분 부모님의 경계를 뛰어 넘어 한 단계 위 나의 생명의 근원은 할머니, 할아버지가 된다.

'ㅇ' 위에 경계 'ㅡ' 위에 '−' 을 넣어 'ㅎ'을 사용한다.

그 'ㅎ'을 통해 내 안에 내려온 '·'이 '한'이 되겠다.

허공의 근원 '·'이 내려온 것을 한국의 선조들은 온 우주의 유일한 분 모습이 없고 어디에나 있지만 감히 사람의 언어로는 표현할 수 없기에 우주(ㅇ)에 영원의 경계 위(ㅡ)에 계신 모습 없는 (·)분을 (ㅎ)이라고 해서 ㅎ, 하, 하늘, 한, 하나, 하느, 한얼, 한울, 한알이라고 불렀다.

하와이의 마후이에 갔을 때 그곳에 "하나하이웨이"가 있어서 하나가 궁금해서 어원을 찾아보았다. 하와이어로 하나(Hana)는 공예, 작업을 의미하며, 폴리네시아의 원주민 마오리족은 하나(hana)를 빛, 빛나고, 사랑이나 빛을 발산하는 것을 의미한다고 나온다. 또 하나(hana, Hanna, Hannah)는 히브리어 여성 이름으로 호의, 은혜이며 이름을 "가드(GOD)님이 어린아이를 사랑해 주셨다"는 의미의 단어로 나온다. 의미가 한국의 하나, 한과 비슷한 부분이 있는 것을 알 수 있다. 하늘과 땅, 사람은 모두가 따로인 듯 보이지만 실상은 경계의 모습 없는 무의 허공을 한 뿌리로 둔 하나의 하늘, 땅, 사람이다. 그래서 눈에 보이는 것과 멀리 보이지 않는 다른 모든 것을 친가족처럼 사랑스러워해야 한다. 눈에 보이는 것을 조화롭게 만드시고, 한 가지 눈에 보이지 않는 모습 없는 하늘의 본성 허공을 볼 수 있게 하고, 느끼고, 알고, 궁극에는 사람이 허공이 되어 즐기며, 행복하게 살기 위한 숙제를 사람에게 남겨 놓았다. 이 숙제가 태어난 우리 모두가 해야 할 일이다. 이 숙제를 못 하면 못 하는 대로 눈에 보이는 허공과 땅과 사람으로 돌아가 한 사람의 모든 일생이 끝난다. 그렇지만 내가 태어난 숙제를 하면 숙제를 주신 모습 없는 그분도 행복해하며 참으로 좋아하시겠다. 모습 없는 하늘은 너무도 신령하여 눈에 보이는 하늘과 땅, 사람 중에 오직 사람 자신 스스로의 진실한 마음의 자유의지와 모습 없는 본성의 도움으로 하늘의 신령함을 내려 받을 수 있다. 그때서야 비로소 이 세상에 태어난 우리가 처음 공기를 숨 쉬며 울며 받았던 우주의 본성을 깨우쳐 모두와 나눌 수 있게 된다. 지금 내 몸과 마음이 아니라 원래 본성의 씨앗인 모습 없는 내가 나임을 깨우치는 순간 새로운 하늘의 삶으로 시작해, 우주 허공으로 향하는 참된 통로가 내 안에 밝게 열리게 된다. 이 길이 모습 없는 하늘과 하나 될 수 있는 여러 가지 많은 길 중에서 찾은 하나의 참된 길이니 진실한 마음을 다해 다음 한인벼락명상법을 통해 작은 행복한 깨달음을 얻길 바랄 뿐이다.

천우신조(天佑神助)란 고대한국 문자를 보면 모습 없는 하늘과 정신이 도움을 준다는 의미다. 여기서 우(佑)는 사람의 왼쪽이나 위나 아래가 아니라 오른쪽에서 모습 없는 신(神)이 도와준다고 나와 있다. 물론 모습 없는 하늘과 신은 내 안과 밖 어디에나 있음을 안다. 내 안의 밝고 귀한 존재인 빛의 한알이 큰 우주의 사랑에 의해 본래의 자리로 돌아갔다. 한알 일부는 여전히 내 안과 머리 정수리와 우주를 연결하는 백회의 경계 안에 또 주위에 동그란 하얀빛으로 머물러있다. 하나의 한알은 머리끝의 경계에 남아서 내 안과 온 우주를 향해서 빛을 은은하게 발하고 있다. 마치 세상에 처음 태어난 아기처럼 순수하고 밝고 환하게 웃으며 내 안과 밖을 동시에 약한 빛으로 밝힌다. 내 왼쪽에 있는 참의 눈으로 오른쪽에 앉아 명상하는 나를 보며 머리에서 은은하게 빛을 내고 있는 밝고 귀한 존재 '한알'을 다시 바라봐야 한다. 바로 내 머리 위의 한알이 나의 내면과 우주의 참 하늘을 밝히는 약한 등불의 등대가 되었다. 한알이 내면의 까만 어둠 속에서 조금이라도 약한 빛을 낼 수 있는 것은 큰 복이기도 하다. 만약 눈을 떠 밤하늘을 보는데 별이 하나도 없다면 어떨까. 아마도 밤하늘은 죽어 있는 것과 다름없겠다.

내면세계의 한알은 스스로 빛을 발한다. 그 한알 속에는 나와 모습 없는 하늘이 녹아들어 있다. 아랫배의 정(精)이 숨과 호흡을 통해 축적되어 충만해져 배가 든든해져 숨의 기운에 의해 불로 변해야 하며, 이를 통해 생활 속에서 몸과 마음을 움직임으로 기(氣)로 변화되어야 몸과 함께 힘이 나며, 이러한 기운이 한알명상과 집중호흡하는 생활명상을 통해 정신을 밝게 해주어 정신(精神)으로 변해 내면이 맑고 밝아지게 된다. 생활 속에서 호흡과 바른 명상을 통해, 정신이 고요함 속에서 맑고 청정해 크게 밝아져 우주 허공과 하나 된다.

이때 내 안의 정기신(精氣神)의 맑은 기운이 온몸과 마음을 돌아 머리로 순환되어 한알과 만나는 일이 생기면, 내면등불의 빛 머리의 한알이 평범하지만 더욱 비범한 나만의 빛이 되어 암흑의 우주와 어두운 내 안, 그리고 내 주변을 밝고 환하게 비추게 된다. 한알로 들어온 기운은 내 안의 정화를 통해 우주기와 내 기가 함께하는 임, 독맥 유통 명상에 도움을 준다. 이 명상으로 내 안을 더 고요하고 맑게 해준다. 아랫배 속의 붉은 태양도장에 더욱 집중하고 '숨', '불' 과 '호~~~흡~~~' 하면서 깊은 내 안으로 들어가 아랫배 속의 불덩어리를 뜨겁게 느끼고 바라보며 명상하자.

몸과 마음의 정화를 위한 일반 임, 독맥 순환 체험명상

아랫배 속이 뜨거워지기를 반복해 응축된 후 붉은 용암이 느껴지면 그 상태를 즐기고 바라보자. 때가 되면 충만한 용암은 저절로 아랫배의 뜨거운 불덩어리에서 흘러나와 내 안의 관을 통해 아래로 내려가 꼬리뼈에서 뜨거운 내 진기운을 머무르게 한다. 꼬리뼈에서 허리로 올라와 머문다. 자세한 법은 부록에 있다.

1차 임, 독맥 순환 명상

아랫배 속 기태양의 용암이 충만해지면 저절로 아래로 흘러내려가 돌아 허리로 뜨거운 용암이 올라와 허리에서 배꼽으로 몸을 관통해 간다.

충분한 순환을 통해 내 안의 기태양이 모이고 더 충만해진다.

마칠 때는 기해혈에서 아랫배 속 붉은 기해로 들어가는 작은 순환이 일어난다. 대맥운기명상과 마찬가지로 아랫배 속 불과 용암에 집중함으로 저절로 순환이 일어나기를 기다리며 체험명상한다.

2차 임, 독맥 순환 명상

아랫배 속에 정이 더욱 충만해지면 기태양에서 진기의 뜨거운 용암덩어리가 머물게 된다. 머무르던 뜨거운 용암이 아래로 내려가 회음을 돌아 꼬리뼈를 통해 천천히 상승한다. 허리의 요추로 들어가 허리에서 척추를 타고 위로 올라가며 뜨거운 용암이 굵은 동아줄같이 이어지며 위로 올라간다. 이와 같은 때 정제된 주먹만한 붉고 푸른 맑은 불꽃이 허리에서 등을 타고 용암 주위에서, 흉추 12개의 척추를 용암과 같이 서서히 날아오르며 몸과 마음을 정화한다. 목 뒤 아래 대추혈에서 불은 멈추고 용암은 열을 식히고, 맑고 편안해져야, 더욱 맑게 정화된 참기운이 목의 경추를 지나 위로 올라간다.

내가 더욱 고요해지면 맑은 기운으로 머리로 올라 백회를 지나며 식혀져 이마로 인당으로 지나면서 인당을 정화해, 맑게 만들어 깊은 명상상태가 되어 참본심으로 안내하는 명상으로 인도한다. 인중으로 혀끝을 지나 목으로 천천히 가슴으로 윗배로 아래로 배꼽의 신궐혈로 기해로 아랫배 검은 기해 속의 붉은 기태양으로 흘러 들어가 뜨거워진다. 똑같이 다시 순환한다. 이같이 순환을 하면 아랫배 속에 불덩어리가 든든하게 서서히 변화한다.

3차 "한알" 임, 독맥 순환 명상

똑같이 임, 독맥 명상을 한다. 아랫배 속에 정이 더욱 충만해지면 진기의 용암이 머물고 있음을 바라본다. 머물던 뜨거운 용암이 저절로 아래로 내려가 회음으로 꼬리뼈를 지나 상승한다. 허리의 요추 5개와 등의 흉추 12개의 독맥을 통해 뜨거운 용암이 위로 올라간다. 주먹만한 붉고 푸른 맑은 불꽃이 등을 타고 용암을 호위하며 둘러싸고, 척추를 용암과 함께 날아오르며 몸과 마음을 정화한다. 목 뒤 아래에서 불과 열은 내리고, 더욱 맑게 정화된 참기운이 목의 경추를 지난다. 내가 더욱 고요해지면 맑은 기운으로 뒷머리를 지나 머리 정수리 백회로 올라간다. 백회의 '한알'을 머리 뒤에서 앞으로 지나가게 되는데, 이때 백회의 '한알'에서 내 안의 기운과 우주에서 들어오는 허공의 청량한 기운이 만나서 함께 어우러지고 섞인다. 맑게 정화된 내 기운과 순수한 우주기운이 만나서 같이 한알 속을 흐르는 순간 머리의 한알은 더욱 밝아지고 청정해지며 밝은 빛을 낸다. 어두운 우주와 머릿속과 몸속과 주변을 환하게 밝히는 나만의 비범한 한알전구가 되어 밝아진다. 우주생명력에 의해, 내 안이 풀어져 내려와 속사람이 다시 변하기 시작한다. 이마를 지나며 이마를 더욱더 맑게 만들어 내면을 고요함으로 한층 더 밝아지게 해 참본성의 자리로 밝힌다. 이마에서 인당으로 코로 인중으로 간다. 혀끝을 통해 목으로 가슴속으로 내려 가슴의 화기가 머리끝 한알을 통해 우주에서 내려오는 우주생명력인 한알의 기운에 의해 얼굴과 가슴과 심장의 화기를 윗배를 지나 배꼽으로 기해혈로 아랫배 속 붉은 기태양으로 내려 보내는데 이때 나도 모르는 내 안에 오래오래전부터 쌓여있었고 또 생활 속에서 만들어진 가슴속의 깊은 울화가 씻겨져 아래로 내려가 아랫배 속의 붉은 불덩이에서 태워진다. 붉은 불덩어리는 우주생명을 만나 더욱 뜨거워져 아랫배에 집중하면 붉은 불덩어리에서 용암이 흘러나와 다시 독맥을 타고 오르는 순환이 일어난다. 숨을 내쉬면 머리에서 아랫배 속으로 임맥이, 숨을 들이마시면 회음에서 허리로 등으로 머리 한알까지 독맥이 살아난다. 벼락행동명상과 한알 임독맥 유통을 통한 수행으로 머리의 한알은 살아나 더욱 밝고 맑게 만들어지기 시작한다. 절대 부정적인 생각이나 사심이 있을 수 없다. 다른 생각은 0%로 해야 하며 오로지 모든 것을 순도 100%의 밝고 귀한 한알과 본성의 눈과 기해, 내 안의 깊고 편안한 숨에게 맡긴다.

순수함의 힘과 온 우주 사랑의 힘으로 저절로 기운이 순환하게 되면, 머리의 밝은 달 단(檀)등대의 빛과 아랫배 속의 불덩어리가 절대로 꺼지지 않는다. 끼리끼리라는 말이 있다. 세상은 비슷한 에너지끼리 모인다. 작게는 내 주변을 보면 비슷한 생각과 의식이 같은 사람끼리 친구나 단체를 이룬다. 이를 통해 성장하기도 하고 성숙해짐은 당연하다.

안젤라 덕워스는 그의 저서 '그릿'에서 "인생이라는 마라톤에서 우리가 어디까지 갈지를 좌우하는 요인이 '그릿'이라는 장기적 목표를 향한 '열정과 끈기'인데, 우리는 재능에 현혹되어 이런 진실을 간과하고 있다. 아이들의 경우 그릿을 키우는데 팀이나 단체 즉 발레연습, 연주회장, 도장, 농구장, 미식축구 경기장 등이 그릿을 기르는 운동장이다"라고 했다. 이렇게 비슷한 에너지와 관심사를 가진 단체를 통해 혼자일 때보다 훨씬 강력한 에너지와 열정, 끈기, 근기를 바탕으로 성장하고 성숙하게 의식을 키워나간다.

넓게는 민족이나 나라의 구성원들도 비슷한 의식을 통해 성장하는 것을 볼 수 있는데 지금의 세계를 봐도 그렇지만 나의 조국 대한민국을 보면 더욱 확실하다. 같은 한민족이지만 이념과 사상에 의해 남과 북으로 나뉘어 싸운 6.25전쟁 3년간 수많은 일반사람과 참전한 16개국 군인들이 죽었으며, 1953년 휴전이 된 후로 지금까지 매일 24시간 주 7일 100만 명 이상의 젊은 군인들이 155마일 휴전선 양쪽으로 나뉘어 서로 총을 겨누고 밤이고 낮이고 경계 근무를 선다. 같은 의식으로 민족이나 국가, 나아가 인류까지도 의식대로 모이는 것을 알 수 있다. 그래서 보이지 않는 영적인 이념전쟁이 먼저 일어나 비슷한 의식끼리 몸이 모이는 것이다.

김서형 교수는 골디락스존 우주설명을 하면서 "숲속에서 길을 잃은 금발의 소녀 골디락스는 숲속을 다니다 어느 집에 도착해 보니, 식탁 위에는 뜨거운 수프, 적당한 온도의 수프, 차가운 수프가 있었고, 침실에는 커다란 침대와 적당한 침대, 아주 작은 침대가 있었다. 여기서 자신에게 알맞은 적당한 온도의 수프와 적당한 크기의 침대를 선택해서 먹고 잠을 잤다. 이를 우주에 적용해보면 137억 년 전 빅뱅 이후 처음으로 수소(H)가 만들어지고 나중에 탄소(C)나 산소(O) 등의 원소들이 만들어졌는데 이들이 우주에서 돌아다니다 골디락스 조건으로 수소와 산소가 만나서 물이 되는 황금비율 2:1로 결합했는데 이를 임계국면이라고 부른다"라고 했다. 이같이 소중한 물이 만들어지는 데도 가장 좋은 만남을 위해 끼리끼리 결합 가능한 형태가 되어 나중에 생명의 시작으로까지 이어질 수 있는 것을 알 수 있다.

자유의지에 의해 우리는 모여서 자신에게 알맞은 나만의 의식과 환경 등을 만들어 생명을 탄생시켜 왔다. 우주는 비어있지만 에너지로 꽉 차있는 무의 한에서 생명의 기와 소립자, 원자가 나오고 골디락스 조건을 만들어 원자와 분자를 만들어 왔다. 이같이 합하는 것을 보면 우주는 변화를 통해 생명을 생성하는 쪽으로 성장해 다시 원래로 돌아가 순환하는 것을 알 수 있겠다. 마음이 통하는 사람은 같은 길을 걸어간다. 같은 길을 바라보는 서로에게 이끌리게 된다.

비슷한 의식이 서로 통한다. 서로 끌리는 사람은 내면이나 외면이 닮은 구석이 있다. 그래서 내가 중요한 것이다. 내가 바르게 성장하고 성숙해지려 노력한다면 그런 사람들이 나의 눈에 들어오게 된다. 또 그들의 눈에 내가 들어온다.

잠전에서 바른 마음 정심(正心)은 "감정에 휘둘리면 얻을 수 없으며 영이 홀로 바르게 서면 밝은 햇살이 구름을 걷어내고, 넓은 바다가 해변의 모래알을 쓸어 가듯이 감정의 주인이 되어 바른 마음으로 남을 대하게 된다." 바른 마음은 내 마음의 밭을 평평하게 갈아야 굴곡 없이 마음을 다른 사람에게 잘 사용하게 된다. 그러면 내 주위에 바른 사람이 모이고 생기는 것은 당연한 결과다.

그리고 내가 내 주변을 사랑하고, 주위 사람의 성장과 성숙을 바라고 진정으로 원해야 한다. 그러면 그런 환경을 내가 찾아가게 되며 또 나와 함께 성장할 알맞은 사람도 찾아야 하지만, 내가 준비가 되면 그런 사람이 나에게 저절로 다가오게 됨을 알 수 있다. 내 밖의 우주는 진공이다. 저항이 없다는 얘기다. 내 안을 고요함의 진공으로 만들면 얼마든지 작은 기운으로도 거기가 언제, 어디라도 빛보다도 빠르게 본래의 우주는 달려가고 오게 된다. 그러니 내가 중심에 모습 없는 하늘의 본성이 있음을 깨우쳐 모습 없는 참우주의 대자유를 알려하고 내 안을 고요함과 평화로 만든다면, 모습 없는 진짜 허공이 내게 다가오는 것은 당연한 우주의 질서이다. 인간의 본래 진면목은 137억 년 전 빅뱅이라고 알려진 것보다 더 오래전의 빛 없는 빛, 모습 없는 참본성으로부터 왔다. 사람의 본심이 모습 없는 하늘과 함께 하고 싶어 하는 것도 당연한 우주의 순리가 아닐까 한다. 이같이 참된 허공과 함께하기 원하는 본심이 있기에 사람은 다른 무슨 일을 해도 끝까지 만족을 못 하는 것인지도 모른다. 원래 내가 있기 그 이전부터 본심이 내 안에 있었음이다. 내 머리의 우주와의 경계 백회에 있는 밝고 귀한 존재인 빛의 하얀 구슬 '한알'이 은은하게 빛을 발한다. 한알을 통한 임,독맥 체험명상으로 우주의 기운에 의해, 내 몸과 마음이 더 고요해지고 맑아지고 밝아지고 있음을 느낀다. 또 이를 왼쪽에서 바라보는 눈이 살아있음을 안다.

모습 없는 하늘의 본성은 모든 인류가 세상에 태어나기 그 이전부터 모든 사람들의 안과 밖에서 오랜 세월 머무르며, 한 인긴 내면의 귀한 본성의 밝은 빛이 깨어 나오기를, 그래서 맑고 밝아져, 돌아오기를 기다리셨음을 알아야 한다. 그래서 한국벼락명상법을 보고 읽고, 법을 전수받은 사람은 이번 생에 반드시 내 안 깊은 곳에서 잠자고 있는 밝고 귀한 본성의 존재, 나만의 '한알'을 살려내기 바란다. 어둠 속에서 불로, 빛으로, 사랑으로 태어나야 그 길이 우주 '울줄'과 하나 되어, 알에서 '한알'로, 울에서 '한울'로, 또 얼에서 '한얼'로 하나가 되는 법을 깨우치게 된다. 숨과 불, 호~~~흡~~~ 명상할 때 내 왼쪽에서 나를 보는 모습 없는 참본성의 눈으로 나를 봐야 한다. 머리를 뚫고 나와 백회에 알이 머무르는 사람은 머리의 한알을 모습 없는 본성의 참된 눈으로 다시 바라본다.

"내 왼쪽에서 머리 정수리 '한알'의 은은한 빛에 휩싸여 명상하는 나를 바라본다."

"임, 독맥 명상하며 내 왼쪽에서 본심의 눈으로 아랫배 속의 뜨거운 불덩어리와 머리의 '한알'로 지나가는 내 기운과 한알로 들어오는 우주의 참기운을 바라본다."

100% 근원에 의지해 맡겨야 한다. 여기에서 절대 다른 생각이나 문득 나타나는 생각에 빠져 엉뚱한 다른 곳으로 마음의 눈을 돌려서는 안 된다. 물론 참본심이 안내를 할 테지만 혹여 노파심에서 말한다.

"분명 내 왼쪽에서 나를 다시 봐야한다."

어두운 밤에 항해하는 배는 나침반을 보고 가며, 예전에는 별을 보고 방향을 잡고, 등대를 보고 운행을 했다. 나침반과 별이나 등대가 없다면 수많은 배들이 방향을 잃고 가고 싶은 목적지를 제대로 가지 못하게 됨을 우리는 알고 있다.

오래전에 봤던 매트릭스 영화를 다시 본 적이 있다. 인간의 의식마저 인공지능에 의해 입력되고 삭제되는 가상현실 세상에서 꿈에서 깨어나 새로운 세상을 만들려하는 모피어스는 인류를 구할 인간으로 네오를 찾아서 함께 매트릭스 의식 속으로 들어가 주인공 네오를 교육하는 장면이 나온다. 네오가 수많은 사람이 오가는 의식세계로 들어갔는데, 여기에서 네오가 지나가는 멋진 빨간 드레스 입은 여자를 1초가 안 되는 정도로 눈동자를 돌려 그 여인을 바라보는 장면이 나온다. 그 후 네오가 다시 정면을 봤을 때 조금 전과 다른 세상으로 순간적으로 변해 있다. 이와 비슷하다. 현실에서도 자동차를 몰다 한눈을 팔면 차는 시선을 향해 길을 벗어나 달려가 사고가 나게 된다. 절대 졸아서도 안 된다. 하물며 방향과 시간, 공간을 초월한 내면 우주의 세계에서 한눈을 팔면 내면이 어디로 향할지 아무도 모른다. 또 제대로 성장하기 힘들게 된다. 그래서 방향이 중요하다. 내면의 세계는 시간과 공간을 초월한 세상이 되며, 마음 가는 대로 의식이 바뀌기 때문에 어디로 갈지 예측할 수 없다. 전혀 다른 세상 속에서 다른 상상이나 공상 속에서 헤매다 평생을 어리석은 과거, 미래의 명상만 할 수도 있다.

숨과 불, 한알 명상으로 내 안을 살리면서, 81자를 읽고, 왼쪽에서 참본성의 눈으로 머리의 밝고 귀한 존재 한알의 빛을 바라보고 있을 때를 자주 만들자. 내 안이 맑아지고 평안해지는 순간이 오면 그 고요함을 찾아 모습 없는 허공이 찾아온다. 한알의 은은한 빛에 의해 그 너머 뒤쪽이 보였음으로 내가 본 게 아니라 한알의 빛에 의해 그 모습이 보여진 것이다. 앉아있는 나도 느껴졌고 바라보는 본성의 눈에 동시에 보여짐을 알았다. 한알의 빛에 의해 그 모습을 보여준 것이다. 실제 앉아있는 나의 오른쪽 7–8걸음 뒤의 허공에 떠 있는 무엇인가의 모습을 보여주었다.

"한알의 은은한 빛에 의해 밝아진 내 몸의 외부를 앉아있는 내 왼쪽에서 자세히 바라보니, 한알 너머로 무언가가 보인다. 검은 구름이다. 그냥 검은 구름이 아니라 살아있는 황금색 빛의 커다란 번개가 검은 구름을 감싸고 내면의 검은 허공에 둥둥 떠 있었다." 황금번개가 검은 구름을 휘감아 돌면서 살아시 움직이고 있다. 분명히 생명이 있는 것처럼 살아서 천천히 움직인다. 검은 구름은 둥둥 떠서, 황금번개는 구름을 감싸고 돌면서 둘 다 살아서 움직이는 모습이 내면의 깊은 어둠 속에서 머리 위 한알의 은은한 빛과 함께 내 몸의 오른쪽 뒤 멀지 않은 곳에서 보여지고 있었다.

앉아있는 나와 바라보는 나도 같이 보게 됐다. 의식 속에서 구름 뒤로는 방의 물건들도 그대로 다 보인다. 다만 다른 차원의 검은 구름과 황금번개가 나타난 것을 알 수 있었다. 자연에서의 구름과 번개를 보면 구름이 온도차에 의해 +, - 전하가 생기면 서로 끌어당기다 충돌하면서 번개가 만들어지는 것을 볼 수 있는데 이같이 의식 속의 허공의 구름에서 조화가 일어나고 있는 것이다. 검은 구름이 언제부터 거기 있었는지는 알 수 없지만, 의식 속의 저편에 같은 한 공간이지만 다른 차원에 있었기 때문에 시간과 공간을 초월해 오래전부터 기다리고 존재했던 것을 알 수 있었다. 마찬가지로 살아서 준비된 모두에게 당연히 보여지는 것이다. 숨을 쉬는 모든 사람의 오른쪽 뒤에서 본래부터 기다리고 있었다.

우리의 어머니, 아버지, 할아버지, 할머니, 우리가 눈으로 본 아는 모든 사람은 한 번의 삶을 산 것을 알 수 있다. 바로 일생이다. 그러니 이 책을 살아있는 모든 이가 읽고 수행해 깨우쳐 하늘의 깊은 사랑을 온몸과 마음으로 받아야 한다. 그리고 그 속으로 들어가 봐야 한다. 우주 허공의 모습 없는 우주부모(宇宙父母)는 모든 사람들이 살아있을 때 돌아오길 기다리고 있음을 알 수 있다. 그 어떤 부모도 자식이 죽어서 돌아오기를 바라지 않는다. 단지 모습 없는 우주본심의 큰 사랑만이 그 길로 안내한다. 검은 구름과 구름을 휘감아 돌아가는 살아있는 황금색의 번개를 바라보고 시간이 조금 흘러갔다. 처음에는 두려웠지만 한알의 은은한 빛과 함께 모습 없는 하늘을 느끼니 두려움은 사라진다. 앉아있는 내가 살아있는 구름과 번개를 알아차리고 의식하는 순간 눈 깜짝할 사이에 앉아있는 내 머리의 바로 오른쪽 옆까지 구름이 둥둥 떠서 날아서 다가왔다.

머리보다 훨씬 커다란 검은 구름과 황금색의 누런 번개가 빛을 내며, 머리 옆에서 살아서 뒤엉켜 돌고 있었음으로 다시 두려웠다. 그렇지만 담대한 마음으로 또 참본성의 눈으로 왼쪽 바로 옆에서 지켜봤다. 한국벼락명상수련을 할 때나 생활할 때 두려움의 대상은 오로지 모습 없는 참본성의 하늘이다. 모습 없는 근원의 하늘을 두려워하는 마음이 있으면 다른 어떤 것도 두려워하지 않게 된다. 두려움을 느끼는 나는 참본성의 내가 아니고 지금의 나다. 그러니 담담한 마음으로 숨을 쉬고 '한알' 명상하자. 내가 한 번 더 마음 깊은 곳으로 한알을 의식하며, 또 아랫배 기해로 숨 쉬고 아랫배 속의 뜨거움을 더 의식했다. 의식을 주고 가슴을 펴고 담담한 마음으로 지켜보니, 두려움이 사라지고 머리의 한알이 밝아지며 평안한 마음이 몰려왔다. 본래의 본심은 두려움이 아니라 밝은 빛으로 두려움과는 관계가 없는 나이다. 한알의 평범한 맑음을 보고 우주 근원 본성의 자리에서부터 구름으로 왔으니 반가워할 일이다.

잠시 후 내 왼쪽에서 참본심의 눈으로 밝고 귀한 한알을 보자. 내가 느끼는 마음속의 두려움이 없음을 안다. 그 후 검은 구름과 누르스름한 황금번개가 더 크게 움직이는 게 보인다. 숨을 고르며 아랫배가 뜨거워지고, 머리의 한알이 밝아지며, 잠시 시간이 흐른 후 마음이 고요하고 편안해지는 순간 "커다란 검은 구름과 살아있는 황금번개가 내 머리 백회의 '한알' 위로 올라왔다. 구름전체가 다 올라와서 머리보다 크게 위를 가득 채웠다. 잠깐 기절할 뻔 했지만 본성의 눈으로 왼쪽에서 다시 보니 한알과 살아있는 검은 구름이 이어져 서로 통하고 있음을 알 수 있었다."

커다란 황금번개구름이 머리 위에 살아 있었으므로, 목이나 몸을 구부릴 수 없었다. 정좌로 허리와 가슴을 펴고 앉은 바른 자세를 했다. 머리끝 백회의 한알과 가슴과 아랫배 복부가 일직선상에서 미동도 하지 않았다. 허리와 가슴을 펴자 저절로 허리띠 하대맥이 돌며 아랫배 속에 뜨거운 기운이 머물고, 가슴의 띠 중대맥이 순환하며 마음 역시 평안하고 가슴속에 온기가 돈다. 머리띠 상대맥이 돌아 머리가 청정하게 살아난다. 머리 주위에 관이 살아난다. 임맥, 독맥은 저절로 순환하면서 머리의 한알을 더욱 밝히며 검은 구름과 황금번개가 함께 보여지고 느껴진다.

내 안의 모든 잡념이 사라지고 새로운 경계 머리끝의 한의 경계에 있는 한알과 황금번개와 검은 구름으로 머릿속과 나는 다시 텅 빈다.

11

“인진(人震)” 속사람에 내리는 참벼락

어릴 때 다락방에 자주 올라갔던 기억이 있다. 오래된 기와집 이었는데 안방 옆을 열면 예쁜 꽃밭이 있는 마당으로 나가기 전의 대청이라는 작은 공간에 문이 왼쪽 옆으로 두 개가 있었다. 정말 조그만 문은 부엌으로 나있고, 조금 큰 문은 다락으로 올라가는 문이어서 자주 이 문들로 왔다 갔다 했었던 기억이 난다. 가을이 지나 겨울에는 더 자주 다락으로 올라갔는데 가을에 만들어 놓은 곶감을 하나씩 먹기 위해서다. 추석이 되면 성묘하러 선친들의 묘에 다녀오는 길에 고향집에 있는 3그루의 감나무에서 감을 2접 정도 따와서 온 식구들이 둘러앉아 칼을 하나씩 들고 감을 깎았다. 1접은 감 100개를 말한다. 어느 해는 어머님께서 칼이 여러 종류 들어있는 세트를 사 오셨는데 작은 칼은 없고 대부분 두 뼘 정도의 긴 칼이었다. 내가 조금 컸는지 나에게도 큰 칼을 주면서 깎아 보라고 했다. 지금 생각해 보면 조금 큰 칼이 무섭기도 했지만, 컸다는 생각에 어찌나 좋았던지 그냥 가족이 함께 둥그렇게 모여 앉아 있는 것이 좋았던 것 같다. 내 팔꿈치 길이의 긴 칼을 하나씩 들고 감 껍질을 깎으니 기분이 묘하기도 했다. 그렇게 깎은 덜 익은 땡감은 햇볕에 한 달 이상 말리면 달고 맛있는 곶감이 된다. 이 곶감을 다락에 올려놓았으니 나는 이걸 먹으러 자주 올라가곤 했다. 그러다가 예전에 아버님과 할아버님께서 사용하셨던 오래된 서적을 펼쳐보곤 했다. 동경대전과 여러 가지 한문책이 있었으나 어려워서 내가 읽지는 못했었다. 그러다가 붓글씨로 쓴 정기(正氣) 글자를 봤는데 그 글자가 나중에 나이를 먹고 명상 중에 눈앞에 자주 나타났다. 바른 기운(正氣)이야말로 몸과 마음을 바르게 해주고 또 서로 연결하고 그 안으로 들어갈 수 있는 다리이자 통로이기 때문이다.

나중에 한국벼락명상으로 기(氣)를 풀어보니 "온 우주에 가득 차 있어서 어디에나 있고, 무의 한경계를 뚫고 내려오고 올라가는 참생명의 기운으로 물이 모여서 물이 되게 하고, 우주의 모든 원소의 결합과 생명력의 근원이고 원천이며, 힘 아닌 힘이고, 빛 아닌 빛으로 비어있으면서 가득 찬 허공의 사랑"임을 알았다. 머리 위에 검은 구름과 황금번개가 살아서 움직이고 있으니 머리를 숙일 수 없었다. 몸가짐을 똑바로 하기 시작했고 잡다한 생각이 없어지니 얼굴이 더 밝고 생각이 분명해졌다. 가슴을 펴니 마음가짐 또한 바르게 된다. 밝고 귀한 존재인 한알의 빛으로 인해 보인 구름이기에 함부로 할 수 없었다. 매사에 신중하게 된다. 시간이 얼마나 흘렀을까. 다시 명상을 했다. "숨~~~~, 불~~~~" 하고 내면으로 깊이 부르니 머리와 가슴에 아랫배에 우주기흐름의 감응이 다시 온다. 내면의 말을 멈추고, 깊고 편안한 숨을 고르며, 호흡하다가 아랫배의 따듯한 느낌으로 숨을 가두어 놓고 충만한 기운을 통해 나를 잊고 내면으로 들어가 밝아진다. 수행을 할 때는 맹목적으로 하기보다는 뭔가를 관찰하거나 말을 하고 기도하고 외울 때도 모습 없는 하늘의 본성을 찾는 마음을 품고 근원에 대한 사랑이 있어야 한다. 진실한 마음으로 본성의 자리에서 내면을 찾아보며 "숨~~~"과 "불~~~" 을 내면으로 간절히 불러 보라는 것이다. 생각이 없어지고, 지금의 내가 없어지며, 나를 알아차리고 그런 다음 말을 멈추고 숨을 쉬다 아랫배의 온기를 느낀다. 그 속으로 들어가 더움도 잃어버리고 더 깊은 내 안으로 들어감으로 밖으로 나와서 왼쪽에서 검은 구름과 황금번개를 다시 본다. 검은 어둠과 맑고 고요한 내 안으로 숨을 통해 날아서 들어가라.

숨을 잊으면 맑은 내 안으로 매 순간 바로 들어간다.

분별 없는 본래의 눈으로 사물을 있는 그대로 투명하게 봐라.

생활에서 먼저 행함으로 헌신하라.

머뭇거리지 말고 마음을 다해 몸으로 행하라.

양심에 걸리는 일은 하지 마라.

본심본태양(마음의 본래 근본의 밝은 태양)을 품어라.

한알 속에 본래의 모습 없는 내가 살아 있음을 안다.

검은 구름과 황금번개는 모습 없는 하늘이 형상화된 표현이다.

몸공부와 마음공부를 숨 쉬기와 함께 일상생활에서 하라.

몸이 건강해야 찰나지간에라도 깨우쳐 어둠에서 나올 수 있게 되니 시간이 없다.

살아있는 검은 구름과 황금번개가 머리 위에 있으면서 몸과 마음을 바로 하니 마음과 몸이 청정해지며 다시 평안이 몰려온다. 숨을 쉬는지 안 쉬는지 몰라야 숨 속으로 의식이 녹아들어 가는데, 깊은 명상을 통해 왼쪽에서 무심으로 또 진심으로 하늘의 본성과 나의 본성이 하나임을 느끼며 검은 구름과 황금번개를 봐야 한다. 그래야 참 본성의 마음이 내 안에 서리게 된다. 그렇게 할 때 내게 다가온다. 미리미리 내 안의 속사람이 성장하고 성숙해져 있어야 하늘의 본성이 지금이라도 와서 두드리거나 미세한 감을 주면 바로 통할 수 있게 준비하고 있어야 한다. 이제 최소한 하루에 20분은 고요한 시간을 만들어 숨 고르고 명상하며 내 안의 본성 한알을 살리자. 깊은 본성의 맑고 밝은 내면으로 20분 이상을 하루도 안 빠지고 이왕이면 같은 시간에 6개월 이상 호흡을 정성을 다해 하게 되면 하루 24시간 저절로 내 안의 내가 살아나 깨어있게 된다.

어린 시절을 대전(大田)에서 보냈는데 원래 넓은 하나의 밭이라 한

밭이라고 불렀으며, 오래전에는 태전(太田)이라고 불렸다. 지금은 대전, 한밭으로 많이 사용한다. 대(大)는 내면의 머리 한의 경계를 뚫고 내려온 우주의 큰 생명의 기운이며, 태(太)는 내면의 머리 한의 경계를 뚫고 내려온 큰 기운 가운데 우주의 근원 한알이 살아있음이다. 한밭의 한은 끝없는, 없는, 큰, 하나, 위대한, 넓은, 꽉 찬, 텅 비어있는 등의 뜻이 있으며, (一)을 하나 일이라고도 읽지만 대부분 한 일이라고 읽는다. "'한' 은 무경계이며, 전체성이며, 자기 조화의 의미를 함축하고 있다." – 무엇이 21세기를 지배하는가 –

머리에 허공과의 밝은 울줄통로가 생겼으며, 그 통로에 한알이 있어서 우주와 교류를 하고 있고, 머리 위에는 검은 구름과 황금번개가 엉켜서 돌아간다. 정신을 맑게 하고 머리의 황금번개를 바라보며 '숨, 불' 명상을 다시 한다. 왼쪽 본성의 눈으로 머리를 바라보니 머리 위에 검은 구름과 황금번개가 서로 엉켜서 분명하게 움직인다. 한알은 폭발로 내면 우주로 흩어졌기 때문에 본래의 모습 없는 나는 어디에나 존재하게 된다. 명상하면서 숨을 깊고 편안하게 고르다 더욱 고요해지고 내 안이 맑아지는 때 "머리 위의 검은 구름과 황금번개는 한알을 통해 벼락같이 녹아들어 머릿속으로 들어왔다." 검은 구름과 황금번개는 머리 위에서 머무를 수밖에 없다. 갓난아기 때 잠시 열려있던 천문이 분별의 마음과 눈이 생기면서 지금의 나를 느끼면서 나이 들어 저절로 닫히기 때문이다. 머리 위에 있으면 우주의 생명 기운은 내 피부 표면으로만 지나가게 된다. 보통 많은 감동의 순간에 피부로 우주의 생명력이 전율로 흘러가게 된다. 큰 감동이나 반대로 너무 힘든 일이 있으면 영혼의 가슴속으로 우주의 깊은 사랑을 흘려 내려보내기도 하지만 쉽게 사라지고 잘 내려오지는 않는다.

숨과 명상을 통해 고요함으로 맑아지면 생각과 감정이 끊어져 내 안이 비어있게 되어 황금번개와 검은 구름이 한알을 통해 내 안으로 들어오게 됨이다. 그 이떤 다른 모습 있는 대상이 한알을 통해 내 안의 내면으로 들어와서는 안 된다. 한알과 검은 구름, 황금번개는 모든 사념과 상으로부터 나와 모습 없는 하늘을 지키고 보호하게 된다. 머리 안에서 구름과 황금번개는 살아서 움직인다. 두려움이 또다시 밀려온다. 그렇지만 두려움은 본래의 내가 아니라 지금의 내가 느끼는 것일 뿐이다. 담담한 마음으로 왼쪽에서 머릿속의 검은 구름과 휘감아 돌아가는 황금번개를 지켜본다. 맑고 화창한 어느 가을날 똑같이 담담한 마음으로 숨을 고르며 벼락명상으로 들어간다. 내 안이 더욱더 편안해짐을 느끼며 머릿속의 살아있는 검은 구름과 황금벼락의 움직임이 더욱 깨어난다.

81자를 숨을 느끼며 읽고, 또 숨을 잊고 고요함과 맑음으로 명상하며 한알을 통해 깊은 내면으로 들어가 머리의 한의 경계를 내 왼쪽에서 본다. "머릿속에 검은 구름과 함께 살아서 움직이던 커다란 황금번개가 크게 움직이더니 찰나지간에 벼락을 아래로 내리친다."

"벼락은 머리끝의 동그란 한알로부터 시작해 머릿속의 검은 구름을 온전히 관통해 목과 몸통 속을 뚫고 내려가 왼쪽 고관절과 왼다리를 지나 왼무릎으로 정강이를 지나 왼발바닥으로 내리쳤다." 새하얀 벼락이 머리 정수리 한알에서 몸속으로 찰나지간에 내려왔다. 머리끝부터 전류와 함께 목과 몸통을 관통해 왼쪽 고관절과 왼다리를 지나 왼발바닥까지 순식간에 온몸과 내면과 머리를 쪼개듯이 새하얀 빛이 내리쳤다. 다리를 구부리고 좌선하고 있었으므로 벼락은 다리에서 구부러져 발바닥을 통했다. 정신을 바짝 차리고 다시 왼쪽에 있는 본성의 눈으로 바라보니 하얀벼락 빛은 손목 굵기의 밝은 줄로 여전히 남아있었다. 하얀빛과 빠른 전류의 살아 있는 벼락이 나를 관통한 것을 알 수 있었다. 울줄벼락이다. 울줄은 우주의 순우리말이다. 우주에서 굵은 벼락줄이 내려오니 의식이 끊어진다. 허공 중에 단지 굽어있는 하얀 울줄벼락만이 살아서 꿈틀거리고 있었다. 내 안에서 벼락을 따라 빛은 구부러지고 휘어진다. 왼다리가 부르르 떨리며 무릎이 펄쩍펄쩍 움직였으므로 상상한 것이 아니라 내 몸에서 일어난 것임을 알 수 있었다. 잠시 후 온몸이 펄쩍이며 왼다리와 함께 움직였다. 허공의 맥 영맥이 뛰는 것을 알 수 있다. 눈을 감고 몸을 바라보고 숨을 깊이 고르니 왼쪽 다리의 펄쩍임이 멈추고, 고요함이 찾아와 조용히 왼쪽 다리를 보고 있으니 내 안의 새로운 다리가 살아 있음이 느껴진다. 숨을 깊게 내쉬고 들이마시니 머릿속에서 몸으로 왼발까지 선명하게 하얀 빛줄기와 우주벼락이 다시 내리친다. 내 안의 검은 허공에 뿌리내리는 하얀 도라지 백도라지이며, 사람 안의 뿌리 인삼 줄기이며, 하늘에서 내리는 하얀 빛의 산삼이다.

"육생칠팔구(六生七八九)"에서 육생 이후는 허공의 사람으로 새롭게 태어난다. 81자에서 41번째 가운데 글자가 육(六)이다. 새로운 시작을 알리는 절반이다. 한알빛이 하늘과 땅이 사람을 통해 맞닿은 곳, 사람의 머리 정수리 한의 경계가 한알의 목숨을 건 전력 질주의 도전으로 오(五)의 경계를 뚫고 열려 마침내 육(六)이 됐으며, 그곳을 통해 처음 하늘빛이 벼락으로 내리 친 것을 칠(七)로 나타낼 수 있겠다. 칠(七)은 머리끝의 한의 경계에서 모습 없는 하늘로부터 혼에 내리친 첫 번째 하얀빛의 벼락 백진(白震)을 말한다.

생활에서도 고요함과 청정함을 준비하며 숨을 고르는 연습을 충분하게 하면 벼락을 감당할 수 있게 몸과 마음이 변화한다. 자칫 벼락이 칠 때 기절할 수도 있기 때문에 아랫배를 든든하고 뜨겁게 충만하게 하고, 내 안을 대맥, 임독맥 명상수련을 통해 잘 가꾸고 든든하게 만들어 놓아야 한다.

벼락이 내리침으로 벼락이 통할 수 있게 변화되어 새롭게 태어날 수 있는 시작이 된 것이다. 내면의 몸에 우주벼락이 내리침으로 몸과 마음, 혼이 깨어나고 어두운 내면이 밝아지며 우주의 감각이 살아난다. 우주 허공과 통하는 교류의 길이 트였으며 이로 인해 우주의 사랑이 들어왔음에 감사해야 한다. '숨' 하고 마음속으로 부르자 깊은 한 줄기 빛 벼락명상으로 바로 들어간다. 다른 마음과 생각이 일어날 시간 없이 바로 머리에서 왼발로 하얀벼락이 내리며 영맥이 살아난다. 맑고, 밝음, 본성의 깊으므로 향하는 선조들의 살아 숨 쉬고 있는 한글 숨~~~임을 다시 한번 알게 된다. 숨을 통해 공기뿐만 아니라 허공에서 하얀벼락이 머리에서 내 안의 속사람에 내려온다. 생활 속에서 호흡하고 원하면 언제나 벼락이 왼쪽으로 살아난다. 벼락 전류가 흘러가는 그 순간 다른 생각과 부딪힘이 모두 끊어져 지감이 되어 다른 감각이 끊어지고, 내 안과 밖의 부딪힘에서 자유하며 벼락과 하나가 된다. 힘든 생각과 여러 가지 삶의 고통이 밀려오면, 하나하고 '숨'을 들이쉬고 '부~~~ㄹ' 하며 깊이 내쉰다. 단지 '하나' 하고 숨을 고를 뿐이다. 왼발바닥이 허공과 통해서 감이 살아나고 숨을 고르면 숨결이 왼발바닥에서 들어온다. 머릿속의 검은 구름에 황금번개는 여전히 살아있다. 앉아있는 나의 왼쪽에서 무심으로 나를 보면 내 머릿속에 구름과 함께 살아서 움직인다. 회오리운동을 하고, 정좌 하고 앉아서 '숨~, 불~' 명상을 호흡과 함께한다. 항상 왼쪽에서 바라보고, 왼쪽으로 내리친 울줄벼락유통으로 나와 우주를 느끼며 고요함과 청정함을 사랑하고 그 충만함과 평안 속에서 81자를 읽고 명상하던 어느 날 두 번째 벼락이 쳤다. 황금번개가 구름 속에서 크게 살아난다. "벼락은 황금번개의 검은 구름에서 일어났지만 벼락은 허공에서 내려와 머리의 한알을 통해 순식간에 머릿속과 목과 몸통을 지나 오른쪽 다리를 지나 오른발로 내리쳤다." 두 번째 오른쪽 발로 내리친 새하얀벼락 '인진'이다.

몸을 통과한 벼락이 선명하게 하얀색을 그리며 아랫배에서 오른쪽으로 나뉘어 오른발로 내려가고 있었다. 마음속으로 숨 하고 마음으로 운율을 넣어 깊이 숨을 들이쉬고 내쉬자 마찬가지로 번개가 친 모양으로 몸과 마음이 울줄기 하얀빛으로 살아난다. 하나~ 하고 숨을 고르면 머리 정수리에서 왼발로, 둘~ 하고 숨을 고르면 머리 정수리 한알에서 오른발로, 왼발로 벼락이 내리치며 하얀빛이 흘러간다. 양발바닥이 허공과 통해 살아서 숨을 쉰다. 머리에서 양발로 벼락이 내리친다. 역시 칠(七)을 나타낸다. 두 번째 참벼락 인진(人震)을 말한다.

머리에서 양다리로 두 개의 벼락이 내려옴으로 땅과 하늘을 온전히 내 안으로 연결해 땅속부터 머리 위 하늘까지 몸과 마음이 하늘의 감이 살아있는 사람으로 변화할 수 있는 기둥을 세운 것이다. 사람은 땅을 두발로 밟으면서 땅의 기운을 느끼며 땅의 음식을 먹고, 머리로 우주의 기운을 받으며 성장하는 움직이는 하늘나무 천인목(天人木)이 된다. 본래의 모습 없는 내가 아니라, 지금의 모습 있는 나, 사람 안에서 모든 바름과 거짓이 또 분별이 지금의 나로 인해 만들어짐을 알 수 있게 된다. 이를 통해 몸과 마음이 깊은 곳에서부터 성숙하게 변화하기 시작한다. 또 여섯 육(六), 사람 인(人), 큰 대(大), 클 태(太), 불 화(火), 나무 목(木) 등을 나타내기도 하겠다.

참전의 해강(解剛)은 "땅 성질에 센 기운이 있으면 사람의 성질 또한 강하고 사나워져 사람 사는 곳에 사건과 사고가 많이 난다. 그래서 그 땅에 흐르는 물을 만들어 마시게 하고 버드나무를 심으면 사람의 기운이 온화해진다"고 했다. 그래서 땅이 살아나게 되면 땅의 기운을 받아 태어난 사람의 몸과 마음이 조화롭게 살아나 성품도 편안해져 하는 일이 조화롭고, 사회가 나눔으로 풍성해지며, 이를 통해 숨을 쉼으로 하늘의 성품과 마음으로 성숙하게 된다. 그러니 자연을 사랑하지 않을 수 없음을 알게 된다. 사건이 많이 일어나는 도시의 가운데에는 맑은 시냇물을 만들어 흐르게 하자. 크지 않아도 된다. 사건이 절반 이상 감소할 것이다. 땅의 몸을 받아 태어난 우리 몸에도 하늘의 물이 흘러야 됨을 나타낸다. 사람 안으로 하늘 물이 잘 흐르고 있어야 내면이 편안하게 풀어진다. 그러면 점차 생활 속에서 어쩔 수 없이 만들어지는 고통, 분노, 분별도 내 안에서 흘리가 그때마다 서서히 조금씩 소멸하게 된다.

경(經)은 한국 전통의학에서 경락이라 하여 우리 몸을 흐르는 기운의 길이다. 경락은 원래 우주번개가 벼락으로 속사람을 지나는 굵은 빛의 줄과 물이 된다. "경(經)은 영원히 변치 않는 규칙이며, 법이며, 각 종교의 서적을 말하며, 산스크리트어로 선, 실, 날실을 뜻하며, 참 마음을 회복할 수 있는 길이다. 또 진리의 지름길이며, 위대한 지혜를 기호화하여 피안에 도달해서 해탈을 이루게 한다. 이 위대한 지혜를 통해 정화가 되고, 모든 진리의 원체가 되며, 모든 성품의 정수가 된다." – 오광익 –

이같이 세상 모든 경의 소망은 경을 잘 읽고 참마음을 회복하고 진리를 알게 되고, 경의 공부를 통해 내 안이 정화되어 속사람이 성장과 성숙을 이루어 나와 남이 서로서로 평화로워져, 개인이 행복하고 이웃과 함께 어우러지며 영원한 세상의 평화를 이루어야 한다. 그렇지만 우리는 지난 수천 년간 수많은 경을 많이 읽었지만 참된 내 안의 속사람은 크게 변화하지 않았음을 지나간 역사를 통해 알 수 있다. 나와 이웃, 우리는 깊은 잠에서 깨어나와야 한다. 눈꺼풀이 한 번 벗어져야 한다. 마음의 눈을 떠서 내가 알고 있는 본래의 경이 있다면 이를 다시 원래의 감으로 회복해서 몸으로 마음으로 영으로 혼으로 속사람으로 체험함으로 진정한 변화가 내 안에서 일어나야 한다. 그래야 세상에 나와 있는 모든 성현이 말씀하신 경의 의미가 진정 다시 살아나게 된다. 내가 맞고 너는 틀렸어라며, 서로 분별하고, 타인의 영혼과 몸을 짓밟는 게 아니라 모두가 함께 살려내야만 하는 길이 성현들의 말씀 안에 있음이 비로소 보이기 시작한다.

경(經)은 사전적으로 지난다. 원칙. 날실의 의미가 있다.

경(經)은 벼락명상으로 풀어보면 실 사(糸), 물줄기 경(巠) 으로서, 한(一)의 경계에서 흘러내려(川)와 하늘(O,一)과 땅(ㅁ,一)을 연결(工)하는데, 사람(ㅿ)의 몸과 마음 통해, 내 영혼을 흘러 지나는 물줄기를 말하는 것을 알 수 있게 된다. 얼마 전 세계적으로 많이 본 오징어게임의 오징어 마크는 ㅇ ㅿ ㅁ 인데 한글의 원형으로 하늘과 땅을 사람을 통해 연결함을 나타낸다. 내 안에서 하늘과 통하려는 것을 지금의 내가 막고 있음을 나타낸다. 지금의 몸과 마음이 벼락에 의해 다 터지고 나면, 모습 없는 한의 본성 자리에서 나를 통해 내려오는 신령스러운 실과 물줄기가 시냇물같이 졸졸, 강물같이 유유히, 폭포수같이 콸콸, 바다같이 끝없이 흘러내리는 참된 빛과 물줄기의 원리를 내 안에서 깨우치게 된다. 근원의 원리를 아는 게 아니라 내 안으로 직접 느끼고 체험하고 깨우치게 되어 어두운 눈꺼풀이 벗어지게 되어 변화된다. 모습 없는 하늘의 경계인 한(一)에서 처음으로 하늘 천(天)이 나왔는데 글자를 벼락명상해 보면 머리 위의 경계(一) 하늘과 아래에 아랫배 속의 다른 경계(一) 땅을 뚫고 사람 인(人) 두 줄이 내려온 것을 볼 수 있다. 바로 허공의 근원에서 하늘과 땅, 머리와 내면의 경계가 한 번에 연결되어 벼락과 같이 만들어진 것을 나타낸다. 사람 안에 하늘과 땅이 또 모든 우주의 기운이, 생명의 사랑이, 벼락을 통해 내려온 것을 나타내는 글자가 바로 천(天)인 것이다. 그래서 천은 "하늘과 땅과 사람이 하나라는 것을 나타낸다." 자연에서 보면 벼락이 물이나 나무에 내리침으로 인해 새로운 에너지가 생긴다. 물도 분해될 것이며, 나무도 불이 붙어 타거나, 큰 에너지를 갖게 된다.

아주 오래전 지구에 생명이 없었을 때가 있었겠다. 그런 지구에 수많은 벼락이 구름에서 땅과 물에 내리침으로 인해 화학반응과 생명반응까지 일어났을 수 있을 것이다. 하늘과 땅 사이에 생명체와 사람이 있기 이전에 벼락이 살아서 통하고 있었다. 본성의 내면에서 말을 한다.

"벼락을 통해 하늘과 땅이 연결되어 참된 생명의 조화가 일어난다."

오레전 선조들의 글 '삼일신고'에 보면 "천(天)"을 다음과 같이 실명했다.

“창창비천 현현비천 천무형질 무단예 무상하사방 허허공공 무부재무불용(蒼蒼非天 玄玄非天 天無形質 無端倪 無上下四方 虛虛空空 無不在無不用)”

“하늘 천(天)은 푸르고 푸른 것이 아니며, 검고 검은 것도 아니며, 하늘은 형태와 바탕이 없고, 끝도 없으며, 위, 아래, 방도 없고, 텅텅 비어있지만, 어디에나 있지 않은 곳이 없고, 사용되지 않은 곳도 없다.” 라고 나온다. 이와 같이 하늘은 어디에나 있고, 또 빈 가운데 가득 차 있고 없으며, 내 안과 밖 어디에나 존재할 수도 있고, 없을 수도 있게 된다. 머리에서 발까지 좌 · 우의 벼락유통이 되면 하늘과 땅이 내 안에서 통하고 내면이 선명해진다. 몸과 마음의 조화, 음 · 양의 균형, 좌 · 우의 균형까지 살아난다. 머리에서 발로 하늘과 땅이 하나로 통해 이어진다. 길을 걸어가면 어디에나 머리에서 발로 벼락이 내려 땅으로 향한다. 하늘과 땅의 기운이 살아 교류함으로 조화롭게 된다.

걸어 다니는 곳곳의 기운이 하늘과 땅이 열리고 통하게 되어 하늘과 땅과 사람의 기운도 연결되어 참된 조화가 일어나게 된다. 가는 곳마다 음양 화평인의 길로 안내하게 된다. 몸과 마음은 따로가 아니라 허공의 생명에 의해 감정과 서로 연결되어 있음을 알 수 있다. 그래서 몸과 마음은 서로 의지해 성장하게 된다.

손끝에 조그만 가시 하나만 박혀도 마음이 온통 그곳으로 간다. 또 마음에 안 드는 누군가가 있으면 그에 따라 몸이 반응하는 것은 몸과 마음이 둘이 아니라 똑같이 하나로 지금의 나라는 것을 보여준다. 그렇지만 한의 경계를 깨우치면 그 경계 속에서 내 몸과 마음이 나왔음을 알게 되어 지금의 몸과 마음을 무심으로 바라보는 모습 없는 눈도 본래의 나라는 것을 알게 된다. 모 한의사가 쓴 글을 읽었는데 아주머님 한 분이 관절염으로 1년에 몇 번은 꼭 오셔서 치료받으시는 분이 계셨는데 한번은 시간이 여유가 있어 이섯저섯 대화를 했나고 한다. 아주머니가 병원에 오시기 전에 무슨 일이 있었는지 꼼꼼하게 물어보았다. 놀라운 것은 공통점이 있었는데 결혼해서 살고 있는 아들 집에만 갔다 오면 관절염이 생긴다는 것이다. 아들 집에 가서 딱히 힘든 일을 한 것도 아니고, 집이 높은데 있는 것도 아닌데 한 가지, 어머니는 아들이 하는 게 못마땅했다. 그런 내면의 감정이 몸으로 반응해 나타난 것이다. 마음 때문에 몸이 상한 것은 누구나 경험해 이루 다 말할 수 없을 만큼 많다. 그러니 마음을 다스리는 게 얼마나 중요한 일인지 알 수 있다. 몸과 마음의 균형과 이를 연결시켜 주는 벼락명상으로 울줄기운이 통하면 기쁜마음, 두려움, 슬픔, 진노, 탐욕, 싫어함 등의 감정을 바라볼 수 있게 되는 힘이 점차 생긴다. 원래의 나는 여기 있지만 나를 바라보는 나도 나며, 벼락도 나고, 동그란 하얀 한알도 나란 얘기이니, 나를 바라보는 모습 없는 참본심이 나라고 한다면 그래서 마음의 상처를 바라볼 힘이 생기면 생활 속에서 상한 감정 때문에 몸과 마음이 다치는 일을 조금씩 줄일 수 있게 된다. 몸의 좌 · 우를 가른 벼락은 내 어두운 혼을 밝히는 밝고 강한 내 안의 한 줄기 빛이고 우주 생명력의 흐름으로 또 내면의 힘으로 다가온다. "자연에서 벼락의 전압은 보통 10억 볼트, 전류는 100w, 전구 7000개를 8시간 켤 수 있는 5만 암페어다. 온도는 태양 표면 온도의 4배인 2만 7000도에 이른다. 미국의 과학자 워크맨과 레이놀즈는 구름 속에 얼음 알갱이와 물방울이 공존할 때 구름 위가 양전하(+), 아래는 음전하(−)가 발생하는데 이 두 전위 차가 일정 수준을 넘으면 순간적으로 전류가 흐르는 번개가 구름에서 나타난다. 가끔 구름과 땅 사이에도 이런 현상이 일어나는데, 구름 속의 음전하가 지상으로 서서히 내려오면 지상은 양전하로 유도되고, 이 둘이 만나면 양전하가 위로 솟구치면서 벼락이 친다. 또 번개는 땅을 향해 곧장 떨어지지 않고 지그재그를 그리며 전류가 가장 빨리 흐를 수 있는 길을 순간적으로 찾아내는 것이다. 공기는 절연체지만 번개의 강한 전압 10억 볼트에 의해

공기를 뚫고 내려오고 올라간다." – KIST, "과학향기" –

벼락은 정전기로 볼 수 있는데 원자의 핵은 움직이지 않는 (+) 전하이며, 원자핵을 도는 움직이는 전자는 (−) 전하이다. 두 물체를 마찰시키면 힘이 강한 쪽이 움직이는 전자를 가지고 간다. 전자를 얻은 물체는 (−)로, 잃은 물체는 (+)로 된다. 기운의 부도체였던 사람이 아랫배를 움직이며 인위적으로 내면을 바라보고 관찰하는 행위를 하면서, 숨과 불의 호흡으로 아랫배 속에 불과 열을 만들어냈다. 집중과 내장의 마찰을 통해 아랫배 속의 음(−)을 없애 줌으로 뜨거운 양(+)으로 변했음을 알 수 있는데, 내면의 이러한 과정을 통해 내 안의 본래 기운이 살아나 아랫배 속의 극인 한알이 깨어나 상승해 머리를 뚫고 위에 나가 있으므로 은은한 빛을 내는 것이다. 이 양극(+)의 빛을 보고 내면의 우주 허공에서 검은 번개 구름이 달려와서 벼락을 내렸다고 설명할 수 있겠다. 구름의 아래는 음(−)으로, 지상의 높은 곳 머리 정수리의 한알극 양(+)을 보고 찾아간다. 그래서 아랫배를 불덩어리로 만들어야 하는 또 다른 이유가 되겠다.

그런 중에 한의 경계에서 온 검은 구름과 황금번개의 법을 받고 깨우쳐 내면의 모습 없는 참하늘과 통해야 한다. 조금만 주의 깊게 생각해 보면 공기로 전기가 흘러서 번개, 벼락이 치는 게 이상하기는 한 일이다. 공기가 절연체이기 때문인데, 강한 전압은 공기의 개념이 없어진다. 공기는 우리 눈에는 보이지 않지만 우주의 생명에너지 '검'의 기운으로 가득 차 있다. 온 우주에 가득 차 있는 우주의 '검' 기운이 우리가 사는 지구의 공기 중에 없을 리 없다. 더욱이 지구는 내부에 강한 철의 에너지장이 있어서 더욱 기운이 꽉 차 있음을 알아야 한다. 다만 우리가 감각이 퇴화되어 느끼지 못하고 보지도 못한다. 내가 알든 모르든 언제나 어디에나 우주의 생명에너지 '검의 힘'은 존재해 있었다.

내 안의 내면세계 역시 우주의 '검'으로 가득 차 있다. 내면의 새까만 검은 속을 벼락이 하얀빛을 내며 지나가는 것이다. 신비한 지구에서 태어난 우리는 내 안도, 밖에도 우주생명의 힘 '검'이 가득하다. 예로부터 한국의 선조들은 우아일체라는 말을 사용했다. 한국 전통 의학이나 사상에서 잘 나타난다. 지구와 온 우주와 내가 하나로 이어져 있으며 하나의 몸과 마음으로 같다는 얘기다. 내 몸과 지구와 우주를 하나로 본다. 내면의식의 검은 구름과 황금번개는 자연의 구름과 다를 바 없다. 같은 공간에 존재하고 있지만 다른 차원이라 보이지 않았을 뿐이다.

벼락이 치는 순간은 나, 언어, 숨, 생각, 몸, 마음, 내가 느끼는 모든 게 끊어져 없어진다. 지금의 모습 있는 내가 끊기게 되는데, 마음의 성품에 관해서 다음과 같은 글이 삼일신고에 나온다. '사람은 성품의 마음이 착하면 복되고 악하면 화가 오며, 기운에 의해 생명의 죽고 사는 게 결정되는데, 기가 맑으면 오래 살고 탁하면 빨리 죽으며, 몸의 근본 축적에너지 정이 충만하면 귀하고, 정이 없으면 비천하고 약하게 된다'고 나온다. 한국벼락명상을 통해 사람의 몸과 마음에 참벼락 인진(人震)이 내리치면, 머리의 한알이 밝아지며, 마음, 기운, 몸의 허망함과 모든 것으로부터 본래의 자리에서 큰 자유함을 얻어, 진공으로 또 참으로 돌아가게 된다.

그래서 신고에 나온 대로 사람의

참성품(性)인 본래의 본성이 밝아짐으로 마음에 선과 악도 없었으며,

참생명(命)은 기운이 밝아져 맑음도 탁함도 없고,

참몸(精)도 밝아져 귀함도 천하고 약함도 원래는 없었음을 알게 된다. 내가 느끼는 내 몸과 마음과 기운이 본래의 내가 아님을 깨우치게 된다.

벼락으로 정화되어 죽었던 몸과 마음의 감각이 살아난다.

숨을 고르면 머리에서 몸을 지나 왼쪽 발로 또 오른쪽 발까지 벼

락이 지나간다. 빛의 통로로 머리에서 우주의 빛이 몸을 통해 흘러가면서 밝아진다. 까만 몸속에 벼락이 하나의 밝은 빛줄기로 살아 남아 있다. 살아 있음에 기쁨과 감사가 밀려온다. 몸과 마음이 허공벼락 인진(人震)으로 충만해진다.

벼락약손 만들기

집중호흡과 명상을 마치면 몸과 마음이 맑은 상태가 된다.
이때가 내 몸과 마음이 조금 더 각성되어 힐링될 수 있고 성장할 수 있게 되는 순간이다. 내 안에 깊은 집중을 통해 벼락이 지나간 길로 빛과 불, 이슬과 감로, 울줄의 굵은 동아줄을 내 안에서 살려보는 치유의 벼락명상이 된다. 10차까지 있으며 책에서는 부록에 3차까지 소개한다.

1차 벼락약손 만들기 (3~5개월)

명상과 호흡을 마친 후 숨을 들이마시면서 양손을 얼굴 앞에서 교차해서 하늘(O)을 그리며, 허공으로 올린 후 양손바닥을 밖으로 벌리면서 주먹을 적당한 세기로 말아쥐고 숨을 멈추고 손에 힘을 적당하게 준다. 멈출 만큼 멈추었다가 힘을 빼고 양손바닥에서 손가락을 구부려 마주하고 감응하고, 기운의 바퀴를 만들고 하늘(O)을 그린다. 내 안이 힐링되고 풀어지기 시작한다. 2–3회 반복한 후 양손을 비벼 얼굴을 쓸어준다. 몸의 아픈 곳이 있으면 21일 수련하며, 쓸어주고 만져주면 큰 도움이 된다.

12

세 번째 벼락이 치면

제주도를 오래전에 몇 번 간 적이 있다. 같은 한국이라고 하지만 이국적인 이미지가 강하고, 조금 이상향에 가까운 큰 섬으로 가는 곳마다 아름다운 풍경이 펼쳐진다. 18세기 장한철이 지은 '표해록'에 보면 설문대할망은 제주도를 만들었다고 전해지는 여신인데, 사람들이 살려달라고 말할 때 '선마고'라고 말했다 한다. 따듯한 마고 할머니의 사랑으로 제주를 만들지 않았을까 한다. 그래서 제주도 바닷가의 육각바위 주상절리를 가면, 비바람 부는 차가운 날인데도 바위에서 마고 할머니의 따스하고 평안한 느낌이 온다.

제주도에는 삼무정신(三無精神)이 있다.

첫째, 무도는 정직해서 도둑이 없음이고,

둘째, 무걸은 부지런하고 근검, 절약해 거지가 없음을 나타내며,

셋째, 무대문은 신뢰와 협동을 잘해서 대문이 없는 것이다.

좋은 풍습이자 정신이라 지구 어느 곳이라도 이같이 좋은 곳이면 좋겠다.

제주도를 만들었다는 여신, 온 우주와 지구를 만들었다는 신(神)이라는 의미를 한국민족 백과사전에 보면 "초인간적 또는 초자연적 힘을 지닌 신앙의 대상"이라고 정의했으며, 신(神)은 한국전통의 이름인 모습 없는 하느님, 하나님, 한님, 한울님, 한얼님, 한알님 등의

의미이다.

"신(神)은 모습 없이 홀로 위에 계시며 큰 덕, 큰 지혜, 큰 힘을 가지고 온 우주의 허공에 살아계신다. 또한, 우주 만물을 만들고 다스림에 조금도 허술하거나 빠짐이 없으며, 밝고도 신령하여 감히 이름을 지을 수 없으며, 사람이 밖으로 소리 내어 부르면 만나지 못할 수도 있다. 이는 각자의 진실한 마음에 달려있어서, 내 안의 본성에서 그 씨앗, 즉 씨가 되는 알을 진실하게 구하면, 이미 머릿속에 얼로 내려와 계신다"고 삼일신고에 나온다.

이와 같이 신(神)은 이름과 모습이 없으며 밖으로 큰소리를 내는 것이 아니라, 각자의 내면의 깊은 곳에서 진실하게 구하면 내 머릿골에 내려온다고 했다. 우리가 큰소리 내는 경우를 보자. 누군가가 못 알아 들을 때, 또 누군가와 다툼이 있어서 나를 내세우고자 할 때, 연설할 때, 강조할 때, 또 즐겁게 노래 부를 때, 소통이 필요할 때, 정신없이 말할 때 등등이다. 이같이 내가 옳다거나 이 자리에 있음을 알리고자, 또는 누군가와 서로 소통하기 위해 소리는 반드시 필요하지만, 모습 없으신 하늘의 하늘은 신령하여, 아주 작고 고요하며 또 맑은 내면으로 내는 진심 어리고, 간절한 내 안의 속삭이는 내면 목소리에 더 잘 알아듣고 반응하게 되어 있음을 말한다. 그래서 이같이 고요함에 이르는 명상을 벼락심공명상이라 한다. 한글 어원학자인 강상원 박사는 "신은 산스크리트어의 근원 언어인 한국의 사투리 언어에도 오래전부터 많이 사용한 정신(精神)을 말하는데 옥스퍼드 사전에서 Sinha는 정신력과 의식, 생명력, 사자(Spiritual power, faculty of consciousness, vital power, lion) 등을 나타내는 것으로 나온 것을 알 수 있다"라고 했다.

"신(神)의 우리말은 '검'이었다. 빛도 없고 땅조차 없던 때 '울줄(공간의 울과 시간개념의 줄을 한자로 옮긴 것이 우주)'의 움직임을 가리킨다. 검은 '힘뿌리'이며, 우리 몸에서 검을 받아들이는 기관이 사람 머리의 '가마'로 머리의 가마라는 이름은 검이 변형된 하늘을 느끼고 받는 우리말이다. 가마는 밝음이나 신묘함의 뜻으로서 검이 내려와 머무르는 집을 '껍'이라고 했는데 껍데기, 깝죽거리다, 까불다, 등의 깝인데 이를 동이족 고대어로 옮기면 영(靈)이고, 한글로 널이라고 한다. 검은 곧 하늘이 된다." – 박현 –

머리의 가마가 또 머리카락이 한국벼락명상수련을 통해 깨우치고 체득하게 되면 우주 허공과 인체로의 통로가 될 수 있음을 알 수 있는데 우리말 검에서 비롯함이다. 동이족 고대어인 신(神)글자를 사전에서 풀어보면, 보일 시(示) + 펼 신(申) 이 합쳐진 글인데 형성문자로 펼 신(申)을 다시 사전에서 찾아보면 "번개가 치는 모양의 상형자"라고 나온다.

한국벼락명상으로 풀이해 보면,

"신(神)은 모습이 없고, 진실한 마음으로 내 안에서 스스로 내면의 참본성을 구하면, 고요하고 모습 없어 텅 비어진 영혼의 속사람 한가운데를 참벼락 인진이 머리의 한알을 뚫고 그 속에 내리치는 모양을 보여주고, 사람의 머릿속에 모습 없는 허공 속 가득 찬 얼로 내려온다"라고 할 수 있다.

머리에서 몸통을 지나 왼발바닥으로 한 번 벼락이 치고, 다시 머리에서 몸통을 지나 오른발로 벼락이 치고 나서 시간이 지나 눈을 감으면 머릿속과 몸속, 좌우 발바닥까지 한눈에 번개가 지나간 자리로 빛이 남아서 어두운 내 안을 환하게 밝히고 있게 된다. 하나, 둘 하며 숨을 깊이 고르면 생명의 하얀벼락이 흘러가며 빛으로 살아난다. 눈을 뜨나 감으나 빛과 전류가 머리에서 좌, 우 발끝까지 생명의 사랑으로 흐른다. 어두운 허공에 사람 인(人)과 하늘 천(天) 글자가 몸이 되어 다시 나타난다. 몸과 마음이 정화되고 회복되어 몸은 정으로 충만해 아랫배 속은 뜨겁게 되며, 의식은 더욱 또렷하고 고요함으로 맑고 밝아진다. 젊은 시절 상원노의 작은 산 아래에서 군내 생활을 했다. 군 복무 동안 주로 서류작업을 많이 해서 몸이 많이 힘들지는 않았지만 누구나 이등병 때는 긴장해서 피곤하기는 했다. 그렇지만 호흡수련을 따로 하지는 않았다. 군 복무 하면서 생활에서는 저절로 기해호흡과 벼락명상수련이 된다. 강원도라 공기가 얼마나 맑고 좋은지 수련을 하지 않아도, 군대에서의 기본 아침운동과 태권도로 몸과 마음이 건강해진다. 시간이 조금 지나 개인시간을 내기가 수월해서 벼락명상수련을 시간 내 잠깐씩 했던 생각이 난다. 군생활 한 지 1년이 지나니 몸과 마음의 여유가 더 생겨 시간을 낼 수가 있었다. 일요일 오전은 각자 취미와 개인시간을 낼 수 있는 좋은 시간이다. 막사 옆에 있는 자그만 쉼터로 가서 가끔 명상과 호흡을 했었다. 부대의 위치를 보면 그 뒤를 멀리서 양쪽으로 산이 에워싸고 있고, 부대가 있는 터는 약간 솟아오른 곳이다. 기운은 맑고 청량했다. 선임병들이 잘 꾸며놓은 정원의 벤치에 자리를 잡고 눈을 감자마자 깊은 벼락명상의 상태로 바로 들어간다. 참본성의 자리로 일순간에 들어간다. 머리의 한알에서 빛이 나며 허공에서 맑고 밝은 기운이 쏟아져 한알을 통해 몸속으로 깊숙이 들어와 머리는 청정하고 시원해지고 고요함 속에 아랫배 속은 불덩어리가 된다. 군부대 안이라기보다는 빛에 휩싸인 특별한 장소 같았다. 훈련하는 군부대로는 참 좋은 장소가 아닐 수 없다. 그 후로 군생활에 기분이 좋아져서 주말 아침이면 시간을 내어 5분씩이라도 명상을 했었다. 그때 매주 5-10분 동안 명상할 때의 많은 깊은 체험이 한국벼락명상 과정의 일부 토대를 이루었음을 알고 있다. 한국은 남과 북으로 나뉘어 같은 민족끼리 대치하고 있는데, 이같이 안타까운 상황을 보면서 하루빨리 남, 북 통일이 오길 마음속 깊이 기원해본다. 어느 나라나 자신의 나라를 보호하고 지키기 위한 강한 군대가 필요하다. 오래전에 한국의 젊은이들은 일부러 명산대천을 찾아다니며 명상이나 수련을 하는 경우가 많았었다. 물 좋고 기운 좋은 군부대에서 5~10분간의 벼락명상이 속사람의 성장에 큰 부분을 남당해

주었으니 군부대와 함께한 동료들과 나라에 감사할 일임은 두말할 나위도 없겠다. 한번은 훈련을 받으러 부대 뒤에 있는 양쪽 산 사이로 나 있는 도로를 따라 걸어서 행군으로 올라갔었다. 원래 길이 없었는데 명산이라 맥을 끊으려고 일본 제국주의 강점기 시대에 일부러 산 정상으로 도로를 냈다는 얘기를 들었다. 산으로 올라가는 내내 힘은 들었지만 부대에서 느꼈던 밝고 환한 기운이 더욱 강해져서 산 정상에 올라갔을 때 아랫배는 든든해져 머리에 있는 한알의 기운과 빛이 철모를 뚫고 위로 뻗어 올라갔었다. 행군을 하다가 산고개의 정상에 다다랐을 때 끊어진 맥이 생각나 그 위에 "한알" 하나를 복제해 허공에 높이 올려놓았다. 훈련 후 돌아오는 길에 산의 양쪽에서 맑고 강한 기운이 한알로 뻗어 서로 이어져 어우러지고 연결되어 춤추고 있었다. 이 산을 지나는 모든 사람이 좋은 기운으로 즐겁고 행복한 힐링이 저절로 일어나길 바라본다.

명상하면 두 벼락 사이에 아랫배 속 뜨거운 태양의 도장이 살아 태(太) 글자와 함께 춤을 춘다. 왼쪽에서 앉아있는 나를 보니 여전히 검은 구름을 감돌고 있는 황금번개가 머릿속에서 살아 움직이고 있었고, 머리 위 한의 경계에 '극(極)의 한알'이 은은한 빛을 낸다. 무심으로 숨을 고르며 내면을 편안하게 하다가 아랫배가 불덩어리로 더워지고 내면이 더 맑아지는 고요가 밀려오면 숨을 내려놓아 청정한 본심으로 들어간다. 숨을 놓기가 어려우면 다시 아랫배를 뜨거운 불로 데우는 연습을 숨으로 반복해서 쉬어야 한다. 쉽다면 쉬운 일이지만 어려운 일이다. 머리나 생각으로가 아니라 정성을 다해 마음을 아랫배 속에 두어야 하는 일이다. 81자를 읽고 아랫배로 지극하게 깊이 숨을 고르며 첫 번째와 두 번째 벼락 속에서 평안함을 느끼는 그런 찰나의 순간 머릿속의 황금번개가 살아난다.

세 번째 벼락 "인진"이 내리쳤다.

"머리 정수리 한알에서 검은 구름 속으로 수직으로 아래로 벼락이 내리쳐 머리와 목과 몸을 관통해 아랫배 한가운데 검은 기바다의 정중앙을 때렸다. 한알이 태어난 그 자리다." 머리 정수리의 한알이 벼락으로 밝아지며, 벼락은 수직으로 떨어지면서 몸통 한가운데로 팔뚝 두께의 하얀벼락이 관통한다. 그렇게 수직으로 내리친 벼락으로 머릿속 가운데의 상단전과 가슴속 중단전과 아랫배 속 한가운데 정확한 하단전의 자리가 나타나게 된다. 머리의 정신, 가슴의 기운, 아랫배의 정이 하나로 이어진 신기정(神氣精) 곤통(丨通)이다.

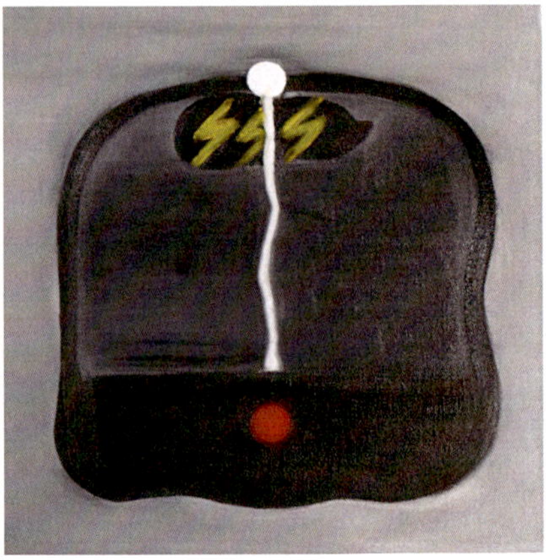

순간 시간과 공간이 없어진 것 같이 내 안이 텅 비었지만 새하얀 벼락을 통해 내려온 우주의 사랑으로 꽉 찬 내공이 느껴진다. 빛과 함께 강한 울줄벼락이 머리 정수리에서 쏟아져 내려온다. 우주 허공에서 내려온 세 번째 울줄벼락이다.

우주로부터 내려온 큰 사랑이 내 안의 속사람 영혼에 깊이 통하고 있는 게 느껴졌으므로 가슴속에서 내면이 풀어지며, 내 안으로 허공의 사랑이 내려가고 올라간다. 두 눈에서는 눈물이 하염없이 흐른다. 내가 어찌할 수 있는 상황이 아니다. 수행하다 눈물이 나오면 멈추지 말고 계속 눈물을 흘려 힐링을 해야 한다.

내 안의 깊은 곳에서 나도 모르는 일이 풀어지고 흩어짐이 일어나 속사람이 살아난다. 시간이 한참 흐른 후 숨을 들이쉬고, 내쉬니 마음속에 또 몸속에 그대로 벼락이 내리친 자리로 빛으로 사랑으로 울줄벼락이 수직으로 한기둥으로 살아 있게 된다. 머릿속, 가슴속, 아랫배 속이 하나로 살아난다. 가슴을 펴고 생활하게 된다. 세 번째 참벼락 인진이다.

"육생칠팔구(六生七八九)"에서 칠(七)을 나타낼 수 있겠다. 모습 없는 하늘의 참본성으로 통하고 있음이다. 생(生)과 십(十)으로 나타낼 수도 있겠다. 몸에 내리치는 세 번의 참벼락을 통해 근본에서 새롭게 태어나 우주 허공으로부터 밝은 사랑으로 큰 자유를 얻는다. 땅의 몸과 마음에서 하늘의 몸과 마음으로 조금 더 변할 수 있음을 알 수 있겠다. 어머니의 몸에서 아버지와의 사랑으로 태어나면서 하늘의 기운을 받은 우리 모두지만 자라면서 분별이 생기고, 내면이 밝아지지 못해서, 하늘과 통하는 천문이 막혀 다시 땅으로 돌아갈 수밖에는 없다. 많은 사람이 오랫동안 그렇게 살아왔다. 그렇지만 세 번째 몸의 정중심에 내리친 하늘의 벼락을 통해 조금 더 열리고 깨어나 모습 없는 하늘과 통하기 시작했으며 이를 통해 만물이 태어난 자리와 참된 연결이 시작되었음을 안다.

아랫배 속 해는 땅속 지구 중심으로 연결되어 뜨거웠으며, 가슴은 평온함으로, 머리는 하늘 위 허공으로 뻗어 고요하고 청정하다. 이 모두가 일직선상에 있으며 머리와 가슴과 아랫배 속의 해의 도장 삼기해를 관통하고 있게 된다. 펼 신(申)을 벼락으로 내 안에서 보여준 것으로 왼쪽에서 모습 없는 눈으로 지켜본다. 한의 경계에서 나온 세 번째가 사람이다. 그 안에 눈에 보이는 우주의 모습 없는 하늘의 존재 비밀을 잠재워 놓은 것을 알 수 있게 된다. 나무 목(木) 글자를 사전에서 보면 "땅속에 뿌리를 내리고 있는 나무를 본뜬 글자"라고 나온다.

한국벼락명상에서 한 일(一)은 땅이 아니라 사람의 머리끝과 우주 허공의 경계이다. 그러면 우주의 허공이 사람의 머리를 관통해 내 안에 내려와 몸과 마음, 영혼에 뿌리를 내리고 있는 모습이 된다.

나무는 땅의 경계를 뚫고 좌 · 우로 또 아래로 뻗어있는 뿌리를 통해, 땅의 양분을 빨아들이며, 잎을 통해 태양의 빛을 받아 살고 있다. 사람도 마찬가지로 땅의 소산물을 먹고 산소를 숨 쉬면서 산다. 사람은 머리 정수리의 한의 경계를 통해 밝은 우주 생명력의 기운을 통째로 받고 있으며, 우주도 사람과 통하고 있다.

"사람의 머리카락을 나무의 잎으로 보면, 사람은 허공에서 우주의 기운을 머리카락을 통해 받으며, 몸속에 뿌리내리고, 살아서 걸어 다니며 움직이는 생명의 나무가 된다." 세 번째 참벼락을 맞은 후는 이 머리카락을 통해 허공에서 우주의 생명이 뿌리까지 실같이 흘러 내려온다. 사람의 생명이 허공에 있음을 자각하면 지구의 나무와 풀 한 포기, 땅과 공기와 바다, 검은 우주의 기운까지 모두 다 소중함을 알게 된다. 한국의 오래전 선조들의 호칭 환, 단(桓, 檀)에 나무 목(木)자가 들어 있음은 하늘과 땅과 사람을 하나로 연결하고 또 소중하게 여긴 이유이겠다.

근본 본(本)을 명상으로 풀어보자.

본(本)자를 똑같이 사람으로 보면, 글자 위쪽의 경계(一)는 머리끝이고 아래에 있는 (一)경계는 아랫배의 경계가 된다. 사람의 아랫배가 바로 본래 근원의 자리가 된다. 이곳 아랫배 속에서 밝고 귀한 존재 하얀빛의 보름달, 밝은 달, 극, '한알'이 나왔으니 아랫배 속 깊은 검은 어둠이 생명과 의식의 뿌리이며 '불'과 '빛'의 근원인 것을 알 수 있다. 세 번째 벼락을 통해 머리에서 가슴속, 아랫배 속까지 허공과 통하는 길이 열린다. 숨을 통해 저절로 또 우주기와 그 사랑으로 생명이 살고 죽는 이치가 밝아진다. 가슴이 자리를 찾아 편안함으로 바르고 넓게 펴진다. 내가 찾은 게 아니라 내게 다가온 내면의 검은 구름과 황금번개에 의해 다시 깨어남이다.

몸과 마음을 생명의 우주번개, 우주벼락, 사랑으로, 울줄로 연결하고 있음이다. 몸 하고 부르니 몸이 미세하게 떨면서 반갑게 온몸의 세포가 짜르르 응답한다. 마음 하고 부르니 머리, 가슴, 아랫배와 내면이 하나 되어 어두운 몸속이 또 밝아진다. 몸 따로 마음 따로가 아니라 내 안의 정중심에서 하나로 연결되고 있다.

마음 하고 불러도 몸의 세포가 진동을 하며, 몸 하고 불러도 내 안이 밝음으로 대답을 한다. 그래서 치우침 없이 상, 하, 사방이 모두 중심을 통해 있으니 막힘이 없다. 그래서 무릇 중통해야 부딪히지 않는다고 했다. 중통은 내 안의 마음과 몸을 우주벼락을 통해 연결한다. 아랫배가 가슴속, 머릿속과 벼락으로 통하게 되니 아랫배 속의 기태양이 살아나 온양되어 세상 편안하다. 아랫배 속에서 따듯한 생명의 물이 만들어져 흘러넘쳐 필요한 곳으로 간다. 발에 온기가 돌고 등은 따듯하며 팔로 순환이 되어 따듯해짐으로 면역력이 상승한다. 중통으로 아랫배가 우주의 기운을 만나 뜨거워지면 머리는 더 맑아지고 마음은 청정해진다. 가슴에 근심이 생기면 벼락이 만든 통로를 통해 상중하의 세 개의 삼태양으로 나뉘어져 태운다. 그러면 내면의 사랑이 저절로 느껴지기 때문에 본래로 돌아갈 수 있게 된다. 그래서 심화가 위, 아래, 사방으로 심기와 함께 흘러가서 화통하게 된다. 그러니 온몸을 가운데로 통하는 세 번째 벼락 중천통 해야 한다.

밝의 우주 법칙(Park's cosmos Law)에 인진벼락(human Thunderbolt=C)을 대입해보자.

밝우주생명력 pckf(park cosmic ki flow),

밝사람기감동 phkm(park human ki moved),

밝사람기부정 phkn(park human ki negative)이라고 정의했다.

"밝생명력 = 밝감동(인진벼락) / 부정"

"PF = PMC / PN"

PCKM(밝우주기감동) = 간절한 마음, 참본심, 사랑, 진심, 자비, 간절한 소리, 나와 남이 함께 이롭게됨, 한알, 참사랑, 자비, 우주마음, 나눔, 공감, 격려, 경청, 집중, 감동, 본성, 순수함, 긍정의 힘 등등에 의해 높아진다. (1~무한대)

PCKN(밝우주기부정) = 거짓, 부정적, 감동 없는, 분별의 마음과 눈, 두려움, 사랑 없는, 탐욕, 성냄, 어리석음, 자비 없음, 교만, 오만, 불신, 게으름 등등에 의해 높아진다. (1~무한대)

HT: 인진벼락(Human byeolag Thunderbolt) = C

사람 안에 내리는 빛, 벼락으로 부정, 두려운, 교만 등과 같은 인체 내의 부정적인 저항을 최소로 줄여 끊어내어 사람의 생명력의 우주기 흐름이 높아진다. (1~무한대)

벼락이 온몸으로 유통된 후 머리끝 한알의 각성과 한알로 들어오는 본성 빛의 우주전류의 밝음과 순도, 세기는 내면으로 'OO~~~'을 부르는 간절한 소리와 간절한 마음, 사랑, 그 크기에 따라 삶의 모든 순간에 벼락이 살아 내리친다. 간절함이 커져 극에 이르면 벼락의 큰 힘으로 내 안의 부정은 줄어들고, 간절함과 감동의 극치로 하늘의 벼락만 내 안에 남게 된다. 우주생명력 = 벼락. 예를 들어 내면의 내압을 높이는 것의 하나인 내면의 진실함으로 내는 소리의 크기는 그 크기를 측정할 수 없다. 하지만 눈을 감고 소리 내 보면 생각보다 크게 나오질 않는 것을 알 수 있게 된다. 각자 눈을 감고 자신의 이름을 마음속으로 진실하게 가장 큰소리를 내보자. 마음의 훈련 심공의 시작이다.

마음의 크기는 내 안의 속사람이 땅, 하늘, 사람 온 누리를 감싸는 모습 없는 무한대 크기 사랑의 마음이다. 인진벼락(HT)은 상상이 아니라 벼락을 깨우치고 체득하면 내면이 내는 바른 마음의 간절한 감동의 소리와 그 마음의 크기에 따라서 우주감이 상승해 몸과 의식 속에 벼락이 내리치는 것을 느끼게 된다.

벼락이 내리친 후에는 우주압이 바른 마음의 의식하는 대로 올라가, 같은 움직임으로도 본성과 함께 더욱 큰 힘과 감동으로 다가온다. 삶 속에서 같은 작은 소소한 일에도 더 많은 감동을 받자. 그러면 내 안의 생명력과 평화는 더 올라가게 된다. 이와 같이 내면으로 흐르는 우주흐름은 우주감동에 비례함을 알 수 있다. 설령 감각이 깨어나지 않은 일반 사람도 당연히 이러한 마음으로 행동을 하게 되면 우주감동은 올라가게 되어 밝은 빛의 삶을 살게 된다. 우리는 세상에 태어난 이후로 온전히 모습 없는 하늘처럼 삶을 살지 않았다. 오로지 내 마음대로 욕심대로 마음과 몸을 사용했기 때문에 저절로 내 마음과 몸이 부정을 한다. 몸과 마음을 함부로 해서 저항이 커지게 되어 생명의 우주흐름은 약하게 흐르게 된다. 저항이 더욱 강하면 할수록 마찬가지로 내 안으로 들어오는 우주생명과 우주심은 점점 더 약해진다. 그래서 깨우침을 얻게 되면 매일매일 삶의 저항을 줄이기 위해 몸과 마음을 공부시키고 다스리고 단련시켜 나가야 한다.

그 공부가 바로 '숨', '호흡', '벼락행동명상', '한알명상', '한국벼락명상' 등의 훈련이다. 일반적인 몸의 움직임과 여러 가지 좋은 사회생활을 통해서도 몸과 마음의 부정저항을 얼마든지 낮출 수 있으니 몸을 움직이는 일과 생활에 게으르지 말자. 머리가 깨어나고 가슴이 살아난 후에는 각자 새로운 빛의 숙제를 알고 생활에서 움직이게 된다. 매일매일 나의 마음과 몸을 지켜보며 성숙해지도록 하면서, 이제는 밖으로 시선을 돌려 내 안의 모습 없는 하늘이 살아나 사람들과 모든 생명과 소통하기 시작한다.

내 안의 하늘이 감동할 만한 마음을 가지고 정성과 사랑을 품고 마음속으로 'OO'을 간절하게 진심으로 고요히 부른다. 그러면 온 우주가 나에게 우주생명과 우주마음을 빛으로 전류로 온 우주의 생명을 무한대로 나의 머리끝 백회의 한알로 가슴으로 또 온몸과 마음으로 보내온다. 삶 속에서 여러 가지 작은 감동의 순간이 오면, 언제든지 벼락같이 내려온다. 좋은 감동의 책을 읽거나, 좋은 음악, 좋은 장소, 즐거운 일, 행복한 일, 감동의 뮤지컬, 좋은 말씀과 사람, 가슴이 기쁜 일을 하거나 들을 때 등등을 만나게 되면 더욱 큰 감동으로 벼락이 내린다. 그렇지만 삶에는 어려운 일이 더 많이 있다. 그래서 더 많은 연습을 통해 깨어나야 한다. 힘들거나 고통스러운 일이 있을 때도 숨을 고르며 고통을 흘려보내고 내면을 깨울 수 있게 된다.

참금촉(성색취미음저)은 소리, 보이는 것, 냄새, 맛, 정욕, 맞닿음 등의 부딪힘이 편해지거나 멈추는 것인데 검은 구름에서 내려온 세 번째 인진벼락은 눈과 코와 입과 가슴과 몸 가운데 또 그 중심을 내리쳤으므로 촉을 내리쳐 벗어나게 한다. 눈을 감으나 뜨나 숨 쉬며 인진하고 내면으로 부르면 눈, 코, 입, 귀, 몸과 그 중심으로 벼락을 따라 울줄이 흘러서 참금촉된다.

참지감(희구애노탐염) 역시 내 안에 내리친 벼락에 의해 기쁨, 두려움, 슬픔, 성냄, 탐냄, 싫어함에 통하게 되어 끊어지는 자리에 들어간다.

참조식(분란한열진습)이 일어나 깊고 편한 숨결에 의해 향기, 문드러짐, 차가움, 뜨거움, 벼락, 습함에 자유함으로 숨 쉬는 생명에 감사한다.

한국의 선조들은 지금의 모습 있는 나에서 자유로워져 나와 허공을 연결해 밝은 사람으로 우주 허공과 통할 수 있는 수행법을 지감, 조식, 금촉이라고 했다. 이 18가지 지감, 조식, 금촉을 조화롭게 함으로 우리 일상생활에서 일어나는 모든 일을 통해 속사람이 끝까지 성장하고 성숙해질 수 있는 기틀을 만들 따름이다.

한국벼락명상으로 숙제를 하나 더 낸다.

이 숙제는 생활 속에서 점검을 통해 평생 살아가면서 끝없이 성장하고 성숙해져야 하기 때문에 해야 한다. 벼락명상 경험이 없는 일반 독자 역시 생활 속에서 점검하다 보면 벼락을 깨우치지는 못했더라도 같은 내면의 성장과 성숙을 누리며 살 수 있게 된다. 벼락은 삶의 즐거움, 고통, 일반적인 소소한 모든 순간에 내 안에 내려오고 있으며, 지금 이 순간도 찾아다니며 내리고 있음을 알아야 한다. 다만 내가 감각이 깨어나지 않아서 느끼지 못할 뿐이다. 작은 감동과 고통에도 벼락은 내려오고 있다. 지감, 조식, 금촉은 우리 인생의 삶이고, 생활의 느낌이고, 숨 쉼이고, 부딪힘이다. 매일매일 하루를 점검해보자. 자신의 내면을 보는 눈이 살아나 속사람이 모습 없는 하늘과 닮아져 성숙하게 된다.

❶ 참지감(止感): 감정을 바라보고, 느끼고, 누리는 체크리스트 {감정 / 횟수 / 크기(1~9)}
예) 성냄: 동생과 다투었다. 오늘 하루를 통틀어서 화냈던 횟수가 2이고 조금 화냈으면 3. (화냄 / 2 / 3)으로 나타내본다.
걱정: 내일 시험인데 잘 볼까 걱정이다. (걱정 / 1 / 7)
기쁨, 즐거움, 두려움, 걱정, 슬픔, 성냄, 화내다, 탐냄, 싫어함…
(/ /), (/ /), (/ /), (/ /)
(/ /), (/ /), (/ /), (/ /)

❷ 참조식(調息): 숨을 통해 생명의 소중함을 알고 깊은 내면으로 들어가는 연습을 한다. 숨 쉬기 조절 체크리스트, 매일 5~15, 30, 60분,… 숨 고르기와 그 느낌을 적는다.
예) 숨 쉬기 1분을 했으면 1, 15분 이상을 했으면 15. 뜨거운 느낌이 손에 있었으면 손 뜨거움. (1 / 손 뜨거움, 차가움, 등등)
향기, 온화함, 문드러짐, 마음 상함, 차가움, 뜨거움, 덥다, 벼락, 저기, 습하다…
(/), (/), (/), (/)

❸ 참금촉(禁觸): 생활에서 있는 그대로의 여러 몸과 마음의 부딪힘을 바라보며 성숙해진다.

눈에 보이는 것이 탐나고, 욕심이 생기면 써본다. {내용 / 크기 (1~9)}

예) 빨간 자동차 너무 갖고 싶어.(빨간 차 / 8)

소리, 모양, 보이는 형상, 냄새, 맛, 음란, 어지러움, 맛닿음, 교만, 거절….

(/), (/), (/), (/)

모든 것을 금지하는 것이 아니라 적당한 욕심은 삶의 활력소가 된다. 다만 지감, 조식, 금촉을 통해 나의 감을 철저하게 더 느끼고, 숨 쉬며, 바라보는 힘을 키워 나간다. 밝은 의식으로 성장해 감, 식, 촉을 느끼는 나는 본래의 나이기도 하지만 본성임도 알고, 이 수련을 통해 내 안에 있는 속사람의 나를 밝게 해 세상에 머물며 주위와 함께 더 크게 밝아지는 큰 자유함을 누림에 있다. 이를 만들어 잘 사용하면 내가 원하는 것을 이루면서도 그게 전부가 아님을 알고 바라볼 수 있는 성숙한 힘이 생겨 교만하거나 자만하지 않게 된다. 일반생활을 하면서도 얼마든지 참본성의 나를 육체적 정신적으로 건강하게 만들어 바르게 성품을 키워 나갈 수 있어 참다운 내면과 외면의 성장과 성숙을 이룰 수 있게 된다.

13

벼락 맞은 약손

얼마 전 모 방송국에서 직원들 대상으로 언어가 주위에 미치는 영향을 실험을 통해 방송에서 보여 준 적이 있다. 두 개의 병에 똑같이 밥을 넣고 하나는 '감사합니다' 글씨를, 다른 하나는 '못난이, 멍청이, 기분 나빠' 등의 나쁜 글씨를 써서 두 병씩 여러 군데 사무실에 배치해 놓고 각 사무실 직원들에게 지나다니면서 병을 보고 앞에 쓰여 있는 대로 말을 하라고 했다. 10일 후에 보니 감사합니다 말을 들은 병 속의 밥에는 예쁜 노란색 누룩곰팡이가 생겼다. 못난이, 기분 나빠 등의 나쁜 말을 들은 밥은 까맣게 변해 보기에도 흉측한 곰팡이가 핀 것을 방송으로 봤다. 말 한마디가 얼마나 큰 영향을 미치는지 단 열흘 만에 눈으로 확인할 수 있는 방송이었다. 우리 자신의 몸에 있는 세포도 마찬가지다. 자신에게 감사하다는 말을 자신의 내면에, 또 입으로도 소리 내 직접 말로 하자. 그러면 내 몸의 모든 세포와 내 몸과 마음에 감사의 기분 좋은 진실한 파장이 형성됨은 당연하다. 우리 주위에도 똑같이 해보자. 내가 바라보지 않거나 마음을 주지 않으면 일어나지 않는 일도 내가 눈빛 하나만 움직여도 그에 따라서 에너지 기운이 움직이고 일이 일어남을 알고 있다. 감사하는 말이나 마음은 좋은 일이 절로 절로 생길 수밖에는 없는 것이다.

우리는 공간 속에서 살고 있어서 비어있는 줄 알고 있다. 그렇지만 명상을 통해 내면으로 깊이 들어가 보면 분명히 맑게 비어있지만 그 속은 기운, 생명력, 사랑으로 충만함으로 꽉 차 있음을 알 수 있다. 그러니 나의 시선이나, 말이나, 생각까지도 꽉 차 있는 기운을 타고 아무리 멀리 떨어져 있어도 전달된다는 것을 알게 된다. 더 들어가 보면 시선과 간절함은 시간과 공간을 넘어서까지 전해진다. 사전에서 감사를 찾아보니 "고맙게 생각하는 태도. 고마움을 나타내는 인사. 고맙게 여김이나 그런 마음. 다른 누군가로부터 받은 일이나 말에서 느껴지는 흐뭇하고 감사한 마음"이라고 나온다. 사실 매일 아침 눈뜨고 눈을 깜박이면 감사하고 숨 한번 쉬면 감사해야 한다. 그러면 내 안의 세포부터 건강하게 살아나게 된다.

금강경에 이르기를 "감사는 비움을 의미하며 '회향'은 고마움을 되돌려주는 마음이라며 감사하는 마음으로 산다면 탐, 진, 치(탐냄, 성냄, 어리석음) 삼독이 없어진 아름다운 삶을 영위할 수 있다." – 법산 –

경허선사는 "절에서 돌아가신 어느 분의 제사를 드릴려고 하는데, 밖에 굶주린 사람들이 많은 것을 보았다. 이 사람들은 제사를 마치면 제사음식을 먹으려고 왔는데, 초롱초롱한 눈으로 제사상의 음식을 바라보는 것을 보고, 잠시 후 제사상에 있는 모든 음식을 사람들에게 다 나누어 주고 빈 상으로 제사를 지냈다"고 한다. 상주가 화를 내며 부처한테 감사드리기 위해 음식을 차렸는데 빈 상으로 제사를 드려서 어떡하느냐 하며 화를 냈다. 이에 경허선사는 "부처는 절에 불상에 있는 것이 아니라 굶주린 사람 속에 또 가까운 이웃 안에 모습 없이 들어있어서 그들에게 감사를 표현하고 잘하면 그게 바로 부처에게 하는 것과 같다"고 했다.

"항상 기뻐하라 쉬지 말고 기도하라. 범사에 감사하라" – 데살로니카전서 5:16 –

조나단 에드워즈는 감사의 '애정'이란 사람의 삶에서 하나님의 임재를 발견하는 가장 정확한 방법 중 하나라고 말했다. 이같이 감사는 많은 여러 곳에서도 중요시한다. 바로 감사의 마음과 감사를 표현함으로 인해 주위에도 좋지만 실은 이로 인해 내가 변화하고 나의 속사람이 성숙해지기 때문이다. H그룹의 창업자 고 정주영 회장을 멀리서 몇 번 뵌 적이 있다. 아침에 현대건설 본사 앞을 지나다 건장한 사람들에 둘러싸여 걸어서 출근하는 모습을 뵀다. 자서전에 보니 새벽에 눈을 뜨면 온 세상이 나한테 달려오는 것 같다고 했다. 신나서 하루도 그냥 누워 있을 수가 없어서 머뭇거리지 않고 매일매일 벌떡 일어난다고 했다. 바로 하루를 감사로 시작하는 멋진 일을 신나게 매일 하신 것을 알 수 있다. 참 좋은 아침의 습관이라는 생각이 든다. 눈을 뜨면 여러 생각할 것 없이 바로 일어나자. 하루를 가장 잘 시작하는데 이것저것 생각할 이유가 없겠다. 잠은 잠드는 순간이 중요하다. 이 순간이 잠 전체를 좌우하는데, 잠이 드는 순간에 감사한 마음으로 잠자면 6~7시간 자는 동안 감사로 온몸과 마음이 건강해진다. 잠드는 순간 "감사합니다"와 벼락명상을 함께하고 잠으로 들어간다. "온 우주의 생명력을 머리의 한알로 받아 하얀 번개가 머리에서 가슴, 왼다리, 오른다리, 몸으로 흘러 지나가게 하면서 잠에 든다. 몸과 마음이 회복이 빨라지게 되어 아침에 더욱 편하게 일어날 수 있게 된다." N방송의 커넥티드 프로그램을 본 적이 있다. 아프리카 사하라 사막에는 천 년 전에 말라서 바닥만 남아있는 호수가 있는데, 그 바닥에는 하얀돌이 끝없이 넓게 깔려있다. 예전에 호수에 떠 있던 수많은 유기물질들이 가라앉아서 침전되어 잘게 부서지는 약한 하얀돌이 되었다고 했다. 이 미세한 돌가루가 사하라 사막의 강한 바람을 따라 하늘 높이 올라가 대서양을 지나 아메리카 대륙으로 오게 된다. 대서양을 건너오는 중간에 허리케인을 만나면 허리케인의 힘을 약하게 만들기도 하고, 하얀 돌가루가 바다로 떨어지면 해양 미생물의 먹이가 되어 이산화탄소 발생을 줄여준다고 했다. 많은 양의 하얀돌 모래는 대서양을 무사히 건너 지구의 허파로 알려진 아마존 숲에 떨어진다. 비가

늘 많이 내려서 양분이 항상 부족한 아마존의 숲에 필요한 영양소를 대량으로 공급해서 나무를 살려내어 막대한 양의 산소를 발생시킨다고 한다. 그 산소를 우리가 일부분 마시며 살고 있으니, 우리 안에는 오래전 죽어서 사하라 사막의 모래가 된 물질들이 우리를 통해 함께 삶을 영위한다고도 하겠다. 뿐만 아니라 오래전 빅뱅에서 폭발한 원소부터, 그 폭발 이전에서부터 있어왔던 우주의 본성이 우리 안에 현존해 있음을 알고 살아야 하지만 우리는 그런 도움을 느끼지 못하고 살아가고 있다. 이뿐만이 아닐 것이다. 수많은 모르는 주위의 도움으로 일어난 일을 통해 우리가 지금 살아가고 있음을 조금이라도 안다면 숨으로 산소를 들이쉴 때도 눈 한 번 깜박일 때도 모습 없는 허공에 감사해야 한다. 밥을 먹을 때는 더욱 감사해야 한다.

참전에서 정식(精食)은 "먹을 것을 욕심내지 말아야 하는데, 호랑이는 고기를 탐내다가 함정에 떨어지고, 물고기는 미끼인 먹이를 먹으려다 낚싯줄에 매달리게 되는데, 이는 욕심내는 입 때문이다. 사람이 이같이 입 때문에 몸을 잃게 되면, 영(靈)이 내 안에 의지해 있을 곳이 없게 된다. 그래서 먹을 것을 함부로 탐내지 않아야 한다." 음식을 먹을 때는 항상 이를 알아서 정식(精食)하고 감사한 마음으로 밥을 먹게 되면, 욕심이 사라지게 되어 음식을 탐하는 게 줄어들게 된다.

그래도 어려우면 명상하듯이 밥을 먹으면 된다. 배운 것을 응용해 보자. 밥을 먹을 때 음식 속에 들어가서 먹으면 즐겁기는 하지만 절제하기가 어렵다. 먹는 순간 테이프가 끊겨 허겁지겁 먹기 때문인데, 벼락명상할 때 왼쪽에서 나를 보라고 했다. 이같이 밥을 먹는 순간에 자신이 무얼 먹는지 지켜보자. 그러면 밥을 제대로 먹는 "정식(精食)명상"이 되어 심하게 정신없이 욕심내어 먹는 일이 줄어들게 된다. 그러니 밥을 먹을 때는 정식하고, 항상 밥을 주신 분께 감사하며 즐겁고 행복하게 먹자. 몸과 마음은 서로 연결되어 감사한 마음으로 몸이 건강해지는 것은 두말할 나위가 없다. 몸과 마음 두 가지가 함께 연결되는 통로가 크고 작은 기의 정전기이며 벼락이다.

머리의 검은 구름과 황금번개에 의해 아랫배 속 기해를 하얀벼락이 내리쳐서 우주기가 통하는 길이 다시 열리면서 몸과 마음이 둘이 아님을 알고 하늘과 통하는 것도 알게 되어 우주와 내가 하나로 서로 잘 반응하게 됨을 알게 된다. 나아가 주위의 사람들과도 숨으로 에너지로 기로 하늘로 연결되어, 하나가 되어 서로서로 영향을 주고받아 함께 살아가는 삶의 이치를 알게 된다.

스스로 감사하며 주변의 가까운 사람에게 감사하며 즐겁고 이로운 일을 하게 되면 그로 인한 좋은 영향은 바로 나에게도 언젠가 당연히 큰 기쁨으로 돌아온다. 그것보다도 감사하고 이로운 일을 하는 순간, 이미 나는 하늘과 땅과 사람과 하나가 되어 감사의 기쁨이 내 안에 머물게 된다. 내 안이 감사의 정(精)으로 충만해진다. 정(精)은 몸과 마음의 깨끗하고 맑고 밝음의 원천인 진액이며 근본에너지다.

내가 변화해서 성장하고 모습 없는 온 우주만큼 성숙해질 수 있는 시간은 어제도 내일도 모레도 아닌, 책을 읽고 있는 바로 현재 지금 이 순간뿐이다.

이런 과정을 깨우치는 길이 지구에서 사람으로 생명을 시작한 내가 할 수 있는 최고의 감사이다. 내면의 벼락은 온 우주의 마음이고 생명이며 큰사랑의 표현임을 알 수 있다. 감사하지 않을 수가 없게 된다. 호흡하는 모습을 가만히 명상해 보면 몸속으로 모습 없는 숨이 입과 코를 통해 폐로 들어와 생명을 대가 없이 유지시켜 주고 내 안의 부산물을 가지고 나가는 것이니 이보다 더 큰 사랑과 감사의 증거는 없다. 보통 성인이 하루에 하는 호흡수는 20,000번이 넘는다고 하니, 얼마나 자주 허공과 숨으로서 사랑을 하며 교제하는지 알 수 있겠다. 호흡을 음과 양으로 보면 사람이 받아들이는 '음'이고, 하늘 허공이 숨을 통해 폐로 들어오니 하늘이 '양'인 것을 볼 수 있음이다. 마찬가지로 머리와 허공의 구름과 번개를 음, 양으로 보면 사람이

'음'이고 벼락이 '양'이 됨을 알 수 있다. 허공에서 벼락으로 내게 들어와 사랑을 표현한 것을 알 수 있는데 큰 우주의 사랑을 몸과 마음이 받은 것이다.

값 없이 내면 허공의 검은 구름에서 세 번의 벼락을 맞아 몸과 마음 영혼의 느낌, 숨, 부딪힘이 조화롭게 됐으니 기쁜 일이다. 자만하거나 교만하지 말아야 하며, 이제 공부는 생활 속에서 다시 시작임을 알 수 있어야 한다. 벼락으로 모든 게 통해 생각이 끊어져 내면이 편해진다고 공부가 끝난 게 아니다. 이 유혹을 조심해야 하는데 생활 속에서 알아차림으로 참된 변화가 순간순간 일어나야 한다. 그래야 스스로의 자만에서 빠져나와 다음으로 넘어간다. 그래서 감사하라고 했다.

이제 또 벼락명상숙제을 내려 한다. 3~21일간의 벼락감사 특별수련이다. 감사합니다. 고맙습니다. 수행을 해야 한다.

"감사행동명상"을 통해 하루 24시간이 감사로 깨어 있어야 한다.

아침에 눈을 뜨면 기쁜 마음으로 벼락같이 "감사합니다"를 무의식적으로 제일 먼저 마음속으로 부른 다음 나를 느낀다. 물을 마시면서 감사합니다. 세수하면서 감사, 처음 보는 가족에게 감사, 눈빛으로, 마음으로 해도 되지만 소리 내 말할 일이 있으면 당연히 "감사합니다" 입으로 말로 해야 한다. 아침을 먹으며, 움직이며, 직장에서 학교에서 어디를 가든지 해야 한다. 진심이면 좋지만 그렇지 않아도 숙제라고 생각하고 해야 한다. 그러다 보면 조금씩 내 안에서 변화가 일어나 진심으로 밝은 얼굴로 감사하게 된다.

밝은 얼굴로 웃으며 마음속으로도 감사합니다 해본다. 내 안에서 속이 변화하면 얼굴에서부터 감사가 풍겨 나오게 된다. 몸에 있는 세포의 물이 변해서 그렇다. 밤에 잠자기 전에 감사 노트를 간단하게 스마트폰에 적어보자. 또 내 안의 가슴속 ISP에도 적어서 새겨보자. 감사하지 않은 게 하나도 없기 때문이다. 21일간의 감사심공을 하기 힘들면 3일이라도, 단 하루만이라도 '감사합니다' 감사심공을 하기 바란다. 삶이 변하고 내 몸과 마음속 깊은 곳에 나도 몰랐던 내가 살아나 성숙해지기 시작한다. 최고의 생활명상이니 꼭 해보자. 숨을 깊이 내쉬면서 아랫배 기해까지 의식을 내리면서 속으로 감사합니다~ 또 깊게 들이마시면서 마음속으로 감사합니다~ 하고 크게 외친다. 일주일만 이렇게 숨과 함께 벼락같이 "감사합니다" 하면 내 세포가 변하기 시작한다. 세포 속에 있는 물의 구조가 건강하게 변화해 생명이 살아있는 감사가 가득 들어있는 "감사세포"로 건강하게 변한다. 그러니 안 할 이유가 없겠다. 우주 참생명을 살리는 세 번의 벼락이 내 안에 내려치고 나서는 명상이나 생활 속에서 내면의 뜨거움으로 감사의 말이 언제나 저절로 튀어나온다. "감사합니다. 감사합니다. 감사합니다." 마치 물결처럼 흘러나온다. 수련을 안 한 사람도 아무나 해도 참 좋은 감사수련이다. 얼마나 오랫동안 가슴속이 터지도록 마음속으로 크게 소리쳤는지 모른다. 밖으로도 감사합니다. 바로 나온다. 생활하면서도 감사합니다. 고맙습니다. 다른 말이 필요 없다. 물건을 파는 사람은 활짝 웃으며 진심으로 감사합니다. 이 시기는 누구와 다툴 일이 있어도 숙제라 생각하고 바로 벼락같이 '감사합니다'가 나와야 한다. 내면으로 깊이 들어가는 수련이니 명상할 때는 마음속으로 한다. 앞의 사람에게 들어가려면 먼저 마음속으로 '감사합니다' 하고 당연히 소리내어 웃으며 진심으로 상대에게 '감사합니다' 해야 한다. 감사심공 벼락행동명상을 하는 동안 몸과 마음과 영혼까지 감사로 충만해 터질 것만 같아야 한다. 그냥 냉랭하게 말로만 해서는 안 된다. 내 안의 내가 스스로 또 모습 없는 하늘이 감동해야 한다. 내가 하는 말이 아니라 내 안의 본래 나, 참나, 진아, 내 안의 하늘이 내는 참소리, 전음, 진음이 되어야 한다. 살면서 언제나 행복하고 즐겁고 감동적인 일보다는 고통스럽고 힘들고 억울하고 분한 일들이 더 많이 나타난다. 그럼 이제는 알아차려야 하지 않을까? 어려운 일이지만 그런 순간을 헤쳐나가는 공부가 필요함을 알아야 한다. 성공하고 잘사는 것도 중요하지만 삶의 모든 순간을 즐겁게 살 수 있는 법을 깨우쳐야 한다. 우리가 가진 물질은 무한정 있지도 않고 누구나 똑같이 가질 수도 없다. 물론 살면서 중요하지만 성공과 부가 전부라고 가르친다면 이 세상에 소중하게 태어난 우리 중 거의 95%는 그 전부를 누릴 수가 없게 된다. 또 실제로 모두가 다 1등을 할 수가 없고 1%에 들 수도 없다. 그렇다고 쉽게 포기하라는 건 아니다. 다만 절대로 1등이 아님을 알고 있으면 된다. 그래서 언제라도 '감사합니다'라고 말할 수 있도록 수많은 연습이 필요하다. 억울하고 화나서, 보기 싫어 화나서, 눈빛이 싫어서, 그냥 욱하는 순간이 오면 0.1초 동안 그런 나를 잠에서 깨듯이 내면의 눈을 번쩍 떠서 지금의 나를 내 왼쪽에서 바라보자. 그러고 나를 책망하지 말고 0.1초의 깨어남에 '감사합니다'로 말하고 알아차리게 되는 연습을 자주 하면 나 스스로와 또 남과 부딪힘을 조금씩 줄일 수 있게 된다. 생활 속에 감사수행을 마친 후에 정좌로 앉아서 한인벼락명상을 하면서도 마음속으로 내면의 말 "감사합니다"를 계속해서 부르며 명상한다. 숨과 몸과 기운, 마음까지 끊어지는 그 자리로 들어가 '감사합니다, 감사합니다, 감사합니다'를 불러야 한다. 내 모든 것을 걸고 감사합니다를 불러봐야 한다. 밤을 꼬박 새워 감사합니다를 불러도 보고 살아있음에 감사해야 한다. 벼락명상하며 내면으로 '감사합니다'를 부르고 또 부르다 내가 끊어지고 감사로 충만해지는 그 순간 머릿속의 검은 구름에서 황금벼락이 다시 한번 일어나 머릿속을 내리쳤다.

네 번째의 참벼락 인진이다. 머리 정수리 백회의 '한알'을 통해 머릿속 검은 구름 속으로 내려와 목을 지나 왼쪽 어깨로 왼팔로 왼손까지 새하얀벼락이 휘어지며 내리쳤다. 선명하게 살아있는 참벼락 인진이다. 내 안에서 머리에서 왼팔로 벼락이 내린다. 팔(八)을 나타내는 벼락이다. 머릿속의 검은 구름에서 황금번개가 일어나 우주에서 내려오는 참벼락을 한알의 극으로 받으며, 머리 정수리 한알은 불을 밝히고 우주의 마음으로 사랑으로 전류로 하얀색의 벼락으로 왼팔로 왼손까지 내리친다. 그 순간 왼무릎 위에 있던 왼손이 벼락으로 유통되며 그 힘에 의해 천천히 들려 올라간다. 감사합니다는 계속해서 내 안에서 흘러나오며 왼팔로 벼락과 함께 흘러간다. 벼락은 살아있었으며, 한알이 있는 머리끝 백회에서 왼손까지 내 안으로 팔뚝보다 조금 가는 두께로 전체가 하나로 새하얀벼락으로 연결되어 있다. 하얀벼락의 힘으로 왼손이 천천히 들어 올려져 몸 앞으로 올라가더니 얼굴 앞까지 왼손이 서서히 올라왔다. 마음속으로는 '감사합니다'가 계속 터져 나왔다.

한동안 왼손 한 손만 얼굴 앞으로 올리고 '감사합니다' 명상을 한다. 여전히 번개는 살아서 머리에서 왼손으로 내리치고 있었다. "감사합니다" 하고 말하면 머리의 '한알'을 통해 왼손으로 벼락이 내리친다. 다른 표현이 없었다.

다시 "감사합니다. 감사합니다. 감사합니다."

마음으로 부르니 다시 한번 왼손의 벼락 속으로 내가 없어진다.

허공의 나는 왼손 하나를 앞으로 하고 하얀 한 줄기 빛만이 우주 공간에 떠 있다.

왼쪽 참본성의 눈에도 머리에서 왼손으로 하얀벼락이 유통되어 살아있다.

하얀빛과 생명력의 사랑의 벼락이 머리에서 왼팔로 내려온다.

수많은 시간과 공간이 교차하는 울줄(우주)의 허공에 왼팔의 빛이 나를 인도한다. 그 빛을 따라 몸과 마음 시선과 의식이 모아지다 사라진다.

숨 쉬는 연습을 할 때는 지구가 자전하듯 또 태양 주위를 공전하듯 해야 그 안에서 참된 진리의 기운이 만들어져 쌓이고 뿜어져 나온다. 욕심을 내어 무리하게는 숨 쉬지 말아야 한다. 생활과 삶에 항상 감사하고, 숨 쉬며, 명상하며 "감사합니다. 감사합니다. 감사합니다"를 외우다 의식이 끊어져야 한다.

그래서 깊은 본성의 자리로 맑고 맑아 고요함 속의 비어있으며 차 있는 곳으로 들어가는 순간이 자주 와야 한다. 그런 감사함 속에 생활하고 81자를 읽고 벼락명상하던 어느 때 머릿속의 검은 구름에 황금번개가 다시 일어나 찰나지간에 벼락을 내리친다.

다섯 번째 참벼락 인진(人震)이 내린다. 머리 정수리 한알에서 머릿속 한가운데로 검은 구름 속으로 목으로 오른어깨로 팔로 휘어진다. 빛이 휘어진다. 오른팔로 팔꿈치로 오른손으로 하얀벼락이 내리쳐서 허공과 통하게 된다. 오른손 역시 팔 전체가 새하얀벼락의 힘에 의해 무릎 위에 있는 오른손이 천천히 들려 올라간다. 가슴 앞으로 다시 얼굴 앞까지 올라간다. 팔(八)을 나타낸다. 내 안에서 이제 양팔로 인진 참벼락이 내려옴으로 양다리, 머리와 몸통, 양팔 온몸의 모든 곳에 벼락이 내리게 되어 새로운 속사람 내가 살아난다. 벼락을 다섯 번 맞은 머리의 한알은 빛나는 하얀색의 구슬과 같이 되어 더 밝고 맑게 다시 살아난다. 천천히 올라가는 손이 눈을 감고 있는 내 앞에 하얀색 밝은 구슬(白玉) 한알과 두 줄의 번개 줄로 나타난다. 수없이 많은 감사와 즐거움의 합장이 있었지만 그냥 별 감응 없이 손을 합칠 뿐이었다. 그렇지만 이제부터 하는 양손의 합장은 좀 달라야 한다. 벼락의 인도로 우주공간에서 머리와 팔을 통해 양손이 하나로 만난다. 왼손과 오른손의 만남, 음과 양의 만남, 위. 아래의 만남, 이쪽과 저쪽의 만남, 내 안에 들어온 하얀벼락과 하얀벼락의 만남, 공간과 시간의 만남, 허공과 나의 만남, 너와 나의 만남, 나와 나의 만남. 왼손의 벼락과 오른손의 살아있는 벼락은 서로 만나서 새로운 하나가 된다. 우주의 허공에서 내 몸에 들어온 두 하얀벼락은 원래 하나였기 때문에 손을 통해 만나면, 반가워서 더 큰 새하얀 빛을 내며, 그 손을 따라 내 가슴속으로 평화를 신물한다. 틈나는 대로 자주 합장을 하자. 허공에서 내려오는 내 안의 참된 평화를 만나는 복을 누리고 살리자. 양손이 얼굴 앞에서 벼락에 의해 완전한 합장이 되었다. 합장한 양손이 두 벼락에 의해 얼굴 앞에서 만나서 벼락으로 하나가 되려고 노력한다. 얼굴 앞에 양손을 합장한 채로 모습 없는 허공에 "감사합니다, 감사합니다, 고맙습니다, 고맙습니다." 속에 모든 의식이 녹아 들어간다. 양손이 머리 정수리 한알에서 내려온 쌍벼락으로 연결되어 "하얀빛의 벼락 맞은 손"으로 하나가 된다. 그러다가 빛이 되어 사라진다. 우주에서 머리 정수리 한알을 통해 벼락, 우주기, 빛이, 본성의 사랑이 빠르게 내려온다. 합장한 채로 "감사합니다, 고맙습니다." 마음속으로 말하면 머리의 한알을 밝히며 머리에서 팔로 손으로 벼락이 치며 하얀빛으로 흘러가 만난다. 양손이 빛과 생명의 우주기와 우주본심이 흘러 사랑으로 환하게 살아난다. 손이 살아나 손과 팔이 붙어 있는 몸과 가슴도 깊은 정화가 일어나고 있음을 알게 된다. 감사합니다는 저절로 흘러나온다. 마음속으로 '감사합니다' 말하며 심공 명상수련을 하면 이제 벼락 맞아 합장한 양손에 미세한 떨림이 일어나 양손이 손뼉을 친다. 그냥 손이 아니라 빛의 하얀손이 되어 빛이 서로를 때린다. 누가 옆에서 보면 좀 이상한 사람이라고 할 수도 있겠다. 손뼉 수행은 혼자 있을 때 했으면 한다. 갓난아기를 보면 기분 좋을 때 엄마가 손뼉 치는 것을 보고, 해맑은 표정으로 웃으며 양손으로 박수를 치는 것을 보게 된다. 머리와 가슴속 깊은 곳에서 흘러나오는 우주의 하얀벼락으로 손뼉을 치는 것을 알 수 있겠다.

"손뼉은 공감각적이어서 손을 얼얼하게 하고 귀도 얼얼하게 자극된다. 손뼉은 박(拍)으로 쓰는데, 손 수와 흰 백이 만나서 박이 되고, 심장의 박동과 호흡의 주기, 계절의 순환과 같이 몸과 우주의 생리적인 리듬의 원천이며, 손뼉은 존재의 모든 떨림에 내재하는 행동이자 가장 원초적인 음악 행위이다." – 계원예술대 성기완 교수 –

갓난아이는 조금 커서 앉으면 손뼉 치고 웃으면서 내 안과 온 우주를 하나로 느끼며 즐기고 얼얼함을 알게 된다. 감사함으로 양손이 만날 때 하늘에서 머리를 통해 내려온 하얀색의 벼락이 팔을 통해 손과 만나서 박(拍)이 되는 것이다. 손뼉 칠 일이 있으면 어린아기와 같이 정신없이 그냥 손뼉을 한 번 쳐보자. 즐겁고 행복한 순간에 손뼉을 잘 치자. 그러면 그 순간 머리가 맑아지고, 나와 남, 또 우주와 하나로 즐기게 되니 가슴속에 즐거움과 평화가 몰려오게 된다.

박수를 한참을 치고 나니 손바닥이 얼얼하고 가슴속이 후련하고 평화롭다. 그 손뼉의 울림소리에 손을 타고 가슴의 근심과 머릿속에 잡념이 사라져 맑고 청청해진다. 생활 속에서 여러 가지 복잡한 잡념이나 고통의 사념에 힘들어 할 때에도 어린아이와 같이 정신없이 손뼉을 쳐보자. 잡념이나 부정적인 마음이 사라지고 평안함으로 내 안이 더욱 맑아진다. 내 몸과 마음 안의 모든 것이 벼락 맞은 손에 의해 감전, 감응되어 허공의 사랑으로 얼얼하게 각성되고 있음이다.

얼마나 오래 때렸는지 한참 시간이 지난 후에 보니 온몸과 팔, 손바닥이 얼얼해진다. 계속해서 마음속에서 "감사합니다"가 울려 퍼지고 있었다.

우주의 사랑인 벼락 맞은 양손 '벽력쌍수'로 내 몸과 마음과 나와 남, 주위의 경계를 허물고 나아가 세상의 모든 경계까지 감싸서, 나와 주위 사람의 마음과 만물을 따뜻하게 양손으로 또 감사의 마음으로 벼락행동으로 자신을 힐링하고 서로를 사랑하며 널리 유익하게 해야 할 일이다. 손은 나 자신과 가까운 가족에게 제일 보약손이다. 아픈 곳이 있으면 먼저 자신을 치유해 보자. 그리고 가족을 돌보면 제일 잘 통하는 것을 알게 된다. 그러니 가까운 가족과 친하게 지낼 일이다. 이는 나와 유전자로 연결되어 마음이 빛이 되어 저절로 잘 통하기 때문이다. 엄마손은 아이에게 벼락약손이되어 배 아픈 아기는 엄마손으로 배를 쓸어주면 낫는다. 우주의 사랑으로 통한 벼락 맞은 손은 경계가 없어서 가족이 아니더라도 서로 통하면 언제 어디에나 열린다. 주위에 나와 안 좋은 사이의 사람이 있다면 먼저 내 안에서 그 사람의 이름으로 "OOO 감사합니다"를 불러봐야 한다. 내 안이 냉랭하다면 내가 그 사람과 잘하고자 하는 마음이 없음이다. 내가 먼저 변화해야 한다. 어떤 사람이 매일매일 봐야만 하는 보기 싫은 사람이 있어서 힘들어했다. 그래서 무슨 좋은 방법이 없을까 하고 주위의 많은 사람에게 물어보고, 여러 가지 좋은 방법들을 많이 시도해 보았지만, 다 실패하고 결국은 사이가 좋아지지 못했다. 그러다 누군가가 상대방의 이름 "OO님 감사합니다." 하고 크게 말해보라고 했다. 그래서 작정하고 항상 마음속으로 먼저 말하고, 운전하다가나, 목욕탕에서도 큰소리로 소리내어 "OO님 감사합니다." 말하면서 몇 달을 했더니, 자신이 먼저 변해서 좋은 게 있으면 항상 그 사람부터 챙겨주게 되어 둘도 없이 편하고 친한 사이가 됐다는 얘기다. 매일매일 일어나는 생활 속에서의 모든 일에 감사할 일을 만들어서 적어보자.

사람이면 "감사합니다. OO님." 하고 불러보자 내가 먼저 변화하기 시작한다.

감사합니다를 손으로 적고 감사할 일과 표현한 내용을 적어보자.

1.______________ /____

2.______________ /____

3.______________ /____

4.______________ /____

5.______________ /____

14

영운(靈雲)

인천에 있는 강화도 마니산 참성단에 해돋이를 보러 이른 새벽에 올라간 적이 있다. 마니산(摩尼山)은 머리를 뜻하는데 고려사, 세종실록지리지, 태종실록에 단군이 하늘에 제사 지내는 석단 참성단이 있다고 기록되어 있으며, 땅의 머리로 상징되어 한민족의 영산으로 불려온다.

고려 후기의 좌정승, 수문하시중 등을 역임한 이암 선생의 책 단기고사에는 “단군왕검이 무오 51년(BC 2284)에 마니산에 참성단을 쌓았다”라고 나온다.

참성단(塹星壇)은 글자 그대로 별의 웅덩이다.

참성단은 오르는 산길을 계단으로 만들어 조금 딱딱한 느낌으로 끌어당긴다.

한겨울의 어둠 속에 오르니 별이 잘 보인다. 계단으로 만들어져 처음에는 조금 지루하고 이상했지만, 몇 번 와보니 돌계단이 주는 좋은 점도 있다. 땅과 돌이 친근하다. 돌은 예전에 콘크리트가 없을 때 인류가 사용한 가장 단단한 건축재료이다. 한국의 수많은 고인돌, 고구려의 장군총, 이집트와 남미의 피라미드 등은 오랜 시간이 지났지만 아직 남아서 우리를 부르고 있다. 중간중간 보수를 많이 했지만 돌로 만든 참성단에 오르니 겨울이라 춥기는 해도 생각보다 바람이 심하지는 않았다. 잠시 눈을 들어 별을 한 번 보고 눈을 감고 바람을 느낀다. 그 옛날 참성단을 쌓던 선인들의 숨결이 살아서 흘러간다. 또 마음을 고요하게 내려놓고 벼락명상 속으로 들어가니 멀리 하늘에서 주먹만한 별들의 기운 덩어리가 머리의 한알로 쏟아져 내려와 하얗게 모인다. 참으로 좋은 곳이다. 이곳이 한국에서 기가 제일 센 곳이라고 여러 풍수학자들이 말하지만 그렇지 않은 것 같다. 머리의 한알로 내려받은 하늘의 수많은 별의 기운으로 머리가 하얘지고 맑아져, 정기신(精氣神) 일체가 같이 밝아진다. 머리 한알의 하얀 기운은 가슴속으로 내려가 수많은 별의 기운으로 장(壯)해진다. 그리고 그 기운은 실로 세거나 강하다기보다는 말로 표현할 수 없을 만큼 온 우주를 품어서 넓고 장(壯)하다. 의롭고 씩씩하고 장한 큰 어른이라는 얘기다. 그래서 마니산의 의미인 우두머리라는 이름에 참성단이 잘 어울린다.

기운이 센 사람은 주위에 많이 있다. 그 센 기운을 잘 다스리면 덕이 쌓여 복이 되지만 그렇지 못하면 개인이나 단체나 또 나라까지도 주위와 부딪히고 상처 주고 상처받고 서로를 꺾어지게 한다. 앞으로 누구든지 강화도 마니산 참성단에 오르면 세고 강한 기(氣)뿐만 아니라, 참성단에 올라서 가슴을 넓게 펴고, 오래전 선조 할아버님들의 크고 밝은 마음을 느끼며 가슴속으로 하늘의 별을 넉넉하게 가득 담아서 한없이 마음이 넓고 또 깊은 큰 어른이 됐으면 한다. 마니산 참성단에서 멀리 동쪽을 보니 한의 경계가 보이려 한다.

하늘에서 머리 정수리를 통해 벼락이 다섯 번 내리치면, 몸과 마음이 청정하게 정화된다. 내 안의 기운과 양다리, 몸통, 팔, 머리, 내 안의 모든 곳, 세포 하나하나, 감정적인 부분까지 새롭게 질서가 잡히고 있었다. 몸과 마음속의 영혼에 내리는 다섯 번의 참벼락 인진을 통해 내 안의 모습 없는 나는 깨어난다.

자연에서 회오리바람이나 태풍이 크게 지나간 다음 날의 아침 하늘은 너무 맑고 푸르다. 당연히 벼락이 치고 난 다음에도 공기가 맑고 깨끗해진 것을 우리는 실제로 느낄 수 있다. 과거 나의 생각, 피해의식, 관념, 내가 모르던 부분까지 모두 벼락에 태워 없어져 내가 텅 비어 없어진다. 머릿속이 깨끗하게 되고, 몸통, 마음까지 정화된다. 몸과 마음속에 벼락이 치고, 손에 벼락을 맞은 후에는 명상을 하면서 양손으로 몸을 비벼야 한다. 벼락 맞은 손으로 얼굴과 귀, 손, 팔, 다리, 배, 몸의 이곳저곳 안 비빈 곳이 없을 정도로 비비고 또 비비고 어떤 곳은 2-30분 정도 계속해서 비벼서 피부가 상하고 팔이 아파도 비벼야 한다. 명상하는 중에 손이 몸의 여기저기를 어루만지거나 때리기도 해야 한다. 남아 있는 습을 중화시켜서 다 풀어내야 한다. 몰입해서 이곳저곳 몸을 비비고 만지다 보면 아픈 곳과 나도 모르는 마음까지도 풀어지게 된다. 쓰담쓰담 하면 기분도 좋아지는 것 같이. 눈에 보이는 나의 입장에서면 나의 생각이나 관념, 몸, 마음, 기운, 성격, 성질 등은 절대 변할 수도 없다. 그렇지만 나를 바라보는 원래 나는 모습이 없었으니 눈에 보이는 내 몸과 마음이 느끼는 것이 생로병사를 일으킨다면 나를 바라보는 본래 나는 모습이 없으니 몸과 마음의 고통이 없겠다.

원래 근원의 그 자리에 있었으며 본래의 나는 삶을 시작하지도 않았고 끝내지도 않는다. 그냥 온 우주와 더불어 그 자리에 창조 이전 원래부터 있었을 뿐이다. 마음의 잘함과 못함의 분별, 내 안의 기운의 맑고 흐림, 몸의 여러 가지 느낌들이 본래의 모습 없는 나의 입장에서라면 크게 걸림이 없게 된다.

다섯 번의 벼락 '인진'을 통해 지금의 내가 보는 분별심이 점차 사라지게 된다. 분별은 내가 가진 정보와 경험의 눈으로 내 느낌으로 내 감정으로 내가 바라봄으로 나오게 됨을 알게 된다. 내가 알고 있고 배워온 모든 것이 바로 지금의 나의 총합이며, 내 감정과 지식이 우선이 되어 근원을 보지 못한 채로 삶을 살아왔기 때문에 분별이 일어난다. 모든 것 위에 지식적 이념이나 생각이 있는 게 아니라, 모습 없는 참근원이 있어야 하는데 그게 빠져 있어서 그렇다. "인간은 합리적 사고에 의해 도덕적 판단을 내리지 않으며, 각자의 직관이 판단을 내리고, 이에 맞는 전략적 근거를 하나, 둘 만들어낸다. 이는 우리가 무엇인가를 보는 순간 좋고 싫음을 곧바로 판단하며, 대상이 무엇인지 알기 전에 판단을 내린다." – 조너선 하이트 –

사람은 자라온 환경으로 내재되어 있는 관습에 의해 순식간에 모든 결정을 내린다. 그런 다음 자기 합리화를 하나, 둘 만들어 내가 진짜로 맞는다는 것을 나타내고 끝까지 주장하기 시작한다.

사람 귀한 줄을 모르는 사람은 아무도 없다. 그렇지만 어떤 생각, 의식, 사상이 그 사람의 내면에 일찍 자리 잡으면 그게 최우선이 된다. 그래서 교육을 하고 있지만 내면 성장의 참교육은 많이 약한 것이 현실이다. 사람과 함께 또 지구와 허공과 더불어 살아가는 삶을 살아야 하는 때가 왔다. 지구는 넓지만, 사람도 많아서 누가 어디서 무슨 일을 하는지 모른다.

깊은 바닷속에 쓰레기가 가득하고, 산호는 죽은 지 오래며, 어업자원의 상당수는 절반 이하로 감소했다. 공기는 내연기관 매연과 가축들이 뿜어내는 메탄과 여러 가지로 이미 오염이 심하여진 지 오래다. 바다의 오염은 결국 산소를 만들어내는 해양생물을 죽게 해 산소를 만들지 못해 사람에 해가 된다. 100년 전보다 오염 때문에 심한 질병 또한 많아졌음은 누구나 알고 있다. 육지나 바다에서 살아있는 생물이나 식물 한 종이 지구에서 없어지면 연쇄반응처럼 남은 개체도 영향을 주고받게 되어 있다.

미국 국립학술원회보(PNAS)에 보면 "한 종의 멸종은 또 다른 멸종을 낳는다. 인간에 의한 오염으로 지난 150년 동안의 멸종은 과거 1만 1700년 동안과 거의 같다"라고 나와있다. 보잘것없는 한 종의 멸종이 사람에게도 분명하게 영향을 미칠 수 있음이란 얘기다. 내 몸은 지구이며 작은 우주이다. 사람이 생명을 다해 죽을 때, 나이 먹고 노쇠해서 죽을 수도 있지만, 그때도 몸과 팔, 다리, 내장, 정신 전체가 다 골고루 일시에 같이 죽지는 않는다. 건강한 젊은 사람도 어느 자그마한 한 곳에서 문제가 생김으로 그 하나를 해결하지 못하게 되면 한 사람의 생명이 끝이 나게 된다. 지구도 마찬가지다. 어느 한 곳에 난 상처를 해결할 수 없는 지경에 이르면 전체가 생명력을 잃을 수 있게 된다. 자정능력인 생명력이 있을 때 살려야 한다. 주위의 어떤 사람은 이미 지구는 늦었다고 20여 년 전부터 얘기했다. 회복할 수 있는 자장과 지구생명력의 힘이 너무 크게 줄었다고 말한다. "내 안의 한 줄기 빛을 살려내야 한다." 모두가 함께 이곳에서 살 수 있는 새로운 문이 열리는 시작이 될 수도 있기 때문이다. 사람이 지난 150년간 벌인 일이다. 분명 사람이 해결하려고 노력하면 모습 없는 허공의 참주인이 도와준다. 사람의 몸과 마음을 넘어 참본성까지 생각하는 밝은 교육은 어릴 때가 좋다. 주위 사람과 함께 도우며 서로를 생각하는 따듯한 마음은 아이들이 먼저 할 때 바르게 성장할 수 있기 때문이다. 핑계를 대기 전에 혼자가 아닌 자신과 이웃을 이롭게 먼저 생각하는 그런 마음이면 되겠다.

"인생의 진정한 기쁨은 자신이 인정하는 위대한 목표를 위해 살아가는 데 있다. 우리는 이기적인 마음으로 세상이 자신을 행복하게 해주지 않는나고 잔뜩 열을 내며 한탄하는, 질병과 원망이 가득한 사람이 아니라 자연의 힘이 되어야 한다. 나는 내 인생이 공동체 속에 있다고 믿고, 그 공동체를 위해 최선을 다하는 것을 영예로 여긴다. 나는 내 힘을 온전히 다 사용한 후에 죽고 싶다. 열심히 노력할수록 더 오래 사는 법이다. 나는 인생이 그 자체로 즐겁다. 인생은 금방 꺼져버리는 촛불이 아니다. 인생은 내가 살아있는 동안 굳게 움켜쥔 아름다운 횃불이며, 나는 그 불이 찬란하게 타오르다 미래 세대에게 전해지기를 바란다." – 조지 버나드 쇼 –

우리는 조그만 지구와 온 우주와 함께 사는 공동체이다. 자연의 힘을 느끼고 지구와 우주공동체가 함께 살 수 있는 멋진 미래를 후대에게 물려 주어야 함은 당연한 일이다. 그런 마음이 내 안에 있다면 삶이 즐겁게 된다.

큰 횃불은 아니어도 작은 반딧불이가 되어 불씨 하나만 살려서 전해 주어도 좋다. 조상에게 받은 내 안에 잠자고 있는 하나의 불씨가 살아나게 인생의 풀무질을 절대로 멈추지 말자.

한국의 고대어 빛 광(光)을 보면, 그 옛날에는 분명 전구가 없어서 밤에 달빛과 별빛, 낮에 햇빛 그리고 모닥불, 자연의 반딧불이 정도가 수천 년 전 한국의 선조 동이족들이 볼 수 있는 빛의 전부였을 것이다. 오래된 빛 광 글자를 보면 처음에는 앉아있는 사람의 머리에 불이나 횃불로 나오며 나중에는 머리에 빛이 있는 사람이 앉아있는 모습을 보여준다. 빛 광(光)은 "앉아있는 사람(人)의 아랫배 속이나 머리 정수리의 백회에 있는 한의 경계(一)위에, 빛(小)이 터져 나오는 것"을 한국 선조가 표현한 고대글자이다. 벼락명상을 하면 몸과 마음이 비어 시간과 공간의 우주에서 자유하게 될 때가 자주 있다. 눈을 뜨나 감으나 깨어있으므로 큰 자유를 느낀다. 빛이 있기 이전의 한의 상태로 들어가기 위해서 마음과 몸이 빛으로 다시 태어나야 한다. 내 몸 밖의 멋진 빛의 세상을 여행하며, 아름다운 곳을 보며 평생을 찾아 쫓아다녀도 그 빛은 이미 내 품을 떠난 빛이다. 내 안의 빛으로 연결되어야 빛이 태어나기 이전의 만물이 생멸하는 본성, 사랑의 생명력이 있는 무와 한의 자리로 갈 수 있게 된다.

"지구와 목성, 화성, 안드로메다은하, 그리고 그 밖의 우주 곳곳에서 항상 동일한 속도로 돌아가는 공정한 시계란 애초부터 존재하지 않았던 것이다. 빛의 속도로 이동하면 물체에게는 시간의 흐름이 정지되며, 빅뱅 때 탄생한 광자(빛을 구성하는 입자)는 150억 년이 지난 지금도 늙지 않고 그때를 그대로 유지한다. 광속으로 움직이는 물체는 결코 나이를 먹는 법이 없다." 브라이언 그린의 '엘러건트 유니버스' 중에서 예로부터 불로장생은 모든 사람의 희망사항이다. 눈에 보이는 빛은 영원히 젊음을 누리며 불로장생하고 있다. 빛을 통해 나를 넘어 근원으로 통한다.

몸을 가진 우리는 몸이 있을 때 몸 안에서 빛이 나올 수 있음을 알아야 한다. "인생이란 못 믿을래라, 장가는 누구이며 조가는 누구인가, 알고 지내던 사람 손꼽아 세어보니 살아남은 이 그 몇이던고, 젊다 늙다 말하지 말라. 황천가기는 매일반이니, 몸으로 일찍 깨달음을 얻는 것이 크게 급할 뿐 주저하지 말라." – 경허 –

태어나는 데는 순서는 있다. 그렇지만 죽는 데는 순서가 없다. 몸이 있을 때 삶의 순간순간 깨어나 본성의 고요함과 맑음으로 매일매일 매 순간을 지극한 행복을 느끼면서 살자. 몸은 땅으로 돌아가지만 살아있는 몸이 있을 때 몸에서 나온 그 맑고 투명한 빛을 통해, 그 빛보다도 먼저 있었던 빛이 있기 이전의 빛이 없는 온 우주의 만물이 태어난 본성의 영원 속으로, 한의 경계로 돌아갈 수 있게 된다. 생활명상과 함께 저절로 모습 없는 우주 맑음이 머릿골로 내려옴을 느끼며 이로 인해 마음은 청정하고 환하다. 생활에서 흙탕물과 바람이 내면에 생겨도 잔잔한 물로 변해 다시 맑아진다. 복잡한 생각도 벼락으로 정화되며, 심하게 아픈 중병이 아닌 이상 깊은 명상상태 속으로 들어가 그 부분에 벼락 맞은 손과 내 아랫배 속의 뜨거운 기운으로 운용하며 10~20분 비비면 거의 풀린다. 사실 우리 몸이나 마음의 병은 어느 한순간에 만들어지지 않는다. 보통 오랜 시간 동안 우리 마음에 몸에 신호를 보낸다. 우리 감각이 퇴화해서 모르거나 알더라도 심하게 아프지 않아서 그냥 무시하고 지나치게 되어 시간이 흘러 더욱 커지게 된다. 그러니 몸과 마음의 감각을 회복하고 사랑하자 그리고 신호를 그냥 무시하지 말자. 또 내 안의 허공에 무지갯빛 태양 ISP(inner smart phone) 해의 도장을 만들어 항상 나와 허공과 소통하자. 그래서 감각을 깨우면 나와 주변의 사람과 또 나아가 사회와 더 넓은 곳과 지구가, 또 모습 없는 하늘이 보내는 여러 신호를 무시하지 않고 알아들을 수 있게 된다.

아바타 영화를 재미있게 봤었는데 내용과 스토리전개, 등장인물 등등 참 신선한 충격을 주었다. 외계행성 종족이라곤 하지만 사람보다 더 나은 감성이 있어서 좋았다. 영화를 처음 보고 놀란 장면이 여럿 있었는데 그중에 유독 한 씬이 영화를 보고 난 후에도 많이 생각났다. 걷기 힘든 주인공 제이크는 아바타로 변해 외계행성에서 그들의 운송수단인 가장 큰 새와 같은 토룩을 조종하는 기술을 배우는 장면이다. 사람의 머리카락을 이 큰 새의 머리에서 나온 커다란 머리카락과 같은 신경선과 연결해서 교신하고 조종하는 장면이다. 어디서 이런 생각을 했을까 참 궁금했다. 우주본성의 생명 에너지가 머리카락으로 들어온다는 사실을 전혀 모르는 사람에게서는 힘든 아이디어이기 때문이다. 아바타 관련 글을 읽어보았는데, 북미 아메리카 원주민의 전통에 머리카락을 통해 우주의 근원에너지가 들어온다는 내용을 영화 관계자가 미국 원주민에게 듣고 아이디어를 냈다는 것이다. 북, 남미의 아메리카의 원주민들은 오래전 아시아에서 이주했다. 이들은 고대의 동이족 한국과 많은 연관성을 가진다. 아이들의 공기놀이며, 둘이 하는 실뜨기 놀이, 유사언어, 원주민의 오래된 전통노래 가사의 발음이 같으며, 언어적으로도 제법 많이 연결된다.

머리의 가마는 내 안과 검은 우주 허공의 통로의 흐름을 뜻하며, 기운을 받고 내보내는 곳이라고 했다. 머리의 가마를 보면 아랫배 속의 한의 경계 기의 바다 위에서 탄생한 한알들의 회전 운동을 그대로 닮은 것을 알 수 있다.

우리는 각자 평범하지만 독특한 기운을 시시각각 우주 허공과 각자의 부모로부터 잉태되어 받아 태어난다. 엄마의 자궁에서 부모에게 받은 나만의 에너지로 잉태되는 순간 우주 허공의 기운을 받아 몸이 만들어지면서 내 몸속에서 에너지가 회전하며 날아올라 가마에 또 몸에 회전의 기운으로 남아 있음이다. 현대의 과학자들이 촬영한 은하의 회전하는 모습과 머리의 가마의 회전 등이 내 근본(本)자리 아랫배 속 가운데의 "찬란한 빛에 휩싸여 보이지 않는 회전하는 창조의 원천" 한알빛의 회전과 연계되어 나만의 특별한 회전에너지로 나타나 있음이다. 사람뿐만 아니라 회전하면서 나오는 근원의 기운과 마음에 의해 지구의 자전과 공전, 회오리바람, 토네이도, 태풍, 선인장, 꿀벌의 집 짓기, 식물의 생장점과 뿌리의 진행, 달팽이의 나선형 등등 얼마든지 주위에서 찾아볼 수 있다. 그래서 살아내는 삶 또한 모두 다를 수밖에는 없지만 태어남과 죽음의 사실은 같다. 나만의 얼굴과 목소리, 타고난 것과 내가 지금까지 살아온 일이 어우러져 지금의 나와 내일의 내가 만들어진다. 지금의 내가 현재에 있을 뿐이다.

머릿속의 검은 구름에서 신령스러운 기운이 느껴진 것은 "81자를 읽고 감사합니다." 명상을 깊이 하다가 한의 경계에서 무심으로 들어가 깊이 내면을 운행하며, 한동안 온몸을 어루만지고 비비던 손이 저절로 양무릎으로 내려가 멈추고, 나를 잊고 본심의 맑고 깊은 한의 경계를 보며 명상을 할 때였다. 가만히 있던 머릿속의 검은 구름 속에서 새로운 움직임이 시작된 것을 알 수 있었다. 왼쪽의 참의 눈으로 앉아있는 나를 보니 머릿속의 구름이 살아서 움직이는데 구름을 감돌고 있던 황금번개가 구름에서 풀리면서 검은 구름 속에 빛 없이 투명한 무언가가 서서히 나타나고 있었다. 맑고 투명하며 빛 없는 빛이 검은 구름 속에서 분리되어 천천히 아주 천천히 나타났다. 어두운 머릿속을 맑고 투명한 은은한 빛으로 아주 약하게 비춘다.

한참 동안 머릿속을 어루만지는 느낌으로 머물렀다. 빛은 약해서 거의 없었다. 머리가 다시 정화되고 있음을 알았다. 얼마간의 시간이 흐른 후 물 덩어리가 되어 목을 통해 아래로 천천히 미끄러지듯이 내려오고 있었다. 또 천천히 가슴속에서 맑고 투명한 약한 빛으로 내 안을 비추고 머물렀다. 다시 윗배로 내려가고 서서히 아랫배 속까지 아주 천천히 내려와 똑같이 은은하고 투명하게 아랫배 속을 구석구석 비추었는데 내 안의 몸과 마음까지 전부 다 그냥 유리알 속을 지켜보는 것처럼, 또 직접 느껴보는 잔잔한 느낌이 들었다. 거짓말을 할 수도 다른 생각을 할 수도 없는 있는 그대로 그야말로 지나온 내 배 속 치부를 다 열어서 보여준다. 갑자기 부끄러운 생각이 들었다. 몸과 마음속의 어두운 곳에 검은 돌덩어리들이 깊이 묻혀 있는 게 은은한 빛에 의해 속속들이 보여졌기 때문이다. 그냥 있는 그대로 다 보여주고 감출 것도 없었다. 내 안에 언제부터인지도 모르는 돌들이 박혀있음을 알게 된다. 벼락을 맞아 다 부서지고 정화된 줄 알았던 내 안의 깊은 곳에 자만도 있을 것이다. 생활 속에서 만들어졌을 수도 있겠다. 내가 모르는 깊은 내면의 어둠 속에 박혀있는 돌들은 벼락이나 원자 폭탄으로도 내 몸이 죽어도 깨지지 않는다. 내가 지금 생활을 통해 모습 없는 하늘을 닮게 내면이 성숙하게 변해야 한다. 하늘이 모습이 없다고 한 게 그냥 한 말이 아니다. 텅 빈 허공 본성의 성품이 내 안에 있음을 알고 24시간 깨어있어야 한다.

살면서 항상 내 안을 다듬고 관찰하고 성찰하고, 삶 자체에 대한 존경과 예(禮)를 지키고 알며, 늘 깨어있어야 벼락이 왔을 때 내 안의 깊은 곳에서부터 참밝음이 더욱 살아난다. 마음은 평안했으며 이 모든 일이 하늘의 사랑이며 참된 행복임을 안다. 값 없이 태어나 숨을 들이쉬고 내쉬는 복을 얻었으며, 허공의 참벼락을 큰사랑으로 받았음도 안다. 이제 내가 느끼는 몸과 마음이 아니라 참 본성의 몸과 마음이 언제나 내 안에 함께한다. 머리에서 내려온 은은한 빛의 물 덩어리는 한참을 아랫배 속에 머무르다 다시 아주 천천히 위로 올라간다. 은은하고 평화로우며 중심이 없는 잔잔한 빛 아닌 빛만이 존재한다. 가슴속으로 목으로 머릿속으로 올라갔다. 머릿속에 머무르더니 얼마 후에 똑같이 온몸을 수직으로 아주 천천히 내려오면서, 투명함과 밝음을 비추고, 멈추고, 느끼고 내 안을 오르락내리락 여러 차례 반복했다. 시간이 어떻게 지나가는지 알 수가 없는 순간이다.

강하지도 않고 밝지도 않은 온화하고 은은한 보름달보다도 연한 빛, 생명의 은은한 빛에 의해 내 안의 돌들은 천천히 아주 조금씩 녹아내린다. 나를 다시 한번 돌아보고 정화하고 보살피고 모르는 깊은 곳까지 치유하고 확인한다. "내가 어떻게 할 수 없는 내 몸과 마음속의 깊고 깊은 어둠으로 내 안에 박혀있는 돌들이 조금씩 조금씩 녹고, 더 걷히고 진정한 평화가 지나가고 또 오고 있음이다. 진정한 깊은 평화는 내 안에서 나온다기보다는 우주 허공의 본심의 자리에서 내려옴이다." 수없이 반복해서 오르락내리락하니 내 안의 깊은 곳이 더 편안해진다. 생활 속에서 나타나는 고통, 분심과 탐욕 등등은 내면의 돌로 변하지만 또 조금씩 우주 허공의 사랑으로 조금씩 녹아내린다. 천천히 반복해 위아래로 움직이던 은은한 빛은 서서히 머리로 올라가서 자리를 잡는다. 평화로움이 머리와 가슴속, 배 속까지 밀려 내려온다.

이런 상태로 시간이 얼마나 흘렀는지 모른다.

"고요와 맑음 그리고 평화" 그 후, 언젠가 찰나지간에 일어난 일이다.

"모습 없는 내가 머릿골에 함께 하겠다"라고 했다.

우주 허공으로부터 머릿골에 내려온 얼굴의 주인 "모습 없는 본성의 얼"이 자리를 찾은 것을 알 수 있었다. 지금 내 몸의 나, 마음이 있는 나는 태어나서 죽을 때 내 몸과 내 마음은 함께 죽는다. 그렇지만 본래의 모습 없는 참본성의 나는 원래부터 세상에 창조되거나 태어나거나 죽지 않으며, 그 진면목은 온 우주와 더불어 시작도 끝도 없는 영원의 무에서 또 한의 경계에서 왔음을 알기에 영원을 누린다. 온 우주의 근원이 각자 인류의 한 사람, 한 사람의 전 삶을 통해 나타나신다. 그러니 한 사람의 목숨이 소중하다는 얘기다.

영(靈)은 심령이다.

"참전에 나온 '허령(虛靈)'이란 마음에 가리운 바가 없어 밝은색이 영롱하게 빛이 나는 것이다. 그 가운데 이치와 기운이 생겨 하늘의 온 누리와 작은 것까지 두루 감싼다. 영의 이치야말로 신령스러운 것이다."

이같이 밝아져 영롱하게 빛이나, 깊은 어둠이 다 사라져야 한다. 그러면 온 우주를 덮고도 남음이 내 안과 밖에 원래 있었음을 알게 된다. 구(九)의 자리를 보여준다. 내가 어찌할 수 없는 부분이 있음을 알고 모습 없는 하늘에서 내려온 참영에 의해 내 안이 맑고 영롱하게 빛이나 온 우주를 감싸야 한다. 고요함 속에 청정해지고 밝아지고 사라진다. 참본심의 자리가 내 안에 생활 속 삶의 행복과 고통의 모든 순간에 참영을 통해 성장하게 된다. 그러면 나와 온 우주를 함께 둘러쌓고 있는 본래의 맑은 신령스러운 영을 느끼게 된다.

머리에 허공의 얼이 자리 잡으니 나와 모든 사람이 똑같이 소중하게 느껴진다. 이 넓은 우주에서 가족과 가까운 사람끼리, 같은 동네, 같은 나라, 지구촌의 살아있는 모르는 사람끼리 하나의 얼을 통해서 함께 살아있음을 알고, 서로 밝은 존재로 만나서 살아야 한다. 그래서 나를 위해 서로를 위해 또 만물을 이롭게 하다 보면 내 안의 어둠의 돌들이 걷히기 시작한다. 큰 우주의 원리에 의해 내 안의 어둠이 사라지는 삶으로 안내한다. 나 혼자서 산속에 있어서는 내 안의 어둠이 걷히더라도 성숙해지기 힘들다. 사회 속에서 함께 있으며 움직이고 나누어야 한다. 그런 가운데 영혼이 성장과 성숙을 한다. 그 중심에 모습 없는 하늘이 어디에나 내려와 있음을 알아야 한다. 모습 없는 하늘도 우리와 함께하려고 숨으로 사람으로, 사랑으로 또 빛으로, 벼락으로, 구름으로, 빛 없는 빛으로 이미 우리 안에 내려와 계신다.

사람은 물질적으로 보면 온 우주에서 얼마나 보잘것없는 존재인지 알 수 있는 글이 하나 있다.

"여기가 우리의 고향이다. 우리가 알고 있는 모든 사람들, 우리의 즐거움, 고통, 이데올로기, 종교, 영웅과 비겁자, 왕과 농부, 인간 역사 속의 모든 성인과 죄인들이 여기 태양 빛 속에 부유하는 먼지의 티끌 위에서 살았던 것이다. 우리가 사는 이곳은 암흑 속의 외로운 얼룩일 뿐이다. 이 작은 세계를 찍은 사진보다, 우리의 오만함을 쉽게 보여주는 것이 존재할까? 우리가 아는 유일한 고향을 소중하게 다루고, 서로를 따뜻하게 대해야 한다는 책임을 적나라하게 보여주는 것이 있을까." 칼 세이건의 책 '창백한 푸른점'은 보이저 1호가 지구에서 64억 킬로미터 떨어진 곳에서 카메라를 돌려 점 크기만 한 지구를 찍은 사진을 보고 지은 이름이다. 먼지의 티끌보다 작은 지구 위에서 우리는 물질과 사상적으로도 그만 싸워야 한다. 사실 이제는 싸울 시간도 별로 없다. 먼지보다 작은 창백한 푸른 별에서 그리 잘난 것도 못난 것도 없는 우리, 온 우주보다도 큰 모습 없는 한의 신령스러운 사랑으로 살아있음에 감사해야 한다. 먼지는 바람불면 날아가고 비 내리면 어디론가 사라진다. 찰나지간에 없어진다. 오래전 학창시절 화학시간에 수소, 헬륨, 탄소 등의 원자를 배우며 화학식을 배웠던 생각이 난다. 그때도 원자 간의 결합으로 분자가 되는 것을 배우며 그 크기가 궁금했었다. 얼마 전 어떤 과학자의 설명을 보니 지구를 구성하는 각 원자의 사이를 공간이 없게 붙여 놓으면 작은 점보다도 작다고 했다. 우리 태양계가 속해있는 은하 전체를 원자끼리 붙여 놓아도 그 크기가 아주 작은 점 정도라고 하면서 아마도 인류가 관찰한 온 우주의 원자를 붙여 놓아도 주먹 하나 정도 된다고 했다. 그러니 물질로서 나와 지구, 우주, 우리 눈에 보이는 모든 게 정말 작은 크기임을 알 수 있다.

"칠일묘연만왕만래(七一妙衍萬往萬來) 용변부동본(用變不動本)"은 머리 정수리와 우주의 한의 경계로 우주에서 내려온 벼락이 칠(七)이다. 머리 정수리의 한의 경계가 열림으로 육생(六生)을 통해 수많은 한알들이 우주로 나가서 우주 허공과 별과 땅과 생명의 기운으로 변화하게 된다. 내 안의 한알이 모습 없는 극이 되어 온 우주와 연결되어 있음이다. 내가 달과 태양과 오리온자리, 북두칠성, 북극성 등등에도 있으며 서로 연결되어 있음이다. 이때의 나는 모습 없는 극의 본성이 된다.

묘(妙)는 머리끝의 한의 경계에서 기운이 묘하게 펴져 온 누리로 나가는 것과, 지금의 내 모습은 내가 여태까지 해온 일을 통해 우주의 기운이 내게 돌아와 나타난 나의 삶의 결과물을 나타낸다. 묘하게 가고 오는 참본성의 자리를 보여준다. 용변부동본은 이같이 본성의 한은 수만 가지로 사용되어도 근본은 움직이지 않고 언제나 한의 경계 그 자리에 있게 된다. 생명을 가지고 다른 시간과 다른 공간에서, 다른 세계에서 수만 가지의 다른 삶 속에서 생활을 하며 움직이고 변하며 살아도 우주의 근원은 언제나 내 안의 한의 경계에서 지금이 순간 그대로 머물고 있게 된다. 스스로가 보고 들은 머릿속의 수많은 정보에 의해 자의식이 생겨 서로 각자가 다른 나의 바름을 가지고 서로 공감하며 또 다투며 지낸다.

그렇게 살아가는 순간 잠시 1분이라도 눈을 감고 숨을 고르며, 그 순간 나를 바라보는 내가 있음을 알아차려야 한다. 그래서 내 안을 밝히는 바른 빛 생명의 한의 경계를 바라보고 체득해 참본성을 깨워, 우주 허공과 통하고 나누며 다시 새로운 삶을 살아내는 공부를 해야 한다. 그리고 진실로 깨달아야 한다.

내가 내 안의 진짜 어둠의 돌을 알아차리는 순간, 우주 허공에서 내려온 신령스러운 얼, 영운에 의해 내 안의 다른 밝은 참본성의 모습 없는 나는 더 크게 찬란하고 영롱하게 깨어나 숨 쉬며, 새로운 본성의 삶을 살아가게 된다.

15

맑고 투명한 빛의 이슬과 기름이 내 안에 흘러내리면…

삶의 의미는 오래전부터 사람들을 성장하게도, 또 방황하게도 만들어 내면을 성숙하게 만드는 일종의 화두였다. 언젠가 읽은 글에서 사람이 지금과 같이 정신, 문화적, 물질적으로 성장을 하게 된 배경에는 사람의 욕심과 내면의 성찰을 통한 신성의 고귀함에 이르는 두 가지가 시소를 타고 중심을 잡고 잘 달려온 결과라는 것이다. 우리는 언제 만족할지, 멈출지를 잘 모른 채 살아간다.

누군가는 삶의 의미란 없다고 했다. 막살아도 된다가 아니다. 그 의미를 부여하는 내가 스스로 나의 가치와 크기를 정하는 만큼, 나의 삶의 의미가 결정된다. 진짜 삶의 의미가 없음을 알게 되면 그 없음은 꽉 들어찬 새로운 삶의 의미로 안내하게 된다.

누군가는 OOO을 사랑하고 이루어가는 과정에 평생을 쏟을 수 있으며, 또 누군가는 가정을 이루고 행복하게 사는 일을, 누군가는 자신과의 약속을 지키기 위해, 어떤 사람은 대를 이어 평생을 한 가지에 가치를 두어 행복하며 살 수도 있고, 어떤 이는 낮은 사람으로, 리더로, 장사로, 유명인으로, 기업가로, 주연, 조연으로, 엄마로, 아빠로, 딸, 아들로, 할머니, 할아버지, 공직으로, 군인으로, 정치로, 게임으로, 인플루언서로, 가난한 사람으로, 부자로, 성직자, 교직자, 학자, 작가, 예술가, 봉사, 청소, 사명자, 사람 등등을 우리가 알고 있거나 모르는 삶의 방식으로 영향을 주고받으며 살아간다. 이 모든 과정을 통해 우리는 지금까지 살아왔고 앞으로 세상을 이어갈 것이다. 내가 지금까지 살면서 해온 일이 나와 주위 사람과 만물에게 유익한 결과로 나타나, 이를 통해 소소한 행복을 느끼며 살아가게 된다. 삶을 살다가 허공의 인연과 성장과 성숙해지는 대우주의 원리를 만나 순간순간 깨어나 밝아지고, 우주를 만들기 이전의 원래 하늘과 땅과 사람의 근원으로 돌아가, 큰 대우주의 자유와 함께하는 과정을 숫자로 적은 게 우주의 비밀 81자이다. 이 81자를 읽고 생활하고 숨을 고르며 명상하다가 깊은 내면에서 구름, 벼락, 우주기, 영, 얼, 무, 나, 한을 체득한 것이 한국벼락명상법이다. 81자는 여러 삶의 방식을 통해 설명이 다르게 나오고, 해석 또한 가능하기 때문에 여러 종류의 해설이 나올 수 있다. 사람 본연의 생명인 숨과 벼락명상수련을 통해 깨우쳤으며, 이를 통해 바라보고 느낀 근원의 본성 자리에서 온 검은 구름과 황금벼락과 참이슬에 관한 내용을 가지고 81자를 풀었다. 육(六) 이후는 내면의 빛이 안내하는 삶을 살게 된다. 수많은 삶의 순간순간 매일매일 일어나고 있는 감동과 깨우침의 벼락을 통해 내려온 한 줄기 빛이 각자의 피부와 내면의 영혼을 밝히고 있음을 매 순간 알아차리자.

이런 과정 중에 숨과 불, 호흡으로 벼락명상으로 감각을 깨워야 한다. 그래서 우주의 생명이 통하는 않은 절연체, 부도체의 내 몸과 마음이 있음을 알게 된다. 감각이 살아나면, 우주의 크나큰 본성의 생명력 사랑이 생생하게 살아 흐르는 도체의 몸과 마음으로 변화하게 되어, 이 내면의 빛을 통해 빛의 탄생 이전 만물이 태어난 본성까지 통하게 된다. 생활 속에서 무슨 일을 하고 있든지 관계는 없다. 다만 그 일을 통해 나 자신과 만물을 조금이라도 이롭게 하고, 본래의 나를 보며, 내 안의 죽어있는 만물을 살리는 생명력 하늘의 감, 본성의 감을 다시 깨워내야 한다. 그래서 각성의 감을 넘어서 언제나 빛과 사랑을 느끼며 본성 속에서 함께하는 행복한 삶으로 나를 안내한다.

우주의 본성은 생성하고 멸하는 데 있지만 근본적으로 사랑을 품고 있기 때문이다.

우리는 항상 바쁘게 살아가며, 내 안을 돌아볼 시간이 없다고 하고, 반복해서 숨을 몰아쉬고, 번잡함을 좋아하며, 질서에서 무질서로, 욕망의 삶을 살아간다. 그렇게 내가 생각하는 바른 삶을 살아가다가 문득 한순간에 잠깐의 공허함과 같은 깨어남을 통해 내 안과 밖의 껍질을 두드리는 인생을 수없이 살아간다. 결국, 깨질 때까지 두드리고 또 두드리다 깨지고, 끝까지 열릴 때까지 살아내야만 한다. 언젠가 우리 모두 숨을 내쉬며 육체가 죽음을 맞이하지만, 살아있는 동안 허공의 기운과 마음으로 고요와 청정함으로 맑음으로 또 큰 밝음으로 나를 깨고 나와, 궁극에는 대 자유를 얻을 수밖에 없음을 알게 된다. 연어는 알을 배면 고향으로 돌아가 알을 낳기 위해 먼 길을 물살을 가르면서 올라간다. 연어가 알고 가는 길이 아니듯이 모든 생명은 언제 이루고 변화하고 깨어나 허공으로 돌아갈지 모르지만, 우리는 지금도 그 길을 빛보다도 빠른 속도로 전력을 다해 가고 있다. 연어는 알을 배면 물살을 타고 올라간다. 그렇지만 사람은 감각이 죽어 매일매일 배에 알을 배도 밴 줄을 모르고 살아간다. 깨어날 준비를 하지 않고 허공의 선물인 알을 그냥 매 순간 죽인다.

허공의 알을 배면 바로 알 수 있게 하늘의 감이 살아나게 각성되어야 한다. 그래야 삶 속에서 알을 배는 순간을 알아차리게 되어, 지금의 '나'라는 알에서 깨어나게 된다. 미리미리 생활에서 내면의 고요함과 청정하고 맑음을 사랑하고, 밝아질 연습과 준비가 필요하다. 그리고 깨어난 다음은 본성의 내면이 이끄는 육생(六生) 이후의 빛의 삶을 살아갈 수 있게 된다. 삶은 어떤 모습이든 즐겁고 행복하게 살아내야 한다. 그래서 전체의 삶은 있는 그대로 참다운 '깨어나기 위함'의 의미를 포함한다. 지금의 몸을 가진 삶의 짧은 일생(一生)의 여정 중에 무엇이 본래의 바른 길임을 아는 분들은 오래선부터 말씀하시고 세상에 다 전하고 본래의 본성자리로 돌아가셨다. 그렇지만 우리는 지금도 내가 가지고 있는 정보와 관습, 관념, 나의 바른 직관에 의해 내 마음에 드는 관심 있는 부분만 눈에 들어오게 되어 있고, 그것만 받아들일 수밖에 없다. 본래의 모습 없는 참된 내가 아니라, 지금의 내가 가진 정보와 내 생각, 내 마음, 내 몸과 내 마음의 내 감각이 나로 알고 있어서 욕심과 성냄과 어리석음이 지금의 나에서 나오게 됨을 알아야 한다. 그래서 본래의 모습 없는 나는 이와 같은 것을 포함하지만 진정한 나는 아닌 게 된다. 내 태양의 도장에서 성숙하게 변화함으로 나와 남을 조금 이해하게 된다. 머리의 지식이 아닌 모습 없는 내가 깨어 나와야 내 안으로의 작은 알음에 의해 바름이 만들어지며, 그 길이 보이게 되어 분별이 없는 참된 허공의 행복과 평안이 내 안에 있게 된다. 모습 없는 투명한 우주의 얼이 검은 구름 속에서 머릿속으로 나와 내면을 유영하고, 내 몸과 마음의 깊이 박혀있는 돌들을 일부분 사랑의 물 덩어리 얼로 녹여내어 주었다. 머릿속에 얼로 자리 잡은 후에 더욱 얼굴이 밝아진다. 얼굴을 찡그리면 온 내면이 또 몸과 함께 어두워지기 때문에 활짝 웃어야 한다. 생활 속에서 호흡과 명상은 따로 하지 않아도 저절로 이루어지고 사물은 평안하며 그대로 그 자리에 있다. 모든 것이 자리를 잡아 한 치의 오차 없이 지구가 태양을 돌듯이 순환하고 있다. 눈에 보이는 모든 것이 어느 한 곳을 향해 일사불란하게 빛보다 빠른 현재를 지나가고 있을 뿐이다.

어느 맑은 일요일 아침이었다. 평소와 마찬가지로 몸과 마음을 가지런히 하고 부모님과 선조와 모습 없는 우주의 하늘에 감사하고 정좌한 후 기해호흡수련과 81자를 읽고 한국벼락명상을 시작했다.

왼쪽의 살아있는 모습 없는 눈으로 앉아있는 나를 본다. 평화가 내려옴을 느끼고 살아있음에 감사한다. 검은 구름과 살아있는 황금 번개가 머릿속에 자리 잡은 후 다섯 번의 참벼락 인진이 내리친 후에는 눈을 뜨나 감거나 번개가 시나간 자리로 하얀 우주의 생명이 흐르고 빛이 난다. 의식하거나 말로 부르면 언제든지 그 길로 하얀벼락이 흘러간다. 아직 머릿속에 검은 구름과 황금번개는 살아서 움직이고 있다. 내 마음속 깊은 곳에서 자만의 힘이 느껴진다. 검은 구름과 황금번개는 모습 없는 허공으로부터 내려와서 있는 그대로 순수하지만, 아직 크게 성숙하지 못한 내가 내 안에 남아 있으므로, 우주 그대로의 참본심이 아니며 밝은 내 힘이 아님을 안다. 내 힘이 아니다. 내 힘이 아니다. 내 힘이 아니다.

이를 알아차리는 순간 내 안의 나는 끝까지 모습 없는 참본성의 하늘에 겸손하고 감사하라고 했다. 언제 어디에나 있어 온 모습 없는 참하늘이다. 다시 나의 왼쪽에서 눈을 떠 오른쪽에 앉아있는 나를 바라본다. 아랫배 속에 떠 있는 붉은 불덩어리는 뜨거웠으며 평안했다. 이를 느끼며 바라보고 있으니 의식이 또렷해진다. 또 행복함이 안에서도 올라온다. 바라보는 나의 우주에는 모습 없는 우주의 눈이 있을 뿐이다. 머리에 있는 모습 없는 참본성의 신령스러운 '얼'이 다시 말한다. "이제 영원으로 함께 하겠다." 영원이라고 했다. 감사가 하늘에서 머리로 내려온다. 고요와 맑음이 밀려온다.

뜨거움과 청정함이 함께하며, 또 밝아지고 없어진다. 내면의 모든 의식은 아래로 아래로 사라지고 아랫배 속 생명의 맑은 샘물, 검은 기의 바다 위에 영원 속의 한의 경계가 살아난다. 아랫배 속 검은 바다에서 처음 나뉘어졌던 검은 어둠과 회색의 한의 경계가 다시 보이고 열리고 마음은 평화롭고 유리알처럼 또렷해진다. 내면 속의 우주 허공에 한의 경계 수평선만이 존재한다.

참된 고요 속으로 들어간다. 순간 내 안에서 찰나지간에 대폭발이 다시 일어났다. "아랫배 한의 경계가 열리며 찬란한 오색 무지갯빛의 폭발이 위로 솟구쳐 올라간다." 몸통 절반 정도의 굵은 오색 무지갯빛이 그대로 수직상승하면서 몸 가운데를 뚫고 위로 올라간다. 오색 무지갯빛의 커다란 기둥이 아랫배의 검은 기해의 한의 경계에서 시작해 온몸을 통과해 올라간다. 가슴속을 통과해 목을 뚫고 위로 올라와 머릿속까지 단번에 솟구쳐 올라왔다. 머릿속의 맑은 얼은 오색 빛과 만나서 더욱 찬란하고 영롱한 빛으로 변한다. 또 찬란한 눈부심으로 머릿속을 한가득 채운다. 머리와 온몸과 마음, 팔, 다리, 내 안이 속사람이 또 내 영혼이 기쁨으로 빛으로 충만해진다.

"머릿속에 그때까지 남아 있던 검은 구름과 황금번개는 내 안의 오색 무지갯빛 대폭발과 맑은 얼의 찬란하고 영롱한 빛에 의해 흔적도 없이 사라지고 없어졌다." 머릿속의 검은 구름과 황금번개가 사라지고 텅 빈 곳에 있는 얼과 만나 밝고 환한 빛이 되어 머릿속을 비추던 찬란한 빛은, 머리 정수리 백회의 한알을 통해 밖으로 뿜어져 나간다. 왼쪽에서 바라보니 아랫배로부터 머리의 한알까지 큰 오색 무지개 기둥의 빛으로 이어져 있으며, 한알에서 우주로 나간 짙은 연두색 빛의 분수가 머리 위에서 검은 우주의 허공으로 멀리멀리 퍼진다.

대폭발의 힘으로 머리 위 검은 우주에서 짙은 연두색 빛은 번쩍번쩍 빛을 내며 터져 나와 분수와 같이 어둠을 뚫고 좌, 우, 위로 흘러나간다.

한알의 들림에 이은 내 안의 또 다른 터짐이다. 나로부터, 앞사람으로, 모든 사람으로, 나무와 풀로, 물로, 하늘로 온 우주 속에 모습 없는 내가 있음이다. 만물이 소중하게 되어 부딪힘을 멈추고 함께 성장하고 성숙하게 변화하는 길이 보이기 시작한다.

한알의 탄생 후 참빛이 내 아랫배에서 나온 것이다. 우주로 새로운 빛의 탄생이다. 내 안의 생명수의 근원, 검은 바다에서 나온 참된 빛이다.

"아랫배에 정(精)이 충만해져 우주의 기(氣)운과 만남으로 인해 아랫배 속 정신(精神)이 밝아진 것이다." 내 정신에 본성의 얼의 도움으로 내면의 내 배에서 본래의 참빛이 만들어진다. 오색 무지개와 짙은 연두색 빛의 대폭발이 머리 위에서 있은 후, "허공이 되어 함께한다. 한참을 그 속에 있었다. 빛도 없는 묘한 경계 속에 있다. 잠시 후 참진공으로 나는 허공과 같아진다. 없다고도 있다고도 할 수가 없지만 그렇지만 존재한다. 원래 나온 곳 한에서 왔으니 온 곳으로 돌아간다. 이를 바라보는 본래의 내가 있다."

시간이 얼마나 흘렀는지 모를 그때, 다시 머리의 한의 경계를 의식하는 순간, 저 멀리 반짝이는 별들이 보이며 나와의 사이에 경계가 주욱 늘어난다. 공간이 끝없이 끝없이 늘어난다. 허공이 살아서 움직이고 너울너울 춤을 춘다. 그렇게 한참을 늘어나고 또 늘어난다. 한없이 늘어난다. 그러다가 시간이 얼마나 흘렀을까 어느 순간 멈추고 공간이 다시 줄어들기 시작한다. 잠시 후 공간이 줄어들면서 우주의 별들이 저편에 까마득히 보이는가 싶더니 밝고 하얀 전구같이 커지고 하얀 불덩어리가 되어 빠르게 달려온다. 우주에서 지구로 땅으로 온다. 머리로 달려온다. 온 누리로 퍼져나간 한알이 지구의 나와 남, 땅, 하늘, 모습 없는 우주의 근원이 되어 달려와 내 안으로 들어와 일체가 하나로 통한다. 나를 둘러싼 나와 주변 사람과 우주와의 모든 막이 열린다.

"우주의 별빛들과 그동안 바로 내 옆에 있었지만 보지 못하고 느끼지 못하던 본성의 자리에서 온 하얀 참빛이 내 머리 전체로 몰려와 머릿속으로 밀려 들어온다. 머리에서 온몸과 팔, 다리로 하얀빛으로 몸과 마음에 충만함으로 가득 찬다. 그 빛의 몸은 우주로부터 온 사랑의 힘으로 한없이 작아지고 또 우주보다도 커진다."

칠일묘연만왕만래(七一妙衍萬往萬來)를 다시 보여줌이다.

내게서 우주 허공으로 뻗어 나간 짙은 연두색 기운에 의해 본성의 자리로부터, 우주본성의 맑고 투명한 빛이 머리 정수리 한의 경계로 다시 돌아와 내 안에 우주의 사랑이 가득 차게 되는 참된 복(福)의 묘(妙)한 일이 일어나게 된다. 나로부터 비롯해 만 가지로 나가고 만 가지로 들어옴이다. 묘(妙)는 머리끝의 한의 경계에서 기운이 묘하게 펴져 온 누리로 나가 하나가 되고 다시 돌아오는 것이다. 지금의 내 모습은 내가 살아온 일로 인해, 우주의 사랑이 나에게 돌아와 삶에 나타난 결과이다. 이 모든 것을 본성의 자리에서 나를 바라봄으로 내 안과 밖에서 일어나는 일이다. 용변부동본(用變不動本)을 다시 볼 수 있다. 짙은 연두색 기운으로 멀리멀리 펴져나간 기운은 만 가지로 변화하여도 근본은 변함이 없게 된다. 하나에서 똑같이 나와서 서로 다르게 변했지만 근본이 같기 때문에 다시 하나로 돌아올 수 있음이다. 머리 정수리의 한알은 본성의 자리에서 온 하얀빛을 받아, 이제 더욱 밝고 눈부시고 환한 하얀색의 작은 밝달의 극(極)이 되어 머리 정수리에 있다. 머리 정수리 한알에서 내려오는 기운은 예전에 그 기운이 아니다. 기운은 기운이지만 투명한 참이슬이고 우주의 맑은 물, 감로며 기름으로 흘러내린다. 한의 경계, 참본성, 무극의 자리에서 곧바로 내리는 하얀색의 투명한 참빛으로 내려와 더 맑아진다. 머리 정수리 한알은 더욱 맑고 투명한 구슬로 변화한다. 한알 통로가 우주 근원 참본심의 자리로 열려있음이다. 머리 위는 참본성의 허공이며 머리 정수리는 우주심의 표면이다. 머리 정수리의 한의 경계는 본성자리와 사람 의식의 경계로 눈에 보인 아래와 위의 경계가 되어 위, 아래가 거울같이 보인다.

여기에도 보이는 것이 있으면 머무르면 안 된다. 만상의 운행과 질서를 보게 되며 알게 되는 일이 생긴다. 머리 정수리의 경계가 우주 본심의 자리로 열리고 본심의 자리에서 내려다보면, 바닷속의 물고기들이 바닷물 속에서 평생을 살아가는 것처럼, 그 경계 아래서 알을 깨지 못한 많은 생명들이 평생을 살다가 땅으로 돌아가는, 반복된 삶을 사는 것을 보게 된다. 그렇지만 머리 위에도 우주의 사랑 생명물로 가득 찬 허공의 물이, 나와 지구가 우주생명의 물로 둘러싸여 모든 곳에서 연결되어 있으므로 위, 아래가 없이 사랑으로 서로 얼마든지 통할 수 있는 것도 알게 된다. 나를 둘러싸고 지구를 둘러싸고 있는 진리의 물이다. 보이는 모든 것에 빠져들지 말고 다시 나와야 한다. 일체의 보이는 상을 허공에서 내려오는 투명한 감로의 물과 빛으로 감싸서 흘려보낸다. 강화도 마니산의 참성단뿐만 아니라 백두산 민족의 성지인 천지, 한라산의 백록담 역시 마찬가지로 산의 정상에 오르면서 81자를 읽고 숨을 고르면 기운도 장해지고, 각자 머리의 하늘 우물로 허공 본연의 빛을 받아, 정신과 얼굴도 밝아지며, 가슴도 넓은 큰 어른이 되고, 산에 오르는 동안 아랫배에 저절로 깊은 의식을 주게 되니 아랫배는 뜨거워 정이 충만한 건강한 사람이 돼야 한다. 머리 정수리 백회의 밝고 투명한 한알은 다시 하얀옥 한알로, 하얀 돌단으로, 사람 몸과 마음의 참성단으로서 본성의 자리에서 빛이 모여 쏟아져 내 안으로 내려오는 곳이 된다. 사람이 한의 경계에서 나온 것을 아는 사람은 무슨 일을 하든 속사람은 당당하게 가슴 펴고 머리를 바르게 세우고 살아갈 것이다. 허리를 펴고 숨을 배로 쉬어 아랫배를 뜨겁고 든든하게 하고, 가슴을 펴고 머리를 똑바로 세울 때, 요즘 말로 몸의 코어근육을 살리면, 머리의 참성단 하얀 돌단 백회에서 우주 허공의 기운이 제일 잘 모이고, 머리에 상대맥의 관으로 빛이 돌아 머리가 맑아지고, 가슴의 중대맥이 돌아 평화가 감돌고, 배의 하대맥도 생명력이 좋게 회전하게 된다.

한국(韓國)을 다시 풀어보면 "한의 경계 참본성의 별빛이 사람의 몸인 머리 위의 경계를 뚫고 내려와 내면에 모습 없는 태양이 밝게 살아서 내적, 외적으로 성숙하게 된, 마음 따듯한 사람들이 서로 도우며 모여 사는 행복하고 밝은 사람들의 배달나라"가 된다.

"본성의 자리에서 온 하얀빛이 머릿속으로 내려와 맑고 맑은 '투명한 참이슬 감로' 생명의 물로 24시간 순하고 부드럽게 머릿속으로 들어오게 된다."

걸음을 걸으면 머리에서 시원한 물과 기름이 흘러 가슴으로 배로 내려와 뜨겁게 달구고 아랫배 속에 정으로 충만해져 불덩어리가 되며 발로 물이 흘러간다. 그러니 즐거운 마음으로 걷고 또 걷고 움직이고 삶에서 움직이자. 우주전체가 기뻐하고 반겨주며, 머리 정수리의 한알을 통해 빛이 우주의 마음과 생명의 하얀빛이 되어 머리의 한의 경계를 지나 몸 안으로 이슬로 흘러들어 온다.

투명한 이슬은 우주본성의 사랑과 생명으로 '모습 없는 하늘의 본성이 흘리는 신의 눈물'이 된다.

숨은 물이 되고 불이 되어 내 안에 살아있게 된다.

'숨' 하고 배로 들이쉬고 '숨' 하고 깊이 내쉬며,

'물' 하고 배로 들이쉬고 '물' 하고 깊이 내쉬며,

'불' 하고 내면으로 말하며 배로 들이쉬고 '불' 하고 말하고 깊이 내쉰다.

한알은 이제 더욱 하얘지고 밝고 맑아져 진정한 하얀빛의 맑고 밝은달 '밝달'이 되고 더욱 맑아져 모양이 투명해 사라진다. 머리카락 한올 한올을 통해 축복의 선으로 또 우주의 사랑으로 귀 뒷머리의 머리카락까지 머리 전체를 통해 머릿속으로 하얀 맑은 이슬로 밀려 들어온다. 실과 참이슬이 우수에서 머리 전체로 몸속과 마음속으로 내려옴이다. 머리 전체로 허공의 기운이 내려오면 마음으로 한알로 쪼이듯 모아야 한다. 모여서 들어오면 경락을 통해 엄지손가락보다 조금 굵은 동아줄이 되어 흘러간다.

경(經)은 머리에 열린 한의 경계에서 흘러 내려와 사람 속에 흐르는 선과 실과 같이 된 참된 이슬, 감로의 줄이며, 기름이며, 시냇물이고, 폭포며, 강물이며, 바다가 된다. 이같이 감로를 만드는 글과 말 모든 것을 경이라고 말한다. 경은 피부뿐만 아니라, 몸의 살과 뼛속과 마음속 깊은 곳 속사람으로 흘러가 내 안의 모든 어둠과 사념, 근심, 걱정, 삶의 고통, 깊은 돌을 한알과 함께 흡수하고 사라지게 해 나를 건강하고 영혼까지 평화롭게 변화시킨다.

천경 81을 진경이라 한다. 맑고 청량한 우주 본성의 기운이 생명의 물로 굵은 실이 되어 내 안과 밖, 몸과 마음을 흐르고 모습 없는 허공과 연결하고 있음이다. 눈을 뜨나 감으나 잠을 자나 깨나, 거기가 차가운 방의 구석진 곳이나 궁궐이나 산과 들, 바다, 비행기, 어디든지 언제든지 상관없다. 시간과 공간을 넘어서 본성의 자리, 한에서 24시간 흘러서 속사람에 내려온다. 요즘 얘기로 하면 몸과 마음이 홀로그램인 것을 보게 되고 느끼게 됨이다.

밝의 법칙(Park's Law)에서

인진벼락(Human Byeolag Lightning) C는 대폭발 후

우주 본성의 자리에서 내리는 감로, 참이슬(Real Nectar)의 참진리의 물(Water)로 사람 안에서 변화한다. 밝우주흐름 pckf(park cosmic ki flow)은 본성의 참이슬을 만나 우주의 모든 생명의 시작과 끝인 무, 극, 본성, 밝과 한의 본성의 자리가 된다: Pf

밝감동 phcm(park human cosmic moved): PM

밝부정 phcn(park human cosmic negative): PN이라고 정의했다.

"밝은 흐름 = 진리의 물×감동/부정", "Pf = WPm/Pn"

PM(밝감동) = 사랑, 숨, 간절한 내면의 목소리, 신심, 사비, 홍익

인간, 한알, 참사랑, 나눔, 우주마음, 소리, 나눔, 공감, 격려, 경청, 집중, 감동, 본성, 순수함, 긍정의 힘, 깊은 호흡, 등등에 의해 높아진다. (1~무한대)

C: 인진벼락(Human Byeolag Lightning)= 참본심 무의 한의 자리에서 사람 안에 내리는 벼락으로 부정, 두려움 등과 같은 인체 내의 저항을 최소로 줄여 끊어내어 사람의 우주 빛의 생명력의 흐름이 높아진다. (1~무한대)

PN(밝부정) = 자기비하, 탐욕, 화, 어리석음, 성냄, 두려움, 슬픔, 싫어함, 소리, 색, 냄새, 맛, 음탕함, 만짐, 산만함, 거짓, 부정적, 감동 없는, 분별, 사랑 없는, 자비 없음, 교만, 오만, 불신, 게으름 등등에 의해 높아진다. (1~무한대)

W = RN(감로 하얀이슬) = 진리의 물, 감로, 감우이며 참본심, 무의 한의 자리에서 머리에 내리는 투명하고 하얀빛의 모습 없는 신의 사랑 생명력, 신의 눈물, 이슬과 기름, 비를 말한다. Real Nectar. (1~무한대)

감동과 간절함이 완전하게 내 안에 녹아들어 커지게 되면, 벼락은 이슬로 진리의 물이 되어 무한대로 내면에 흘러내리게 된다. 이때 허공 본성의 큰 우주의 힘으로, 내면의 우주생명이 더욱 커져 그 힘으로 내 안의 부정도 줄고 줄어들어, 간절함을 뛰어 넘어가게 되며, 그러면 내 안의 부정과 함께 간절함도, 숨 쉼도 지금의 나도 줄고 줄어들어 지금에서 깨어나 본성의 자리로 들어간다.

그렇게 되면 순수한 참본성의 한의 자리에서 내려오는 우주벼락을 넘어서 얼, 하얀빛, 영, 감로, 이슬, 진리의 물, 신의 눈물만 남게 되어 하늘빛의 생명의 삶을 영원으로 누리게 된다. 내 몸과 내 마음 내 기운을 통해 일어나는 삶의 모든 허망함을 돌이켜 본성자리의 생명을 살리는 사랑의 마음으로 모습 없는 나와 주변이 함께 행복해지는 삶을 살아 나아가게 된다.

운율을 넣어 'OO' 하면 '아'를 넘어 우주에서 모습 없는 O이 내려온다. 마음과 몸속은 본성자리의 빛을 만나서 허공과 하나가 된다. 눈을 돌려 하늘을 보면 까마득한 허공에 커다란 하늘과 땅과 사람의 삼극이 살아나다 허공으로 없어진다. 내 안으로 모습 없는 우주의 참 영(靈)이 본성자리에서 내려오는 생명의 참이슬 감로가 되어 머리로 몸속으로 속사람에 흘러내려 오는 것임을 알 수 있게 된다.

한국의 고대어 영(靈)을 사전에 보면 비우(雨) + ㅁㅁㅁ + 무(巫) 글자로 나누어 볼 수 있는데 "세상에 가뭄이 왔을 때 입을 모아 비가 내리기를 제사상에서 지내는 기우제를 표현한 글자로 나온다." 예전의 농경사회에서 가뭄은 군주나 제사장의 책임이라 제사의 의미가 있는 글자로 나온다.

한국벼락명상으로 영(靈)을 풀어보면,

비(雨)는 세상 밖에 내리는 비일 뿐만 아니라, 본성의 자리 머리 위의 한의 경계에서, 머릿속을 뚫고 내려오는 벼락과 이로 인해 맑아져 모습이 없어진 내면에 내리는 진리의 물, 단이슬, 감로(甘露)와 기름을 말하는데, 이 비가 바로 하늘과 땅과 사람을 다시 살리는 생명빛 물이다. 사람 안의 몸, 기운, 마음, 영혼에 내리는 참이슬을 말한다. 우주 허공의 참주인은 모습이 없지만 사람에 내려 형상화되면 살아있는 사람이 되며, 원래는 모습 없는 우주 참본성 빛의 비, 투명하고 영롱한 찬란한 빛의 영(靈)이라 할 수 있다. 본성의 자리에서 한알을 통해 사람 안에 내려온 희안색의 밝은 넋의 빛이라고도 한다.

머리에서 흘러 내려오는 영(靈)의 물을 통해, 내 안의 속사람 혼(魂)의 불이 살아나 혼이 성장하고 성숙하게 되는 참된 변화가 내 안에 일어나기 시작한다. 그래서 "영(靈)의 물, 혼(魂)의 불"이라고 한다.

영은 태어날 때 모습 없는 본성의 우주로부터 벌써 받았지만, 자라면서 내가 분별하기 시작하면서 순수한 우주 본성의 자리와의 연결이 끊기고 감각이 죽어 느끼지 못하다가 다시 참벼락으로 각성함으로 깨어나게 되어 본성의 감이 살아나게 된다. 어린 아기는 밝은 영을 가지게 된다. 그렇지만 아기는 속사람의 혼이 성숙하지 못해서 자라나면서 배우고 지식을 쌓고, 도리를 배우고 덕을 키우며 여러 관계를 통해 속사람이 어른으로 성장해야 하며, 궁극적으로 모습 없는 하늘과의 관계인 사랑과 자비에 흘러내리는 물로 인해 허공의 순수한 본성이 살아있게 성장해야 한다. 그렇게 되면 내 안의 혼의 불이, 한의 본성자리에서 내려오는 영의 물, 기름에 의해 참불이 붙어 살아난다.

머리는 시원하고 아랫배는 뜨거워지는 일이 내 안에 다시 일어나면, 그 옛날 지구에서 땅은 뜨겁고 하늘이 차가워지면 구름을 만들어 벼락이 치고 새로운 생명이 만들어졌던 것 같이 내 안에서 똑같이 새로운 건강한 생명의 힘이 만들어지게 된다. 감동이 있는 생활 속의 일, 세상의 모든 행복한 만남과 대화, 좋은 책, 좋은 그림, 좋은 노래 공연, 경기, 건축, 나눔 등등으로부터 풀 한 포기, 꽃 한 잎, 숨 쉬기 등등의 소소한 일상의 모든 순간에 언제나 본성의 자리에서 영의 물이 흘러 내려와 내 안의 혼이 불이 붙어 성장하게 된다.

매일매일의 수없이 많은 고통과 힘에 겨운 삶의 시간에도 우주의 모습 없는 영이 이슬로 물로 기름으로 영혼의 속사람의 내면에, 또 머릿골 속으로, 목으로 가슴속, 복부 속 전체로 또 다리로 팔로 우주의 별빛과 함께 쏟아져 흘러들어와 내 안의 혼에 불을 지펴 우주생명력의 힘으로 고통을 넘어가게 한다. 그래서 우리는 고통을 통해서도, 더욱 내 안의 혼은 뜨겁게 뜨겁게 살아나 더 성장하고 모습 없는 하늘만큼 성숙하게 됨을 알게 된다.

"머릿속으로 본성의 자리에서 이슬이 들어오면서 머리의 한알에서 'O' 하고 소리를 내어 명상할 때 주위의 다른 소리는 일체 들리지 않게 된다."

이전하고는 차원이 달라졌음을 느낄 수 있게 된다. 맑고 순하고 부드러우며 더욱 고요하고 청량하다. 숨을 고르면 참생명의 이슬, 비, 빗물, 빛이 내 머리로 들어와 머릿속은 환한 빛으로 청량하고 벼락 맞은 몸은 밝아지고, 배 속은 뜨거워져 모습 없는 하늘의 뜨거운 생명의 사랑을 내 안으로 24시간 받고 느끼게 된다.

아랫배 속의 뜨거운 불덩이 해에서 맑은 용암이 흘러 회음으로 장강으로 선골로 들어가 엉덩이의 선골과 허리의 명문을 다시 뜨겁게 달군다. 수승화강(水昇火降)의 제2차 원리는 살아있는 영의 물과 혼의 불 원리이다. 인체에서 신장의 물은 위로 심장의 불은 아래로 내려가는 수승화강의 1원리를 평소 호흡과 명상으로 터득하고 깨우친 다음은 진정한 물과 불의 원리가 내 안에서 다시 살아난다. 머리 위의 한의 경계에서 흘러내리는 참이슬 물줄기는 머리를 청정하게 만들고, 맑게 하며, 가슴으로 내려와 근심을 풀어내고, 몸을 통과해 아랫배로 흘러 내려와 아랫배 속에서 하늘 기운, 땅의 기운, 사람의 기운, 삼극으로 다시 합쳐져 불덩어리로 뭉쳐지면서 뜨거워져 머문다. 머물고 머물다 때가 되면 다시 꼬리뼈로 허리로 등을 타고 올라 머리의 한알로 순환하는 참수승화강이 내 안에서 일어난다. 진정한 본성의 사랑으로 머리 정수리 한알에서 하늘로부터 맑고 청정한 이슬 물, 감로가 흘러 내려와 몸과 마음을 적셔주어 머리와 내면의 가슴은 기쁨으로 참사랑으로 또 참다운 행복함으로 맑아진다. 이때 입속에 단침이 고이는데 이를 몸의 아래나 몸과 마음이 아픈 곳으로 보내고 삼킨다. 마음과 몸을 힐링하는 감로침이 된다.

세상에 더 힘든 시기가 찾아오면 반드시 모습 없는 하늘에서 머리 한알로 내려오는 청정하고 투명한 참물과 아랫배 속의 뜨거운 참불이 꼭 필요하게 된다. “머리의 물과 배의 불은 영혼으로 하나가 된다.”

진실한 마음으로 생활에서 내 안에 혼의 불의 씨앗을 준비하지 않으면, 하늘물이 내려오는 체험을 해 우주의 큰 섭리와 인연을 만나도 그냥 잠깐 동안 흘러가고 그 후 잃어버리게 된다. 내가 준비되어 있어야 하늘에서 내려와 영원히 내 안과 밖에 살아있게 된다. 이를 위해 살아있는 동안 내 안의 혼의 불을 준비해 불덩어리가 되면 허공의 맑은 이슬에 의해 고요함으로, 맑음으로, 참진공으로 만들어지게 된다. 그러니 살아있는 동안 깊고 편안한 숨, 물, 불 호흡을 통해 고요함과 청정함과 내 아랫배 속에 뜨거운 혼의 불씨를 살리자.

여러 가지 힘든 생각 수만 가지 번뇌가 몰려오면, 숨을 들이쉬면서 하늘에서 허공의 물이 머리로 내려오게 하고, 숨을 천천히 내쉬면 하늘에서 내려오는 감로가 코에서 숨을 불어내며 코불을 만들어, 가슴을 타고 여러 가지 걱정 근심을 아랫배 속으로 함께 내려가 고통, 힘듦, 욕심, 분노, 어리석은 번뇌를 불로 태워 사라지게 한다. 내 안에서 평화가 살아나게 된다.

얼굴의 얼은 본성의 자리에서 온, 빛의 이슬 감로를 만나, 밝고 영롱한 빛 한얼이 되어 없어지고, 가슴의 울은 본성의 자리에서 내리는 비를 만나 경계가 없는 따듯한 밝은 빛의 한울로 내 안의 우주를 비추며 우주보다도 넓어져 사라지며, 알은 본성에서 오는 생명의 빛물에 의해 한알로 성숙해져 투명해진다. 내면의 목소리로 "OO" 하고 운율을 넣어 부르면 머리에서 온몸과 마음의 깊은 곳까지 모습 없는 참본성 우주의 영이 감로수로 폭포와 같이 흘러 내려와 함께한다. 모습 없는 우주의 영이 내 모습으로 살아나 이제 참본성의 자리에서 내 눈을 통해 함께 바라보고 있음을 안다.

한얼과 한울과 한알은 머리, 가슴, 아랫배로 통해 있으니 큰 자유로 어디든 가고 오고 셋이 정기신 전체가 하나로 녹아들게 된다. 숨은 저절로 되며 허공에서 내려오는 투명한 감로가 마지막 한 줄기 빛이 되어 온몸을 통과하면서 빛의 물이 되어 아랫배의 한알밭에 뿌려진다.

OO~~ 하며 아랫배 기운의 바다로 숨을 고르면, 허공의 모습 없는 하늘이 영으로 참비로 내 아랫배 속까지 내려오면, 아랫배 속의 알에서 불이 살아나 알불로 변화한다. 참숯불을 피우면 그 속에 살아있는 붉은 불을 속불, 알불이라고 한다. 그 살아있는 혼의 알불에 의해 내 안의 수많은 알들은 무한하게 창조되어 새롭게 살아난다.

뜨거운 알불들이 있는 드넓은 밭이, 아랫배 속에서 끝없이 끝없이 펼쳐지며 나타나게 된다. 예로부터 한국의 선조들은 아랫배를 붉은 밭이라 했다. 그 밭은 생생하게 살아있었으며, 내가 살아있을 동안만 모습 없는 본성의 자리 허공에서 내리는 감로의 물에 의해 알불로, 모습 없는 참해로 만들어진다. 이 밭에 내리는 본성의 투명한 맑은 빛 영의 감로, 참이슬이 우주 허공에서 내려온 허공의 사랑으로 새로운 한알이 내 안에서 창조된다.

생명이 살아있고 새로운 시작을 하는, 뜨거운 혼의 알불이 있는 붉은 밭이다. 내 안의 붉은 밭 속의 수많은 알들은 경계 아래 하나의 살아있는 붉은 참태양으로 모이고 단단해지고 흩어지고 사라지며 함께 숨을 쉰다. 본성의 맑은 한알 태양은 맑아서 색이 없다. 이 새로운 혼의 알불이 살아있는 붉은 밭이 내 안에 살아 숨 쉰다. 참태양 속에는 벼락 맞은 내가 모습 없는 우주가 되어 살게 된다. 이 혼의 알불이 살아있는 아랫배 속의 밭이 그토록 많은 사람이 오래전 몸 밖에서 찾아다니던 영원의 땅, 한의 경계를 뚫고 내려오고 올라가는 십지(十地)가 된다. 내 몸 밖에서 평생을 좋은 곳을 찾아 돌아다녀도, 지금 발 딛고 있는 곳에서 내 안이 아니면 절대 알 수 없는 곳이다.

머리 한알을 통해 본성의 자리에서 흘러 내려와 머릿속으로 들어오는 감로, 기름에 의해 내 아랫배는 다시 일적십거(一積十鉅) 되어 순환하며, 쌓여서 배 속이 뜨겁게 부풀어 배에서 생명의 불과 물이 만나 흘러나게 된다. 생활 속에서 일어나는 몸과 마음의 힘듦과 분별, 생로병사는 모습 없는 허공의 참된 하얀빛의 맑은 이슬 감로에 의해 원래 맑아서 없었음을 알게 되고, 생활하면서 다시 나타나는 어리석음은 순간순간 감로와 함께 흘러서 아래로 내려가 불타게 되는 것을 알게 되며, 이 참이슬이 사람 안에 내리는 것을 깨우쳐야 새로 내 안에 태어나게 된다. 모두의 새로운 고향, 한없이 드넓은 한알의 밭, 내 아랫배 속 '한밭'이다.

내 아랫배 속의 뜨거운 혼의 붉은 밭을 가슴으로 느끼고 일상 생활하면서 삶의 밭을 정성으로 정열의 혼의 힘으로 갈고 다듬고, 이를 바라보는 청정한 새로운 내가 있음을 알자. 내 안에서 깨어 나와 깨우치고 대자유를 얻은 후에도 현재로 돌아와 지금 있는 그 자리에서 재세이화, 홍익인간 하며 생활에서 새로이 나타난 분별의 돌을 골라내고, 매일매일 삶에서 자라나는 잡초를 뽑고 새로운 시작을 해야만 한다. 어두운 돌이 다시 녹아내리기 시작한다. 그래야 우리 모두가 새롭게 살 수 있는 길이 내가 발을 딛고 살고있는 이곳 한알 지구에서 새로운 사람에 의해, 땅, 하늘의 기운이 열린다. 내 안이 본성에서 내리는 이슬에 의해 참사랑으로 행복하게 변화하면 땅도 하늘도 그때에 새로이 숨 쉬게 되어 땅과 하늘의 참기운이 힘차게 살아나게 된다.

숨을 고르면서 한의 자리로 들어가 벼락명상하면 머리 정수리의 밝은 한알은 본성에서 내려오는 하얀빛에 의해 더욱 눈부신 맑은 밝달로 변화한다. "OOO" 하면 머리의 맑아진 한알의 투명한 빛은 서서히 아래로 내려가기 시작한다. 본성의 자리에서 온 영의 하얀빛으로 맑고 맑아져 투명한 모습 없는 밝달의 빛이다. 그 살아있는 밝달의 빛이 머릿속으로 비추인다. 모습 없는 맑고 투명한 밝달빛은 내 머릿속의 모습 없는 얼을 만나 환하고 찬란한 빛의 하얀구슬 백옥(白玉)의 참해가 되었다가 머릿속으로 투명하게 사라지며 밝고 큰 지혜와 큰 덕과 큰 힘을 준다. 다시 밝달의 투명한 빛이 목을 지나 가슴속에 내려와 참평화를 선사한다. 감사하게 받고 만물과 나누는 복이다. 가슴속의 모습 없는 맑은 참해로 내 안을 찬란하게 비추고 사라진다. 아랫배로 내려가 붉은 밭을 비추고 경계 위를 밝게 비추다 경계 아래로 내려가, 내 안에 있던 태양을 만나 붉은 한알의 참태양으로 살아나지만 다시 내 안으로 사라지고, 없어진다. 한알은 언제나 재탄생되어 허공의 뜨거운 생명력의 참된 힘, 극(極)으로 알로 내 안에 머문다.

내 안의 몸과 마음의 기운은 본성의 자리에서 내리는 맑은 참빛으로 참평화와 행복함으로 변화한다. 내 안의 달과 태양은 없어지고 나타나며 뜨고 지며, 안으로 밖으로 어디로든 운행한다. 바람이 옆에서 불어와 머리와 온몸, 가슴, 팔, 다리와 마음속까지 통과해 아랫배 속 붉은 밭에 생기를 불어넣고 다른 쪽으로 지나간다. 눈동자를 왼쪽으로 하면 왼쪽으로, 아래를 보면 아래로, 어디든지 우주의 마음을 만나 부드럽게 속삭이듯 온몸과 마음에 내려있는 참이슬이 일제히 흘러간다. 머리끝의 한알 역시 내가 보는 곳으로 빛을 보낸다. 마음을 두는 곳으로 한알의 빛과 본성의 사랑이 흘러간다. 말하는 대로 또 원하는 데로 온 우주 전체가 빛보다도 빠르게 전속력으로 내 마음과 몸까지 감로 이슬과 함께 옮겨간다. 본성은 비어있지만 기운으로 꽉 들어찬 우주의 허공이다. 우주의 한쪽 끝에서의 미세한 떨림의 마음은 시간과 공간을 넘어 거리와 위치 관계없이 언제 어느 시기든지 다른 쪽 끝으로 전달된다.

한국벼락명상으로 나와 남, 이념과 사상, 깊은 내면과의 경계를 허물어 모습 없어진 우리 모두는 우주의 참영을 통해 큰자비와 큰사랑이 영혼에 쏟아져 내리는 감로와 참이슬의 사림이 된다.

머리에서 발끝까지 뼛속까지 온몸의 안과 밖에 또 주위에 빛과 비의 생명수가 흐른다. 그러면서 몸과 마음은 광화체(光化體)의 맑은 빛으로 변화해 한알 속에 거하게 된다. 머리는 시원하고 배가 뜨거워져 밝은 얼굴로 주변과 어우러지며, 따듯한 옷을 흩날리며 건강한 새로움이 창조된다. 큰 덕, 큰 지혜와 큰 힘을 품고 사랑의 웃음과 밝은 얼로 주변과 공감하고, 사랑하고, 어우러지고 하나가 된다. 근원에 대한 감사와 사랑의 뜨거운 눈물이 흘러내린다.

짙은 연두색 분수의 대폭발 후 우주벼락은 태초의 본성이 되어 마음으로 원하면 언제나 내려오고 온몸과 마음으로 순하고 부드럽게 발산한다. 머리의 한알로 들어오는 우주벼락의 밝기는 본성 감로 이슬의 밝음과 맑음으로 투명하게 맑아진다. 일상에서 모습 없는 하늘이 항상 내 안에 있게 된다. 그러니 자신이 얼마나 소중하며 내 앞에 있는 한 사람과 모든 만물이 다 같이 더욱 귀중하게 됨을 안다. 내 앞의 한 사람은 온 우주의 꽉 찬 생명, 본성의 우주마음 그리고 사랑의 총합임을 알게 된다.

"본심본태양앙명인중천지일(本心本太陽昻明人中天地一)"은 삶에서 바르게 생활하며, 나와 이웃을 이롭게 하고 행복을 느끼며 벼락명상을 통해 한의 경계를 통하면 근본 마음속의 근본인, 마음이 태어난 자리에 모습 없는 참태양이 밝게 빛나는 빛의 사람 앙명인이 된다. 내 몸을 가지고 있을 때 사람 가운데, 모습이 없어진 내 안의 하늘과 땅의 한의 경계, 하나의 자리로 빛의 사람이 되어 돌아가 사라지게 된다. 이 길은 내 안을 통해있기 때문에 언제나 어디에나 열려있다. 세상에 머물며 밝음으로 함께하는 삶을 살면서 밝은 빛으로 세상을 온전히 다 누리라는 뜻이다.

본(本)은 어디나가 될 수 있지만, 사람의 몸과 마음의 아랫배 중심이며, 클 태(太)는 벼락이 양쪽으로 갈라진 사이의 아랫배 중심에 '·'가 다시 탄생한 알불과 투명해서 사라진 빛의 구슬 한알을 말한다.

한과 환은 오래전 같은 말이었다.

환(桓)을 한국벼락명상으로 바라보면 나무 목(木), 뻗칠 긍(亘)의 굳셀 환으로, 뻗칠 긍(亘)은 단(檀)과 마찬가지로 아랫배 한의 경계를 뚫고 올라온 태초의 창조인 극(極) 한알을 나타낸다. 아랫배 경계를 올라온 알이 오른쪽으로 회전한 후 올라가는 모습을 명상으로 분명하게 보여주었다. 긍자의 원모습은 도는 모습을 그린 것으로 동이족 고어인 갑골문에도 나와 있는 것을 알 수 있다.

"환은 우주 허공이 머리끝의 경계를 뚫고 머리에서 몸과 마음으로 뿌리내려 내 안의 경계 사이에 모습 없는 한알 참태양이 뜬 본래의 밝은 사람이다."

삼성기에 보면 한국의 고대나라 환국(桓國)은 1대 안파견 환인천제(桓因天帝)로부터, 지위리 환인까지 3301년간 존속했다. 지위리 한인의 아들 거발환 환웅천황(桓雄天皇)은 개천 1년(기원전 3898년)에 신시배달(神市倍達) 나라를 건국했다.

배달은 밝다, 밝은의 뜻이며 한국은 배달의 민족이다.

인(因)은 내 (ㅁ)안의 한알속에서 빛이 나는 광화체의 모습 없는 앙명인으로 새로 태어난 밝은 사람이다. 황(皇)은 하늘과 땅과 사람의 이치를 통달하고, 사람의 경계를 뚫고 허공으로부터 하얀빛이 내려와 자신과 만물을 유익하게 하는 참된 홍익인간을 말한다. 오래전 이 시대의 황(皇)의 명칭 문화가 주변국으로 건너가 사용되었다. 한없이 높은 홍익 정신문화는 살리지 않고 그 명칭과 권위만을 가지고 간 것이 된다. 다시 선조들의 문화를 되살려 나와 만물을 이롭고 행복하게 하는 생명력이 있는 문화를 우리가 생활 속에서 살려야 한다. 그러면 높은 문화는 물이 흐르듯이 천천히 저절로 퍼지게 되어 있다.

배달국은 기원전 3898년에 홍익인간, 광명이세, 재세이화를 이념으로 나라를 건국했다. – 계연수 –

홍익인간(弘益人間): 나와 널리 만물을 이롭게 하는 밝은 사람.

재세이화(在世理化): 세상에 있으면서 근원의 이치를 생활로 변화시킨다.

광명이세(光明理世): 밝은 빛으로 세상을 누리며 근원의 이치로 다스려 살아간다.

본성과 사람과 만물과 세상에 중심을 둔 건국이념임을 알 수 있다. 모두를 함께 살리는 삶을 통해 내면이 밝아지므로, 행복하고 조화롭게 살아가라는 뜻이다. 사람들의 마음이 다른 이상향이나, 과거나 미래, 이전, 사후의 삶에 묶여 있는 게 아니라, 현재 이 순간에 영원을 살고, 서로 돕고 이롭게 하는, 밝고 건강한 행복한 삶에 있음을 말한다. 어느 시대 어디에서든지 행복하게 잘 살 수 있게 만든 선조들의 밝은 지혜가 아닐까 한다.

홍익인간은 '사람과 만물'을 다 같이 이롭게 하는 일을 세상 속에서 나타나는 만 가지 종류 중에 나만의 평범하지만 비범한 방법으로 시대에 알맞게 행하고, 주변과 나눔으로 인해 나의 속사람이 밝아지고, 뜨거워져 주위의 다른 사람도 밝아져 함께 어우러지며 사는 사람을 말한다. 각자 타고난 성품을 잘 살리면서도 서로서로 위하며 소통하는 것을 말한다. 나와 만물을 이롭게 하는 쪽으로 내 안의 평범하지만 비범하고 특별한 마음으로 근원의 빛을 내 안에 살게 해, 본성의 빛 없는 참빛과 통하는 것으로, 한없이 고요하고 밝고 맑은 행복한 삶을 영원으로 살게 되는 것을 말한다. 이를 오래전 한국선조들은 성통공완(性通功完)이라 했다.

빛의 삶을 살게 되면 내 안이 맑고 맑아져, 태초의 빛이 있기 이전의 완전한 무의 본성의 자리, 한의 경계를 지금 살아있는 매 순간 언제나 느끼고 현재를 살면서 그 자리의 평화를 누리고 또 영원을 살며 언제든지 가고 오고 돌아갈 수 있게 된다. 이때가 되면 한의 경계로 돌아가지 않고 다시 새로운 삶을 통해, 나와 주변을 이롭게 하는 광명의 홍익인간으로 다시 태어나, 재세이화 하녀, 사람들과 만물에게 이로운 일을 하는 삶을 반복해서 살아가게 된다.

81자의 마지막은 "일종무종일(一終無終一)"

온 우주는 한의 경계에서 끝이 나지만 끝이 없는 무의 한의 경계다.

끝이 없이 무의 한으로 순환하는 우주의 커다란 순환원리이다.

무의 끝마침은 생명의 사랑이며, 곧 새로운 시작이 된다.

천부경이라 이름 붙여진 81자를 연결해 보면

"일시무시일(一始無始一)

석삼극무진본(析三極無盡本)

천일일 지일이 인일삼(天一一地一二人一三)

일적십거무궤화삼(一積十鉅 無櫃化三)

천이삼 지이삼 인이삼(天二三 地二三 人二三)

대삼합육생칠팔구(大三合六生七八九)

운삼사성환오(運三四成環五)

칠일묘연만왕만래(七一妙衍萬往萬來)

용변부동본(用變不動本)

본심본태양앙명인중천지일(本心本太陽昻明人中天地一)

일종무종일(一終無終一)"이다.

일시무시일(一始無始一)

시작은 한의 경계이지만 시작함 없이 무에서 시작한 한의 경계이고,

석삼극무진본(析三極無盡本)

세 개의 극으로 나뉘어도 근본은 그대로이다.

천일일 지일이 인일삼(天一一地一二人一三)

무의 한의 경계에서 나뉜 세 개의 극은

한에서 나온 첫 번째가 눈에 보이는 우주의 허공 하늘이고,

한에서 나온 두 번째는 땅이며, 한에서 나온 세 번째는 사람이다.

일적십거무궤화삼(一積十鉅 無櫃化三)

한의 경계에 한알이 똑같이 쌓이고 축적되어 생활에서 만물에게 이로운 행동을 함으로 내면과 외면의 준비가 되면, 속사람이 성숙과 성장을 통해, 경계를 뚫고 나와 십(十)으로 성장, 회전하고 돌게 된다. 그렇게 되면 몸과 마음의 궤가 없어져 우주 허공과 하나 되어 참사람이 되는 것이다.

천이삼 지이삼 인이삼(天二三 地二三 人二三)

하늘(천)에서 땅(二)과 사람(三)이 나오고,

땅(지)에서 땅(二)과 사람(三)이 나오며,

사람(인)에게서 땅(二)과 사람(三)이 나온다.

하늘에서 땅과 사람이 나왔고, 땅에서 땅과 사람이 나오며, 사람에서 땅과 사람이 나온다. 사람은 죽어서 땅을 만들고, 살아서는 자손을, 즉 사람을 만들어낸다.

사람은 하늘에서도 나왔지만 땅과 사람에도 속하게 된다. 땅의 몸과 하늘의 기운을 가지고 아기로 태어났지만, 자라면서 하늘과 통하는 허공의 천문(天門)이 닫히고, 감각이 죽어, 땅의 삶을 살아간다. 하늘 감각이 막혔으므로 다시 살리기 위한 재탄생이 필요함을 나타낸다.

대삼합육생칠팔구(大三合六生七八九)

사람들이 서로 서로에게 이로운 일을 할 때, 내면에 합심대도(合心大道)의 큰길, 하늘로 올라가는 길을 내 안에서 창조할 수 있게 된다. 그 길은 하늘과 땅과 사람과 모습 없는 하늘의 도움을 받아야 가능한 것이다. 육생(六生)은 땅의 몸을 가진 사람 지인(地人)의 삶에서, 하늘의 감을 깨운 사람 천인(天人)의 삶으로 새롭게 변화하기 시작한다. 칠, 팔, 구를 통해 모습 없는 본성의 벼락과 한의 얼이 내면에 내려와 조금씩 성장하고 더욱 성숙하게 된다. 육생(六生) 이전의 사람은 진정한 성장, 성숙과 완전한 이룸을 위해, 현재 나의 삶의 경계를 박차고 나아가기 위함을 나타낸다.

운삼사성환오(運三四成環五)

태어난 후 각자의 삶에서 성장하고 무엇인가를 이루어가기 위해서는, 생활 속에서 자신의 일을 통해 홍익인간을 실천함으로써, 사람들이 서로 합심하는 반복의 과정이 필요함을 나타낸다. 각자 태어난 후 삶에서 혼자가 아니라 함께 사는 생활을 통해 성장하는 재세이화이다. 삶의 전 과정을 통해 성장하고 운(運)행하고 내 안의 허공을 깨우치면 환(環)하며 속사람이 성숙하게 되는데 환은 고리의 나선운행을 나타낸다. 이러한 과정을 통해 내 안의 속사람이 성숙하게 변화된다.

오(五)는 우주의 허공과 통하기 위한 몸과 마음의 마지막 준비 단계로, 내 몸 안에 있는 아랫배와 머리 정수리의 한의 경계 사이에서 일어나는 삶 속에서 기운의 끝없는 도전이며, 성장과 성숙을 위한 수많은 반복의 과정을 나타낸다. 이 과정을 통해 깨어나지 못하면 평생을 반복하며 살고 또 살아내야만 한다.

칠일묘연만왕만래(七一妙衍萬往萬來)

칠(七)은 육생으로 우주 허공과 통한 이후 머리의 한의 경계를 뚫고 하늘로부터 벼락이 내려옴으로 각성되어 새롭게 시작하는 깨어있는 삶을 시작함을 말한다. 일생에서 태어나는 순간 감동으로 사랑으로 우리는 벼락을 언제나 내려 받고 있지만 감이 죽어 알지 못한다. 내면의 채움과 비움과 대폭발을 통해 머리 정수리의 한의 경계에서 온 우주의 본심 전체로 뻗어 나간 한알 기운이, 우주 허공과 별과 땅과 생명으로 만 가지로 변화해 생멸한다. 내게서 뻗어 나간 기운에 의해 우주전체로부터 밝은 본성의 빛이 머리끝 한의 경계로 돌아와 내 안에 가득 차게 되는 복(福)된 묘(妙)한 일이 일어나게 된다. 나로부터 비롯해 만 가지로 나가고 만 가지로 들어옴이다. 묘(妙)는 머리끝의 한의 경계에서 기운이 묘하게 펴져 온 누리로 나가고 다시 돌아오는 것이다. 지금의 내 모습은 내가 살아온 일로 인해, 우주의 사랑이 나에게 돌아와 삶에 나타난 결과이다. 묘는 원인과 결과가 일어나는 참본심의 바른자리를 보여준다.

용변부동본(用變不動本)

한의 경계는 수만 가지로 사용되어도 근본은 움직이지 않고 언제나 한의 경계 그 자리에 있게 된다.

본심본태양앙명인중천지일(本心本太陽昻明人中天地一)

재세이화, 홍익인간을 삶에서 수없이 반복하게 되면, 속사람이 밝아져, 본래 마음속의 근본에 태양과 같이 밝게 빛나는 빛의 참사람이 되어 한알에 살고 없어져, 사람 가운데 있는 하늘과 땅의 한의 경계인 원래 우주의 근원 본심의 자리인 무의 한의 자리로 돌아가게 된다.

일종무종일(一終無終一)

우주의 끝마침은 한의 경계지만 끝이 없는 무의 한의 경계이다.

이같이 우주의 모든 만물이 시작도 끝이 없이 한의 자리, 무의 자리에서 운행하고 있음을 숫자를 통해 풀어낸 글이다. 오랜 시간이 지나면서 모습 없는 근원인 본성자리(만물이 태어난 자리)의 감각은 사라지고, 사람들이 만들어 놓은 의식의 모습만을 살려놓고 오직 나만이 옳다고 수천 년을 아직도 싸우고 있다. 이쯤 싸웠으면 다 죽을 때까지 끝이 없을 싸움이란 것을 알 때도 됐지만, 서로 알려고도 멈추려고도 하지 않는다.

인류가 오래전의 문명 무와 한의 본성자리의 바른 정신문화인 홍익인간을 회복하지 않는다면, 지금과 같이 지구 전체를 끝까지 정복하고도 모자라 달과 화성 더 먼 곳까지 가서도 서로 더 먼저 가지려고 견제하고 싸우게 될 것이다.

진정한 개척이란 땅을 전부 정복하고 다스리고, 누군가에게 해를 입히고 차지하는 것이 아니라, 더불어 함께 이롭게 하고, 살리고, 건강하고 행복하게 만물과 같이 사는 높은 문화를 말한다. 인류의 성숙한 문화가 살아나지 않는다면 우리의 미래는 없어지게 된다.

홍익인간은 오래전 한국, 배달국의 바른인간상이지만 현대 대한민국의 교육이념이기도 하다. 사람과 사회의 성장과 성숙에 초점을 맞추어 잘 발전시켜서 광명이세, 재세이화의 정신과 함께 세계화하면 분명 이 시대에 알맞은 인류의 정신으로도 알맞다.

숨이 붙어 있는 사람은 우주 근원의 모습 없는 참본성의 바라보는 눈이 언제나 나와 함께 있음을 알아야 한다. 또 사람 속에도 모습 없는 우주의 참본심이 본래부터 내려와 있음도 깨우쳐야 한다. 그래서 나를 온전히 다 회복해 모습 없는 온 우주의 사랑을 머리뿐만 아니라 가슴속으로, 또 온몸과 마음으로 충만하게 흘려 내려받아 삶 속에서 행복해하며 주위와 나누어야 한다. 이때 나로부터 비롯해 참본성의 빛은 새로운 시작으로 향하는 온전한 삶의 길이 열린다.

본래의 모습 없는 평범한 나로 시작하지만 비범한 나만의 색을 가진 빛의 일생을 시작하게 된다. 각자의 빛의 일생이 모습 없는 온 우주의 하늘이 허공에서 나를 통해 흘리는 신의 눈물을 내 머리와 가슴속으로 내리는 진짜 이유가 된다. 온전한 전체의 삶이 지금 한순간에 살아나며, 평범한 보통의 삶을 통해 맑고 맑아져 한의 영원으로 들어감을 알게 된다. 그러니 어느 시대 어디에서 무슨 일을 하든, 그 삶이 즐겁고 행복하지 않을 수 없음을 알게 된다.

이념과 사상 그 외의 다른 모든 내 안의 돌을 걷어내고 사람, 하늘과 땅의 본성이 본래의 모습 없는 허공의 진면목임을 있는 그대로 깨우쳐야 한다. 그래서 우리 모두를 본래의 근원, 본성 한의 자리로 온전하게 회복하는 일이 인류가 있기 이전의 우주를 미리 다 만드신 모습 없으신 내 안의 님이 넓은 우주에 사람을 만들어 보내신 이유가 아닐까 한다.

1차 명상

검은 내면 우주를 본다.

(본래의 근원의 없음 무극으로 나를 볼 수 있는 힘이 생긴다.)

2차 명상

정성껏 바른 숨을 고르면 감은 눈앞의 검은 우주 속에
여러 가지 빛의 동그란 태양의 도장이 눈앞에 뜬다.

(마음의 태양이 뜨면 좀 더 깊은 내면으로 들어가 몸과 마음이 맑아진다.)

3차 명상

손, 발, 머리 정수리의 백회의 부풀림.

(몸과 마음의 기초 감각 회복, 기혈순환의 활성화 및 각성.)

4차 명상

아랫배 속 기해에 한의 경계 창조.

(고요함과 청정함으로 내면의 어둠과 빛의 분리, 내 안에 경계가 살아있음을 알고 체득한다.)

5차 명상

밝고 귀한 존재 생명의 씨앗 한알의 탄생.

(한알은 생명이다. 우주의 사랑으로 생명과 이외의 모든 시작이 아랫배 속 한의 경계에서 나온 한알의 빛, 달, 태양, 생명임을 깨우친다.)

6차 명상

한알의 무한대 복제와 회오리바람, 머리끝 백회 우주 경계의 터짐.

(한알은 나의 움직임으로 살아난다. 내면의 대청소가 일어나며, 알과 달을 통해 더 큰 알을 깨운다. 회전하는 밝은 빛, 딘(檀)의 깨달음.)

7차 명상

검은 구름과 황금번개의 출현과 다섯 번의 벼락.

(본성의 자리에서 온 사랑임을 알고 몸과 마음의 커다란 정화와 내 자아 의식의 끊어짐.)

8차 명상

영운 분리.

(머리의 구름 속에서 모습 없는 맑고 투명한 영의 출현.)

9차 명상

아랫배의 검은색 기해에서 오색 무지갯빛의 폭발.

(새로운 빛의 탄생.)

10차 명상

백회의 연두색 대폭발과 우주 본성의 빛통과 감로.

(대폭발은 새로운 시작을 알리며, 본성의 자리에서 온 본성빛의 비에 의해 내 안에 새로운 하늘, 땅, 사람의 단(檀), 환(桓) 태양이 뜬다.)

11차 명상

새로운 시작으로 평범한 일상생활 속의 모든 순간순간이 본성의 자리에서 내리는 비와 빛으로 통한다.

(생활에서 내 안의 붉은 태양 밭으로 감로와 비의 쏟아짐.)

참조: 유튜브 한국벼락명상

부록 1

자세호흡과 벼락약손 만들기

숨을 쉬는 게 더 편안해지는 몇 가지 운동을 소개한다.

한국벼락명상운동은 숨 쉬는 연습 전에 하는 동적인 운동을 말한다.

이 '회오리운동'은 몸을 내장부터 비틀어 주어 내 안의 체액과 기운을 순환시켜 주는 효과가 있다.

참조: 유튜브 한국벼락명상

첫 번째, '회오리 몸과 마음 정화 운동'

❶ 다리를 어깨넓이로 벌리고 선 채로 양팔을 손바닥이 몸을 향하게 늘어뜨린다.
❷ 가슴으로 펴고 머리를 바로 한다.
❸ 엉덩이를 이용해 몸을 좌, 우로 움직여 비튼다.
❹ 그 비틀림으로 내장과 허리를 틀어 빨래를 하듯 짜준다.
❺ 어깨의 힘을 빼면 팔이 덜렁거리며 움직인다.
❻ 좌우로 반복해서 움직인다.
❼ 잘되면 양무릎을 조금씩 구부렸다 펴면서 회전한다.
❽ 팔을 일부러 움직이지 말고 몸 위 비틀림에 의지한다.
❾ 잘되면 이제 발을 한쪽씩 비틀어 움직임을 리드해 움직임의 시작을 발바닥부터 일어나게 한다.

⑩ 눈을 뜨고 하다가 동작을 익혀 잘되면 손바닥의 무게감을 느끼며 눈을 감고 3-5분 정도 하다가 나중에는 몰입해서 10분 정도까지 해본다.

⑪ 마무리는 그냥 멈추고 서있는 자세로 양손을 옆으로 늘어뜨리고 몸과 마음을 느낀다.

(발바닥 - 종아리 - 무릎 - 허벅지 - 고관절 - 엉덩이 - 복부속 - 가슴속 - 양어깨 - 팔꿈치 - 손목 - 손바닥)

⑫ 손바닥과 손끝에 집중해 심장의 맥박을 느낀다.

효과

'회오리운동'을 하면 몸과 마음의 디톡스를 해주어 속이 편안해져 숨고르기가 쉬워진다. 언제 어디서나 서서 할 수 있어서 온몸이 잘 풀린다.

회디 운동 후 바로 호흡이나 명상을 해도 이전보다는 잘되는 것을 알 수 있게 된다.

틈나는 대로 실내나 실외에서 연습을 충분히 3-6개월 정도 하면 나중에는 몇 분만 해도 몸과 마음의 정화, 디톡스를 경험할 수 있겠다.

수련생 중 남자 한 명은 전립선을 오래 앓았는데, 회오리 디톡스를 한지 한 달 후에 소변보는 게 좋아지셨다. 항상 소변볼 때 시원하게 보지 못하고 중간에 몇 번씩 소변이 나오다 멈추어서 힘들었다고 했다. 이외에도 허리, 어깨 등등 여러 가지 좋아진 분들이 많다. 허리와 등이 바로서 구부러진 자세가 똑바로 서게 된다.

회오리운동을 오래하게 되면 등의 양쪽 근이 바르게 되어 양쪽 갈비뼈를 당겨주어 몸통이 단단하게 중심으로 향한다. 젊은 시절의 허리와 몸을 살릴 수 있게 된다.

두 번째, 감(感)호흡 운동

❶ 회오리운동 후 양손을 몸 옆으로 내려 심장의 맥박을 느낀다.

❷ 천천히 양손가락을 가슴 가운데에 대고 가슴을 느끼며 숨 쉰다.

❸ 가슴 가운데서 의식을 심장으로 이동시키고 심장을 둘러싼 심

혈관을 상상하면서 숨을 고른다.

④ 날숨과 들숨을 일정하게 5-7초를 의도적으로 만들어본다. 2-3분 정도만 고르면 마음이 편해지고 심혈관의 나이가 젊어진다. 잘되면 5분 정도 한다.

⑤ 양손을 윗배로 내려 숨을 고르며 윗배의 온기를 느낀다. 위장의 편안함을 주게 된다. 윗배로 숨을 5분 정도 쉰다.

효과

감호흡은 반복해서 해주면 스트레스 해소가 잘되고, 심혈관 나이가 실제로 젊어지게 된다. 가슴이 풀어지고 위장이 편해진다. 가슴과 위장이 순환되어 복식으로 숨을 고를 준비가 더욱 잘되게 된다.

세 번째, 공(工) 운동을 통한 전신 스트레칭

① 다리를 어깨넓이로 서서 양손을 천천히 손바닥을 하늘로 향하게 해서 올리며 전신을 늘려준다.

(2번 호흡 숨을 들이쉬고 위로 늘려주고 내쉬고 반복)

② 양손을 뻗은 채로 상체를 구부리면서 다리도 구부린다.

③ 무릎을 구부리고 양손을 땅을 향해 내려 숨 쉬기를 2회 한다.

④ 반복해서 서고 구부리고 한다. (5-10분 정도 한다.)

⑤ 잘되면 상체를 세우고 한 번, 구부리고 한 번, 숨 쉬기까지를 1회로 해본다.

(서면서 몸의 전체 앞쪽 발등부터 손바닥까지 스트레칭해주고, 구부리면서 몸의 뒤쪽을 풀어준다.)

효과

등과 복부를 풀어준다. 골반과 허리를 바로 잡아주어 이완을 도와준다. 손과 발까지 연결되어 몸의 내부가 통하게 된다. 목이 풀려 얼굴이 편안해진다.

네 번째. 파도운동은 복식호흡을 위한 내장과 복부 근육운동

❶ 식후 2시간은 피한다.

❷ 선 자세, 앉은 자세, 누운 자세로 하며, 어떤 자세건 몸을 바르게 하고 괄약근을 살짝 조인다.

❸ 호흡과 관계없이 복부근육를 아래쪽부터 파도가 치듯이 웨이브를 주어 앞뒤로 움직여 배 속의 내장과 체액이 풀어지게 한다. 배를 허리 쪽으로 당기는 운동을 먼저 하면 저절로 나오게 되어 쉽게 시작할 수 있다.

❹ 배가 나온 사람은 선 자세로 목과 가슴, 허리를 똑바로 펴고, 양손을 배에 대고 하면 처진 복부를 위로 올려주며, 매일 3분 이상 하면 내장의 지방사이즈를 줄이는 효과도 있다. 1분 정도 한 후 배를 손으로 대장의 순환방향으로 문질러 근육을 풀어주고 또 한다. 배가 아프면 멈추고 풀어준다.

❺ 호흡과 관계없이 리듬 있게 천천히 빠르게 조정하며, 한 번에 1~3분 정도 하루 3세트 한다.

다섯 번째, 두드려 깨우기:
몸의 내장을 약하게 두드려 감을 깨운다.

❶ 횡격막을 두드려 몸의 중심을 떨리게 함으로 위아래로 소통한다.

❷ 간, 담–심장, 소장–위장, 비장–폐장–대장–방광–신장 순서로 가볍게 두드려 내장을 깨워낸다.

벼락 자세호흡(Byeolag Lightning pose breathing)

아래의 기본 집중호흡 자세는 몸과 마음을 내적, 외적으로 성장시켜 벼락명상에 도움이 되는 동작으로 만들었으며, 기본적인 건강증진과 벼락명상할 때 도움이 된다.

기본 10차까지 자세집중호흡이 있으며, 처음 4차까지는 사람의 폐, 대장, 위장, 비장 경락을 맑고 평안하게 하고 건강증진과 유지를 위해 만들었다.

5차에서 10차까지는 심장, 소장, 방광, 신장, 심포, 삼초, 담, 간의 경을 맑게 하는 데 효과가 있겠다. 명상을 하기 전과 후에 앞서 소개한 기본운동들과 함께 한 가지라도 하면 벼락명상효과가 크겠다.

각 차별 3~6개월 정도 하면 건강한 생활에 도움이 되고, 자세호흡하는 동안 가슴의 기해, 전중호흡과 복식호흡을 배꼽아래 아랫배 기해 기해혈로 호흡을 변화시켜서 해본다. 아랫배 기해는 생명에너지가 모이는 바다로 배꼽과 아래 치골뼈 사이를 5등분 해서 배꼽 바로 아래의 5분의 1에 해당하며, 보통 배꼽 아래로 1 ~3cm 정도에 있다.

1차 자세호흡: 폐경락의 기운을 의식하면서 호흡한다.

효과

호흡력/순환 강화, 피부건강, 심신안정, 하체 강화, 가슴펴주기 및 거북목 예방

(벼락이 폐경락을 지나는 명상)

각 번호당 1−5분까지 유지하면서 점차 늘려나가며 호흡에 집중한다. 처음에는 1분에서 시작해서 점차 늘려 나간다.

(초보자: 가슴호흡, 중급: 복식, 고급: 기해호흡)

1번 의자에 앉은 자세를 유지 하면서 양손을 앞으로 펴고 엄지 위로 올린다.

(골반 및 하체 강화, 호흡력 강화)

2번 양손 교차로 어깨에 대고 무릎 펴고 선 자세로 호흡

(심신안정, 어깨의 순환과 폐기운 보호, 중부촉혈)

3번 왼 앞굽이

양손 합장하고 머리 위로 뻗는다. (5-8회 호흡)

양손 옆으로 내려 손바닥을 어깨 쪽으로 내리고 머리를 든다.

(5-8회 호흡)

(엄지손가락을 들어서, 틀어 태연을 자극해 폐기운을 활성화한다.)

양손을 아랫배로 내려 기해호흡한다. (5-8회씩 호흡)

(발, 무릎, 골반을 강화시켜 주고, 허리와 등, 가슴, 목을 펴주어 기운을 힘차게 활기시켜 준다.)

4번 오른쪽 앞굽이

3번과 똑같은 동작으로 호흡한다.

(각 5-8회 호흡)

5번 발 붙이고 다리 모으고 무릎 구부리고 선다. 엄지발가락으로 땅바닥을 움켜쥐고, 양손의 엄지손가락을 안으로 말아 쥔다. 손바닥 위로하여 팔꿈치를 몸에 붙이고 45도 벌린다. 고개를 들어 목을 열어주고 호흡한다.

(몸과 의식을 중심으로 향해서 힘을 주고 모은다. 괄약근을 조여주고 가슴을 열고 폐기운을 보호한다.)

2차 자세호흡: 복부 대장경락집중 순환 강화.

효과

피부건강, 슬픈마음 정화, 복부 강화

(벼락이 대장경락을 지나는 명상)

1번 양손깍지 검지 붙이고 머리 위로 올리고 선 채로 호흡 후 좌, 우로 움직여준다.

(늘어진 아랫배를 위로 당겨주어 순환 강화, 어깨와 허리 강화, 합곡촉혈)

2번 양손머리 뒤에 깍지 끼고 왼다리 앞으로 들고 5-8회 호흡

(복부와 오른쪽 힙의 내근력 강화 및 기운의 기해축적)

양손머리 뒤에 깍지 끼고 오른다리 앞으로 들고 5-8회 호흡

(복부와 왼쪽 힙의 내근력 강화 및 기운의 기해축적)

3번 양손 복부에 옆에 대고 왼다리 뒤 아래로 내려 호흡 5-8회 호흡

(골반을 옆으로 틀어지지 않게 유지하면서 기해호흡, 골반균형과 대장 기운의 강화)

오른다리 뒤로 교대로 5-8회 호흡

4번 기마자세 양손 검지 붙이고 위로 뻗기

(고관절 유연성증대와 대장기운 강화, 합곡 촉혈)

5번 다리 펴고 상체 숙이고 검지로 바닥 대고 복부 기해호흡

(대장기운의 자리 잡음, 둔부의 유연성증가)

3차 자세호흡: 위장경락집중

효과

의지 강화, 생각의 정리, 복부의 체액 순환

(벼락이 위장경락을 지나는 명상)

1번 누워 발끝 대고 양손 머리 위 바닥 짚고 가슴호흡

(발끝을 뻗고 내쉬고, 위로 당기고 들이쉼, 발등의 충양자극 위기운 활성)

2번 왼손 족삼리

오른손 중완 덮고 중완호흡

(족삼리는 소화와 혈액순환을 활기시키고, 호흡기, 생리현상에 좋다. 중완은 내장의 균형을 잡아주며 위장의 원기를 허리명문과 연결

해 호흡)

3번 2번과 반대로 진행, 오른손 족삼리

4번 누운 자세 다리 교차 후 머리 들고, 양손바닥 얼굴에 대고 탯줄 의식호흡

(엄마의 자궁에서 잠을 자듯 평안함을 느낀다.)

5번 엎드려 발목 잡고 활자세

(숨을 들이쉬며 올리고, 내쉬며 내린다. 위장 소화 증진)

4차 자세호흡: 비장기운 순환에 도움

효과

몸의 단련, 습기정화, 스트레스 해소, 생각을 줄인다, 혈액순환/근육강화

(벼락이 비장경락을 지나는 명상)

1번 누워서 무릎 펴고 다리 모아 하체만 탄탄하게 유지한다.

(상체에 힘을 빼고, 하체와 엄지발가락 안쪽에 힘을 주어 비장경락 태백혈 강화, 소화, 불면증, 신경쇠약, 변비 등에 도움)

2번 누워서 상체만 탄탄하게 한다.

(하체에 힘을 빼고, 양손 복부 갈비뼈 아래 장문혈에 대고 호흡)

3번 누워서 다리 벌리고 엄지발가락/엉덩이/다리 전체와 하체만 탄탄하게 한다.

4번 누워서 팔 내리고 상체만 탄탄하게 한다.

(양손 복부 갈비뼈 아래 장문혈에 대고 호흡)

5번 양다리 벌리고 호흡

(엄지발가락을 세우고 양손을 교차해 갈비뼈 아래 장문에 대고 숨 쉰다.)

5차 자세호흡: 비장, 심장 순환 강화

효과

정신력 강화, 혈행 강화

(벼락이 비장, 심장경락을 지나는 명상)

1번 무릎 벌린 아기자세와 손바닥 엎드리기 플랭크 반복 (3–5회 호흡 반복)

2번 누워서 합장합죽호흡 (구부리고 1분, 펴고 1분)

3번 운동 (1~2분)

4번 무릎 벌린 아기자세 – 손바닥 엎드리기 플랭크 반복 (3–5회 호흡 반복)

5번 누워서 발끝 붙이고 손바닥 위로 손, 양옆으로 새끼손가락 느끼며 기해호흡

6차 자세호흡: 소장/소화 흡수 내장 강화

효과

기분 조절, 예의, 뱃심증대

(벼락이 소장경락을 지나는 명상)

1번 앉아서 다리 펴고 들기, 팔꿈치 대고 두 주먹 쥔다

2번 엎드려 무릎 대고 팔꿈치 대고 붕어운동

3번 누워서 발끝 붙이고 양손바닥 머리 위 바닥 짚고 복부호흡

4번 누워서 머리 뒤 깍지 끼고 붕어운동

5번 브리지자세 양손 복부 호흡

7차 자세호흡: 방광 순환/활성화

효과

뼈 강화, 몸 전체의 수분대사 강화

(벼락이 방광경락을 지나는 명상)

1번 엎드려 팔다리 교대로 좌, 우 위로 들기

(5회 교대호흡)

2번 앉아서 좌, 우 다리 펴고 벌리고 상체 구부려 호흡

(5회 교대호흡)

3번 서서 공운동 (허리와 등 집중)

4번 서서 앞으로 반복해 구부리기 운동

5번 발목 잡고 머리 들고 호랑이 호흡, 서서 양손 허리 대고 호흡

(5회 호흡 교대로)

8차 자세호흡: 신장 순환/활성화

효과

귀기능 활성화, 뼈 강화

(벼락이 신장경락을 지나는 명상)

1번 엎드려 상체 들기(손 뒤로 깍지)

2번 엎드려 하체 들기(손 골반바닥짚고)

3번 누워서 상체 탄공 (상체만 탄탄하게 한다.)

4번 누워서 하체 탄공(하체만 탄탄하게 한다.)

5번 나비자세

9차 자세호흡: 심포와 삼초기능 활성화

효과

몸과 마음의 전반적인 조화/음양화평

(벼락이 심포, 삼초경락을 지나는 명상)

1번 서서 다리 내관 양손 하기해(아랫배)에 대고 호흡

2번 서서 다리 외관 양손 위장에 대고 호흡

3번 서서 다리 내관 양손바닥 위로 펴고 양옆으로 내려 벌린 자세로 가슴호흡

4번 서서 다리 외관 양손등 마주하고 머리 위로 올린 후 하기해 호흡

5번 서서 다리 펴고 합장

10차 자세호흡: 간 순환증진

효과

피로회복, 시력 강화, 감정조절, 근육 강화

(벼락이 간경락을 지나는 명상)

1번 기마 합장자세에서 왼손 위로 오른손 왼갈비뼈 위로

2번 기마 합장자세에서 양손만 반대로

3번 기마 합장자세에서 다리 더 벌리고
왼다리 펴고 오른다리 구부린 후
왼손 왼눈을 덮고 오른손 왼갈비뼈를 덮고 호흡한다.

4번 3번과 반대로 한다.

5번 서서 회오리운동으로 마무리

일반 하대맥 체험명상

아랫배 속 한가운데 붉은 불덩어리가 용암이 될 때까지 숨, 불, 호흡으로 머무르게 한다. 그 머무르는 과정을 즐기며 아랫배 속을 관한다.

배가 따듯해지면 편안함과 몸의 균형이 맞아 행복감이 밀려온다. 더욱이 대맥으로 불의 물이 돌면 인체는 더욱 안정적이고 명상은 고요함으로 한 발짝 더 나아간다. 이를 느끼고 관한다.

허리가 바로 서게 됨으로 어깨는 가벼워지고 눈은 맑아진다.

대맥 명상을 하는 도중 불덩어리 용암이 사라지면 다시 처음으로 돌아가 태양의 도장을 아랫배 속에 만들어야 한다. 그래서 일부러 기운용암을 움직이지 말고 기다려야 한다.

대맥 명상은 우리 몸의 위아래로 흐르는 여러 경락들을 묶어서 아랫배 속의 태양도장의 자리를 잡게 해준다.

아랫배 속이 내 진기의 충만함으로 뜨거운 불덩어리가 용암으로 머무르다 내 안이 고요하고 맑아지고 충만해지면 저절로 운행한다. 이때까지 기다리고 또 기다린다.

내 안의 행복감을 느끼며 더욱 아랫배가 충만해지면 저절로 용암이 길을 찾아 관으로 아래로 흘러 내려가 회음으로 장강으로 선골로 요추로 요추 2~3번 사이의 허리 명문혈에서 머문다.

1대맥: 아랫배 속 – 회음 – 장강 – 미려 – 선골 – 명문 – 양쪽 대맥으로 오추혈로 유도혈로 불덩어리 용암을 내려 기해혈로 아랫배 속 붉은 기태양으로 안내한다.

2대맥: 아랫배 속 – 회음 – 장강 – 미려 – 선골 – 명문 – 양쪽 대맥으로 – 배꼽, 신궐 – 석문 – 기해 아랫배 속 붉은 기태양으로.

3대맥: 아랫배 속 – 회음 – 장강 – 미려 – 선골 – 명문 – 왼쪽 대맥 – 신궐 – 오른쪽대맥 – 명문으로 회전한다. 회전하다, 대맥과 신궐에서 1, 2번과 같이 내려 붉은 기태양으로 들어간다.

한알대맥명상

머리의 한알로 들어온 우주기가 머리에서 온몸을 타고 둥그런 허리의 대맥을 원통으로 내려와 아랫배 속으로 들어간다.

머리의 약한 우주기운은 생활 속에서 청정함으로 기쁨과 감동을 선사한다.

대맥을 통해 머리의 시원한 우주기운이 내려와서 뜨거운 내기운을 만나 따듯한 생명의 물로 변한다. 머리 한알과 허리의 둥그런 3 대맥이 입체적 느껴지면서 내 안의 기태양이 잘 살아난다. 우주기의 흐름을 내 안의 기해로 받아 회음으로 명문으로 옆구리로 똑같이 1, 2, 3번 대맥으로 순환하면서 허리가 바로 선다. 계속해서 머리의 한알에서 우주의 기운을 받아 아래로 내려서 더운 내기운과 함께 대맥을 순환시킨다.

대맥의 기운이 허공의 기운으로 다시 살아나 변화한다.

마칠 때는 아래 기태양으로 아랫배 속으로 들어간다.

몸과 마음의 정화를 위한 일반 임, 독맥 순환 체험명상

아랫배 속이 뜨거워지기를 반복해 응축된 후 붉은 용암이 느껴지면 그 상태를 즐기고 바라보자. 때가 되면 충만한 용암은 저절로 아랫배의 뜨거운 불덩어리에서 흘러나와 내 안의 관을 통해 회음, 장강, 선골을 통해 흘러간다. 각 혈자리 회음, 장강으로 숨을 쉬며 선골로 숨을 쉬며, 요추 2번, 3번 사이의 명문혈에서 뜨거운 내 진기운을 머무르게 한다.

1차 임, 독맥 순환 명상

아랫배 속 기태양의 용암이 충만해지면 저절로 흘러내려가 회음 – 장강 – 선골 – 요추 1번 – 요추 2번 – 명문혈로 뜨거운 용암이 몸을 허리에서 배꼽으로 몸을 관통해 간다. 신궐(배꼽)에서 석문 – 기해 – 관원 – 음부 – 회음 – 장강 – 선골 – 요추 – 명문으로 순환하게 한다.

충분한 순환을 통해 내 안의 기태양이 모이고 더 충만해진다.

마칠 때는 기해혈에서 아랫배 속 붉은 기해로 들어가는 작은 순환이 일어난다. 대맥운기명상과 마찬가지로 아랫배 속 불과 용암에 집중함으로 저절로 순환이 일어나기를 기다리며 체험명상한다.

2차 임, 독맥 순환 명상

아랫배 속에 정이 더욱 충만해지면 기태양에서 진기의 뜨거운 용암덩어리가 머물게 된다. 머무르던 뜨거운 용암이 아래로 내려가 회음 – 장강 – 선골을 지나 천천히 상승한다. 허리의 요추로 들어가 명문혈에서 척추를 타고 위로 올라가며, 등의 흉추 12개를 올라가며 뜨거운 용암이 이어지며 위로 올라간다.

이와 같은 때 정제된 주먹만한 붉고 푸른 맑은 불꽃이 허리에서 등을 타고 용암 주위에서, 흉추 12개의 척추를 용암과 함께 서서히 날아오르게 하며 몸과 마음을 정화한다. 목 뒤 아래 대추혈에서 불은 멈추고 용암은 열을 식히고, 맑고 편안해져야, 더욱 맑게 정화된 참기운이 목의 경추 7개를 지나 위로 올라간다.

내가 더욱 고요해지면 맑은 기운으로 아문을 지나며 머리로 올라 백회를 지나며 식혀져 이마로 인당으로 지나면서 인당을 정화해, 맑게 만들어 깊은 명상상태가 되어 참본심으로 안내하는 명상으로 인도한다. 인중으로 혀끝을 지나 목으로 천천히 가슴의 단중으로 중완으로 아래로 배꼽의 신궐혈로 기해로 아랫배 검은 기해속의 붉은 기태양으로 흘러 들어가 뜨거워진다. 똑같이 다시 순환한다.

이같이 순환을 하면 아랫배 속에 불덩어리가 든든하게 서서히 변화한다.

3차 "한알" 임, 독맥 순환 명상

똑같이 임, 독맥 유통을 한다.

아랫배 속에 정이 더욱 충만해지면 의념으로 진기의 용암이 머물고 있음을 바라본다. 머물던 뜨거운 용암이 저절로 아래로 내려가 회음으로 미려, 선골을 지나 상승한다. 허리의 요추 5개와 등의 흉추 12개의 독맥을 통해 뜨거운 용암이 위로 올라간다. 이와 같은 때 주먹만 한 붉고 푸른 맑은 불꽃이 등을 타고 용암을 호위하며 둘러싸고, 흉추 12개의 척추를 용암과 함께 날아오르게 하며 몸과 마음을 정화한다. 목 뒤 아래 대추혈에서 불과 열은 내리고, 더욱 맑게 정화된 참기운이 목의 경추 7개를 지난다. 내가 더욱 고요해지면 맑은 기운으로 아문, 옥침을 지나 머리 백회로 올라간다. 백회의 '한알'을 머리 뒤에서 앞으로 지나가게 되는데, 이때 백회의 '한알'에서 내 안의 기운과 우주에서 들어오는 허공의 청량한 기운이 만나서 함께 어우러지고 섞인다. 맑게 정화된 내기운와 순수한 우주기운이 만나서 같이 한알 속을 흐르는 순간 머리의 한알은 더욱 밝아지고 청정해지며 밝은 빛을 낸다. 어두운 우주와 머릿속과 몸속과 주변을 환하게 밝히는 나만의 비범한 한알전구가 되어 밝아진다. 우주생명력에 의해, 내 안이 풀어져 내려와 속사람이 다시 변하기 시작한다. 이마를 지나며 이마를 더욱 더 맑게 만들어 내면을 고요함으로 한층 더 밝아지게 해 참본성의 자리로 밝힌다. 이마에서 인당으로 코로 인중으로 간다. 혀끝을 입천장과 앞니가 만나는 부분에 대고 임맥을 통해 혀로 목으로 가슴속으로 내려 가슴의 화기가 머리끝 한알을 통해 우주에서 내려오는 우주생명력인 참물에 의해 얼굴과 가슴과 심장의 화기를 중완을 지나 배꼽으로 기해혈로 아랫배 속 붉은 기태양으로 내려보내는데 이때 나도 모르는 내 안에 오래오래전부터 쌓여있었고 또 생활 속에서 만들어진 가슴속의 깊은 울화가 이 물로 씻겨져 아래로 내려가 아랫배 속의 붉은 불덩이에서 태워진다. 붉은 불덩어리는 우주생명의 물을 반나 더욱 뜨거워져 아랫배에 집중하면 붉은 불덩어리에서 용암이 흘러나와 다시 독맥을 타고 오르는 순환이 일어난다. 숨을 내쉬면 머리에서 아랫배 속으로 임맥이, 숨을 들이마시면 회음에서 허리로 등으로 머리 한알까지 독맥이 살아난다.

벼락명상 벼락약손 만들기 / 자가힐링명상 1~10차

집중호흡과 명상을 마치면 몸과 마음이 맑은 상태가 된다.

이때가 내 몸과 마음이 조금 더 각성되어 힐링될 수 있고 성장할 수 있게 되는 순간이다.

내 안에 깊은 집중을 통해 벼락이 지나간 길로 빛과 불, 이슬과 감로, 울줄의 굵은 동아줄을 내 안에서 살려보는 치유의 벼락명상이 된다. 10차까지 있으며 책에서는 3차까지 소개한다.

1차 벼락약손 만들기(3~5개월)

명상과 호흡을 어떤 자세든지 마친 후 숨을 들이마시면서 양손을 얼굴 앞에서 교차해서 하늘(O)을 그리며 위의 허공으로 올린 후 양손바닥을 밖으로 벌리면서 주먹을 적당한 세기로 말아 쥐고 숨을 멈추고 손에 힘을 적당하게 준다. 멈출 만큼 멈추었다가 힘을 빼고 내쉬며 손과 팔 근육을 주물러 준다. 양손바닥에서 손가락을 구부려 마주하고 기운의 바퀴를 만들고 하늘(O)을 그린다.

2차 벼락약손 만들기(3~5개월)

양손을 숨을 들이마시면서 손가락을 펴서 손바닥을 마주보고 앞으로 뻗는다.

손을 뻗고 손가락에 힘을 준 채로 숨을 천천히 내쉰다.

손가락 마디마디에 기운이 감돌게 한다.

양손이 살아나 허공에서 날아오르게 된다.

손가락을 마사지해 관절을 살아나게 한다.

양손바닥을 마주하고 기운바퀴를 만들고 땅(ㅁ)을 만든다.

3차 벼락약손으로 자가 치유하기(3~5개월)

(왼쪽 몸 치유하기)

명상과 호흡을 어떤 자세든지 마친 후 숨을 들이마시면서 양손을 얼굴 앞에서 교차해서 하늘(O)을 그리며 위의 허공으로 올린 후 양손바닥을 밖으로 벌리면서 주먹을 적당한 세기로 말아 쥐고 숨을 멈추고 손에 힘을 적당하게 준다. 멈출 만큼 멈추었다가 힘을 빼고 내쉬며 손과 팔 근육을 주물러 준다.

양손을 마주하고 기운의 바퀴를 만든 후, 허공에 사람(ㅿ)을 그린다.

먼저 왼손을 물속에서 부력을 느끼듯이 머리 위로 날아 올라가게 한다.

오른손은 무릎으로 내려놓는다.

왼손이 허공 위로 끝까지 올라가서 허공의 부력을 느끼면서,

왼손바닥으로 몸에서 1~3센티 떨어져서 몸을 느끼고 살린다.

왼쪽 머리, 왼쪽 눈, 왼쪽 귀, 왼쪽 뒷머리, 왼쪽 뒷목, 왼쪽 볼, 왼쪽 코, 턱, 왼쪽 목, 왼쪽 가슴, 왼쪽 폐와 심장, 왼쪽 복부 위장, 왼쪽 대장, 왼쪽 골반, 왼쪽 고관절, 왼쪽 허벅지, 왼쪽 무릎, 왼쪽 종아리, 왼쪽 발목, 왼쪽 발바닥에서 허공과 통합으로 마친다.

반복해서 2~3회 하면서 몸의 느낌이 얼로 빛으로 불로 이슬로 울줄의 비와 벼락의 굵은 선으로 살아나게 한다.

오른손 떠올려 오른쪽 몸 치유하기(3~5개월)

명상과 호흡을 어떤 자세든지 마친 후 숨을 들이마시면서 양손을 얼굴 앞에서 교차해서 하늘(O)을 그리며 위의 허공으로 올린 후 양손바닥을 밖으로 벌리면서 주먹을 적당한 세기로 말아 쥐고 숨을 멈추

고 손에 힘을 적당하게 준다. 멈출 만큼 멈추었다가 힘을 빼고 내쉬며 손과 팔 근육을 주물러 준다.

양손을 마주하고 기운의 바퀴를 만든 후, 허공에 사람(△)을 그린다.

왼쪽과 마찬가지로 왼손을 무릎이나 아래로 내려놓고 오른손을 떠올려 몸의 오른쪽을 치유하고 느끼고 살려낸다.

왼쪽과 마찬가지로 오른쪽도 반복해서 2~3회 하면서 몸의 느낌이 얼로 빛으로 불로 이슬로 울줄의 비와 벼락의 굵은 선으로 살아나게 한다.

부록 2

한알명상도

명상그림은 책을 읽기 힘들어 하는 분을 위해 만들었습니다. 그림을 응시하고 눈을 반개하고 30초간 바라보다 눈을 감고 호흡과 명상 수련을 합니다. 호흡이 편안하고 깊은 상태가 되어 명상으로 저절로 들어가게 합니다. 생각이 많아 복잡할 때는 명상그림을 보며, 몰입을 통해 생각이 끊어지는 효과가 있으며, 전적으로 그림에 의지하지 말고 숨을 통해 상을 잊고 내 안으로 들어가게 되면 그림도 사라집니다. 그림 하나를 보고 명상을 통해 내 안에서 각성과 작은 깨우침을 얻기 바랍니다.

한알 명상그림 1~11 (책 삽화 참고)

감사의 글

힘든 시기에 한국벼락명상법 책을 쓰는 동안 도움을 주신 주위의 가까운 모든 분들께 감사를 드립니다. 특히 응원하며 옆을 지켜준 사랑하는 아내, 번역과 웹사이트 제작과 포토샵에 도움을 준 사랑하는 아들 찬우와, 딸 찬희에게도 고마움을 전하고, '밝의 공식'을 만드는 데 도움을 준 딜런과 한원석 님에게 감사의 뜻을 전합니다.

책 내용을 듣고 확신과 힘을 준 박정숙 님과 바쁜 가운데 출간 조언을 해준 BM group 길상희 대표께도 감사를 전하며, 명상 내용을 잘 듣고 삽화를 그려준 이복희 작가님께 진심으로 감사를 드립니다.

특히 책을 정성을 다해 섬세하게 편집해 주신 김민조 선생님께 감사드리고, 처음 출판 상담에서 책을 잘 읽어주고 따듯한 글로 일일이 답해주시고 기꺼이 출판 결정해 주신 박영사의 임재무 이사님께 진심으로 감사를 드립니다.

저자소개

우인(雨氤) 박장용

한국에서 호흡과 명상을 수행하고 가르친 후
미국에서 Inner peace & Better health, Color meditation, Quit smoking meditation 등의 Wellness program과 한국벼락명상법의 명상, 호흡법, 요가, 기공을 여러 태권도 센터와, 회사, fitness center 등에서 가르쳤다.

배재대학교 화학과 졸업
한국벼락명상법(KTM) 창시
현 한인힐링아트센터 원장

Youtube, Instagram
#한국벼락명상, #벼락명상, #한인할링아트, #ktmeditation

haninhealingarts@gmail.com
www.haninhealingarts.com
www.ktmeditation.com

한국벼락명상학

초판발행 2022년 4월 5일

지은이 박장용
펴낸이 노 현

편 집 김민조
기획/마케팅 조정빈
표지디자인 Benstory
제 작 고철민·조영환

펴낸곳 ㈜ 피와이메이트
서울특별시 금천구 가산디지털2로 53, 210호(가산동, 한라시그마밸리)
등록 2014. 2. 12. 제2018-000080호
전 화 02)733-6771
f a x 02)736-4818
e-mail pys@pybook.co.kr
homepage www.pybook.co.kr
ISBN 979-11-6519-231-0 03180

정 가 24,000원

박영스토리는 박영사와 함께하는 브랜드입니다.